突 破 认 知 的 边 界

遇事不决问哲学系列

世界哲学经典

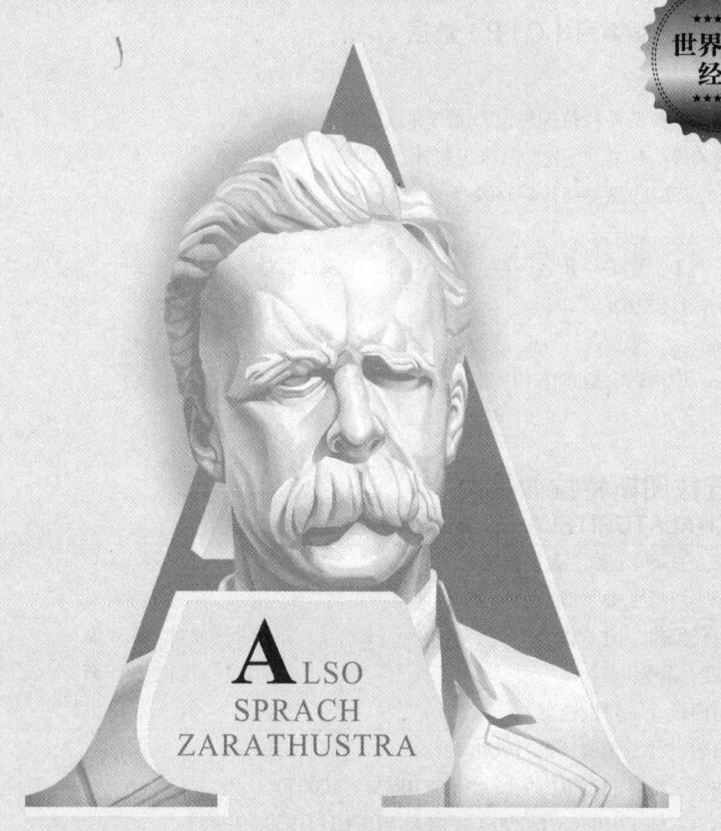

ALSO SPRACH ZARATHUSTRA

查拉图斯特拉如是说

[德] 弗里德里希·尼采 ◎著 桑 莉 ◎译

光明日报出版社

图书在版编目（CIP）数据

查拉图斯特拉如是说/（德）弗里德里希·尼采著；
桑莉译.-- 北京：光明日报出版社，2024.3
ISBN 978-7-5194-7802-5

Ⅰ.①查… Ⅱ.①弗…②桑… Ⅲ.①超人哲学
Ⅳ.① B516.47

中国国家版本馆 CIP 数据核字 (2024) 第 043976 号

查拉图斯特拉如是说
CHALATUSITELA RUSHI SHUO

著　　者：[德] 弗里德里希·尼采	
译　　者：桑　莉	
责任编辑：谢　香	责任校对：孙　展
特约编辑：王　猛	责任印制：曹　诤
封面设计：尚世视觉	

出版发行：光明日报出版社
地　　址：北京市西城区永安路 106 号，100050
电　　话：010-63169890（咨询），010-63131930（邮购）
传　　真：010-63131930
网　　址：http://book.gmw.cn
E — mail：gmrbcbs@gmw.cn
法律顾问：北京市兰台律师事务所龚柳方律师
印　　刷：天津鑫旭阳印刷有限公司
装　　订：天津鑫旭阳印刷有限公司
本书如有破损、缺页、装订错误，请与本社联系调换，电话：010-63131930
开　　本：146mm×210mm　　　印　张：11
字　　数：275 千字
版　　次：2024 年 3 月第 1 版
印　　次：2024 年 3 月第 1 次印刷
书　　号：ISBN 978-7-5194-7802-5
定　　价：58.00 元

版权所有　翻印必究

目录 CONTENTS

第一卷

查拉图斯特拉的序言 / 002
查拉图斯特拉的演讲 / 019
 一、三种变形 / 019
 二、道德的讲座 / 021
 三、彼岸论者 / 024
 四、肉体的轻视者 / 028
 五、快乐和热情 / 030
 六、苍白的罪人 / 032
 七、阅读和写作 / 035
 八、他山之树 / 037
 九、死亡的鼓吹者 / 040
 十、战争与战士 / 042
 十一、新的偶像 / 044
 十二、市场的蝇虫 / 047
 十三、贞操 / 050
 十四、朋友 / 052
 十五、一千零一个方向 / 054
 十六、近邻的爱 / 057
 十七、创造者的路 / 059
 十八、老妇人和年轻女人 / 062
 十九、毒蛇的痛咬 / 065
 二十、孩子和婚姻 / 067
 二十一、自由地死去 / 069
 二十二、赠予的道德 / 072

第二卷

二十三、拿着镜子的小孩 / 080
二十四、在幸福的岛上 / 083
二十五、同情者 / 086
二十六、传教士 / 089
二十七、有道德的人 / 092
二十八、贱民 / 096
二十九、毒蜘蛛 / 099
三十、出名的圣贤 / 102
三十一、夜之歌 / 105
三十二、跳舞的歌 / 108
三十三、坟墓之歌 / 111
三十四、超越自我 / 114
三十五、高尚者 / 118
三十六、文化之邦 / 121
三十七、纯真的认识 / 124
三十八、学者 / 127
三十九、诗人 / 129
四十、重要事情 / 133
四十一、先知 / 137
四十二、拯救 / 141
四十三、人类的智慧 / 146
四十四、最寂静的时刻 / 150

第三卷

四十五、漂泊的人 / 156
四十六、幻象和谜语 / 159
四十七、违背意愿的快乐 / 165
四十八、日出以前 / 168
四十九、萎缩的道德 / 172
五十、在橄榄山之上 / 178
五十一、离开 / 181
五十二、叛教的人 / 185
五十三、返回家乡 / 189
五十四、三类恶事 / 193
五十五、繁重的灵魂 / 198
五十六、新旧碑文 / 203
五十七、康复的人 / 224
五十八、大渴求 / 231
五十九、第二首跳舞的歌 / 234
六十、七个印记 / 239

第四卷

六十一、蜂蜜的祭品 / 246
六十二、痛苦的呼喊 / 250
六十三、和国王谈话 / 253
六十四、水蛭 / 258
六十五、老巫师 / 262
六十六、失业者 / 270
六十七、最丑陋的人 / 275
六十八、自愿行乞的叫花子 / 280
六十九、影子 / 284
七十、午时 / 288
七十一、致敬 / 291
七十二、晚宴 / 297
七十三、上等人 / 299
七十四、忧伤的歌 / 311
七十五、科学 / 317
七十六、在沙漠的女儿之间 / 320
七十七、唤醒 / 327
七十八、驴的庆典 / 330
七十九、沉醉的歌 / 334
八十、先兆 / 343

查拉图斯特拉的序言

1

查拉图斯特拉三十岁的时候,离开了故乡和故乡的湖泊,来到了群山的怀抱中。在山中,他尽情地感受着自己的精神世界。这种孤独时光长达十年,他从未感到厌烦。然而,某天清晨,他的心态发生了微妙的变化。远处的天空呈现玫瑰色,他对着太阳如是说:

"你,伟大的星体啊!假如那些被你照亮的人类都消失了,你还会快乐吗?

"这十年中的每一天,你不断地升起、落下,映照着我的山洞。假如没有我、我的鹰和我的蛇,也许你会讨厌自己的光芒以及这段旅程吧。

"然而,我和我的朋友们在每一天的清晨都期待你的到来,感受你那璀璨的光芒,并为你祈祷。

"看吧!我讨厌自己如此聪慧,像是那攒了过多蜂蜜的蜜蜂;我渴求人们伸出双手,向我索求智慧。

"我愿意布施自己的聪明才智,直到智者在蠢笨中重新变得快乐,直到穷人在富贵中重新变得幸福。

"所以,我一定要走到低处:如你在傍晚时'下山'一样,转到海的背面,将光芒照到另一个世界。哦!你这个富有的星体啊!

"我要像你一样,一定要走到低处——如同世人所言——我会降于世间。

"那么，请你祝福我吧！你那双平静的眼睛，可以看到无穷的快乐，却从不带有嫉恨！

"请祝福这个马上要溢满的杯子吧！希望这里的水像金沙一样从杯子中流出，把你的祝福散布到天涯海角！

"看吧！这个杯子就要把自己倒空，而我，查拉图斯特拉，也将重新成为一个人类。"

就这样，查拉图斯特拉开始走向低处。

2

查拉图斯特拉出山了，一路上没有人。但是，当他走进树林时，一个外出挖野菜的老者突然出现在他面前。老者是个圣徒，他对查拉图斯特拉说：

"流浪者，我记得你，你是查拉图斯特拉，很多年之前你曾从这里上山，不过现在来看，你的心态似乎发生了改变。

"那时，你带着你的余烬进入了山中；现在，你要带着你的火种走到山外吗？你不担心自己被视作纵火犯受到惩罚吗？

"是啊，我能辨认出你是查拉图斯特拉。你眼睛清澈，嘴角微扬，不带一丝对世人的厌烦，如同快乐的舞者。

"你发生了很大的改变，变得快乐而单纯，变成了'众人皆醉我独醒'的人。可是，你要去那满是昏睡者的地方做什么呢？

"以前，你在孤独中不断地提升自己，那孤独像是海洋，你是海上的船只。唉！你竟然要驶向海岸了吗？唉！你要为生活去拼命努力了吗？"

查拉图斯特拉答道："我热爱人类。"

"为什么？"圣徒惊讶道，"我为什么进入这森林和荒野而离群独居？就是因为我过去热爱人类！现在，我只热爱上帝，我不再热爱人类了。就我而言，人类属于缺点太多的生物，再热爱人类就是我自取灭亡。"

查拉图斯特拉道："我将如何热爱人类呢？我会给人类带去礼物。"

"不要给他们任何东西！"圣徒大喊，"如果你愿意帮他们减轻负担，和他们一起对抗负担——他们就会变得很开心；但是，如果你要给他们东西，那么除了施舍之物外，别再给予他们更多，而且你必须让他们苦苦地乞求你的施舍。"

"不会的。"查拉图斯特拉答道，"我不会施舍别人，我的同情心还没那么泛滥。"

这个老者开始嘲笑查拉图斯特拉："这样吧，那你想办法让他们收下你给的宝贝吧。他们不会相信离群索居的隐士，也不会认为我们可以给他们送去礼物。

"隐士走在街上的脚步声，在他们听来过于刺耳。就像在深夜中，他们躺在床上休息，忽然被街上传来的脚步声惊醒，于是不由得暗自揣测：这个盗贼要去谁家作案呢？

"不要回归人类，就在这片树林里生活吧！你可以与动物们为伍！为什么你不可以像我一样——与熊为伍、与鸟为伴？"

"那你在森林中过得如何呢？"查拉图斯特拉问道。

圣徒说："我写下颂歌，并吟诵它们。在创作的过程中，我时而欢笑，时而哭泣，时而独语，以此来赞美上帝。

"以颂歌、哭泣、欢笑和独语来赞美上帝。哦，我敬爱的上帝。但是话说回来，你能送给我什么物品呢？"

查拉图斯特拉立即对圣徒弯腰鞠躬："我该送给您什么呢？不如还是让我快点离开吧！以免我再从你这里带走什么东西！"于是，查拉图斯特拉和圣徒就此告别，两个人脸上都洋溢着孩子般的微笑。

离开没多久，查拉图斯特拉忍不住自言自语："这不可能吧！这个居住在树林中的圣徒竟然不知道'上帝已经死了'！"

3

查拉图斯特拉来到离树林最近的一座城镇中，他看到了好多人在市场上集合。原来，之前有人宣称，有个走绳索的人将在此表演。然而，查拉图斯特拉却对人们说：

"我要教会你们超越人类，现在，还没有超越人类的东西。你们有没有做过超越人类的事情呢？

"从古到今，所有的生命都会进化出一些超越自我的东西，这是规律。难道你们要违反这个规律吗？难道你们宁愿重返动物世界，也不愿意超越人类吗？

"类人猿对于人来说意味着什么呢？是个笑话，也是个耻辱。人对于超人来说也是如此，是个笑话，也是个耻辱。

"你们完成了由虫子到人类的进化过程，可是，你们身上还有很多虫子的特质。从前你们是类人猿，可现在，你们比猿类更像猿类。

"你们中最聪明的那个，也许只是草木与妖怪的混种。但是，我不想让你们变成这样。

"让我来教你们超越人类吧！

"超越人类是这片土地的规律。用你们的精神力量讲出来吧：超越人类是这片土地的规律！

"我请求你们，我的朋友们，相信这片土地吧，不要相信那些空谈要超越这片土地的希望的人！他们均为施毒者，无论他们是有意为之，还是无意而为。

"他们看不起生命，他们自身都在腐烂中，他们深受这种观点的毒害。这片土地都已厌倦了他们，因此，就让他们自生自灭吧！

"以前，亵渎上帝是最严重的罪过。然而，现在上帝已经死去了，亵渎者也一同死去了。现在，最可恨的恶行是亵渎这片土地，是将一些玄妙的东西看得过于重要，甚至看得比这片土地的意义还要重要而伟大！

"以前，精神看不起肉体，那时候，这种看不起被视为一件神圣的事情——精神期望着身体消瘦无力、了无生机，而且还食不果腹。它想通过这种方式来逃避肉体和这片土地的束缚。

"啊，这精神本身才是消瘦、憔悴、了无生机的，残忍正是它的娱乐！

"然而你们，我的朋友们，向我坦白吧：你们的肉体又会向你们的精神说什么呢？难道你们的精神不是穷困、肮脏和自以为是的吗？

"现实中，人类像一条被污染的河流。一个人一定要是大海，方便他能够在拥抱一条被污染的河流后仍能保持自身的洁净。

"现在，让我来教会你们超越人类吧：能超越人类的人就是大海，在他的体内，所有的轻蔑都会被包容，并最终消失殆尽。

"你们经历过的最深刻的人生体验是在什么时候？一定是表现出轻蔑的那一刻。那一刻，你们的快乐也转化为让你们不快乐的事情，并且你们的理智和道德也经历了同样的时刻。

"那一刻，你们谈道：'我的快乐毫无用处！它充斥着穷困、肮脏和悲哀的自以为是。'

"那一刻，你们谈道：'我的理智毫无用处！它对知识的渴望是否像狮子渴望食物一样呢？它充斥着穷困、肮脏和悲哀的自以为是。'

"那一刻，你们谈道：'我的道德毫无用处！它还从没让我为之激动不已。我现在非常讨厌我的善良和丑恶！它充斥着穷困、肮脏和悲哀的自以为是。'

"那一刻，你们谈道：'我的正义感毫无用处！我不认为自己是炽

热的火焰。但是，正义者应当是那炽热的火焰！'

"那一刻，你们谈道：'我的悲悯毫无用处！悲悯难道不应该是那高高挂着的、为人类而死的耶稣的十字架吗？然而我的悲悯不是那个十字架！'

"你们这样谈论过吗？你们这样大喊过吗？啊！我多么希望曾听到你们这样大声地谈论！

"我仿佛听到你们的哭泣。但这并非你们的真心忏悔，更多的是你们的自我宽慰。你们太过宽容恶行了。

"那想要舔舐你们的雷电在哪里？那些应该灌输给你们的激昂和疯狂又在哪里？

"看这里吧，我将引导你们成为超人：他就是那雷电，他就是那激昂！"

在查拉图斯特拉说完这番话之后，人群当中有人喊了起来："我们不想再听这个走绳索的人继续讲话了，已经讲得够多了！赶紧开始表演吧！"随之，众人都开始嘲笑查拉图斯特拉。走绳索的人以为查拉图斯特拉的那番话是为了引导自己出场，于是开始了表演。

4

查拉图斯特拉凝视着众人，感到十分震惊。接下来，他如是说：

"人类是一条联结在动物和超人中间的绳子——一根横跨万丈深渊的绳子。

"走过它是非常令人惊恐的，上面充斥着回望、颤抖和迟疑。

"人类之所以伟大，是因为它是一种联结而不是终点；人类之所以可爱，是因为它是一种跨越而不是沉沦。

"我热爱那些人，那是一些对生活感到很迷茫的人，他们在努力挣脱沉沦。

"我热爱那些人,那是一些充满犀利和批判的人,他们令人感到崇敬,他们是蓄势待发的箭。

"我热爱那些人,那是一些不会为了虚妄的理由而沉沦的人,他们只愿为了大地而牺牲自己,只愿把自己奉献给这片超人可能降临的土地。

"我热爱那些人,那些因为获得知识而存在于世间的人,他们探索知识,以便让超人能够降临于此。他们的追求是如此的朴实和低调。

"我热爱那些人,那些辛勤劳作、勇于创新的人,他们为超人盖好房子,为其提供土地、家畜和蔬菜。为此,他们不惜充当一根无名的绳索。

"我热爱那些人,那些忠于自己的道德的人,因为道德是甘于没落的意志,是一支憧憬之箭。

"我热爱那些人,那些将道德看作生命的人,他们从不为自己思考,从不留有余地,他甘用自己的生命做纽带。

"我热爱那些人,那些从不追求太多道德的人,单一的美德比多种美德更具道德意义。它是维持一个人不同人生历程的内在联系。

"我热爱那些人,那些无私奉献的人,他们不求别人的谢意和回报,他一直都在付出着,却从没想过为自己留下一些什么。

"我热爱那些人,那些当骰子按照他们的意愿掉下来会感到羞耻的人,他会问自己:'我是一个赌徒吗?'他是那么肯于服输。

"我热爱那些人,那些在做事之前总是传播着美好的愿景,总是行动远超口头的诺言:因为他追求着他自身的低调。

"我热爱那些人,那些为后人辨明真相、对前人施以宽容的人:因此他自愿为当代的人去献出自己的生命。

"我热爱那些人,那些因为热爱上帝而责罚上帝的人,因为他知道,他需要借助上帝的怒火来让自己毁灭。

"我热爱那些人,那些即使精神受到伤害依然可以保持灵魂的厚重的人,他可以因为一件微小的事情而自愿死去。只有这样,他才会心甘情愿地跨过此桥。

"我热爱那些人,那些精神是如此丰厚甚至于达到忘我境界的人,世间万物都集合于他一身:万事都会成为他走向沉沦的契机。

"我热爱那些人,那些灵魂和心灵都无比自由的人:正是这样,他头脑只是他肉体的一个器官,而他的心灵却能引导他。

"我热爱那些人,那些和那大雨的雨滴一样的人,他们从黑云中一滴一滴地滑落下来,降临在人们的头上:它们提前报告了那雷电将至,同时也像先行者一样逝去。

"凝视吧,我是一个雷电将至报信人,一颗透出黑云的重重雨滴:这雷电就是超人。"

5

查拉图斯特说完这些话重新凝视众人,然后陷入了沉默。"他们就在那里站着,"他对自己的内心说道,"他们站在那里想笑:他们一点也不懂我;我的言论不适合这里的听众。

"对于这些人,难道一定要先把他们的耳朵打聋了,他们才能学会用眼睛去接受事实吗?难道一定要喊得像鼓那样响或者像教导人们悔悟的传教士一般喋喋不休才行吗?或者,他们更相信结巴的人说的话?

"他们拥有一些引以为豪的事物。他们给它起了什么名字呢,他们称它为文化;文化可以让他们和那些牧羊人区别开来。

"所以,他们不希望听到别人在谈论他们时用到'轻蔑'这个词语。因此,我该跟他们的骄傲对话。

"我应该跟他们谈论那些最令人蔑视的人：那些最末流的人。"

所以查拉图斯特拉对众人如是说：

"是人类明白自身方向的时刻了，是人类撒下自身最伟大的希望种子的时刻了。

"现在，土壤还算肥沃。然而，终有一天，土壤的养分会被用尽，再也不能孕育树木。

"唉！那一刻马上就要到来了，人类再也无法射出那能超越人类的希望之箭了，弓弦也将忘记如何摆出发射的姿态！

"让我来告诉你们：众人的自我中一定还要有谜团，来创造出一个活跃的世界。让我来告诉你们：你们的自我中一定还要有谜团。

"唉！人类创造不出任何新世界的日子来到了。唉！最让人蔑视的日子来到了，他们再也不会蔑视自己了。

"凝视我吧！我来描绘出末等人来供你们观赏。

"'何为爱？何为发明？何为希望？何为世界？'——末等人怔怔地发问。

"世界变小了，在上面活跃的一切都随之变小了，那末等人，他的种族像虱子一样无法被彻底消灭，所以末等人是活得最长久的物种。

"'我们见到了快乐'——末等人眨巴着眼睛说道。

"他们开始搬离穷苦的地方，因为他们需要温暖。他们热爱邻里，因为他们需要温暖。

"他们认为疾病和不被信任是有罪的，他们谨慎地前行，那些被石块或者他人所绊倒的人，被视为笨蛋！

"他们不时地给自己的人生加进点毒药，以麻痹自己，使自己梦到一些快乐的事。最终，他们可能加大这些毒药的剂量，以使自己快乐地死去。

"人们还是在继续劳动,因为劳动不仅是一种工作,还是一种解闷儿的方式。然而众人亦如履薄冰地防止这种解闷引发伤害。

"人们再也不会被划分为穷人或富人,这两种身份都很沉重。有人还想成为领导者吗?有人还想成为被领导者吗?两种人都太过操劳了。

"没有管理的人,也没有被管理者!任何人都想要平等,任何人也都是平等的:谁拥有不同的想法都会自觉进入疯人院里去。

"'从前,全世界的人都神志不清'——他们当中最精明的人眨着眼睛说。

"他们明白事理并对所有发生的事了然于胸:因此他们的轻视行为无休无止。他们也会发生争吵,然而又会非常迅速地和好——不然会破坏他们的胃口。

"在白天,他们拥有着自己小小的快乐;在夜晚,他们也拥有着自己小小的快乐。他们非常注重自己的身体是否健壮。

"'我们找到了快乐之所在。'——末等人眨着眼睛说。"

查拉图斯特拉的首次演讲,也就是被称为"序言"的演讲到此为止了,因为众人的叫声和笑声打断了他:"把末等人带来给我们吧,啊!查拉图斯特拉!"他们大声叫着,"把我们变为末等人吧!然后我们就把超人奉献给你!"所有在场的人都显出欢腾的状态。查拉图斯特拉露出伤心的神情,他对自己的心说道:

"他们一点儿也不懂我。我的言论不适合这里的听众。

"可能,我入山隐居的时间太长了,我谛听了过多的河流和森林的声音。现在,我要像跟牧羊人谈话一样跟他们交谈。

"我的精神世界平静而清澈,如同早晨的山峦。然而,他们觉得我非常刻薄,觉得我只擅长嘲讽。

"现在他们看着我大笑,他们一边笑一边痛恨我。"

6

但是，接下来发生了一件惊呆在场众人的事。当然，在这过程中，走绳索的人已经开始了他的演出：他刚才自一扇很小的门中探出身来，现在顺着绳子正在走着，这个绳子位于两座塔的中间，就这样，绳子正好在集市和众人的正上方。当他正好行至一半的路程时，小门又一次打开了，一个穿着花里胡哨的衣服、类似小丑的混蛋从里面蹦了出来，而且很快追上了前面的人："快点啊，废物，"他用他那恐怖的声音大叫着，"快点，懒虫，二道贩子，臭流氓！——小心我一脚踢倒你。你走在这双塔中间做什么？你应当乖乖地待在塔里面，人们应当把你关起来，你挡到比你更卓越者的道路了！"他一边恶狠狠地说着每一个字，一边一步步地靠近之前的先行者。然后，当他只有一小步就能赶上对方时，发生了一件使在场众人都惊呆了的事件——他发出一声鬼怪一样的尖叫，一下子就蹦着越过了前面的挡路者。然后，现在落后的那个人，看到对手获胜，一下子就失去了理智，他一只脚在惊慌中踏空了，他的长杆脱手而出，身体比长杆落得更快，似狂风中的落叶，向低处坠落。集市上的众人陷入混乱，他们一哄而散，乱作一团，尤其是表演走绳索的人的身体即将坠落的地方，更是混乱不堪。

然而，查拉图斯特拉就待在原地不动，那个表演者从他的边上掉下来，落在地上，伤痕累累，面容破碎，仅剩微弱的呼吸。过了一会儿，这个被摔得血肉横飞的人醒了过来，映入眼帘的是查拉图斯特拉跪在他的身边。"你要做什么？"他说道，"很久之前我就想到了魔鬼总有一天会害死我的。现在，他想把我拖进地狱，你要阻止他吗？"

"以我的名誉向你保证，我的朋友，"查拉图斯特拉回答道，"你所说的东西都是不真实的：既无魔鬼亦无地狱。你的精神会先于你的身体死去，所以，你不用再有所害怕了！"

那人不相信地望着天空。"假如你所说的是事实，"他说，"那么，当我失去生命的时候，我其实并没有真的失去什么。我只是一只被人类用打骂和饥饿威胁教育出来的会表演的野兽。"

"不是这样的，"查拉图斯特拉回答，"你在危险中展现你的专长，这是你的工作，你不该受到轻视。现在，你以身殉职，所以，我要亲手将你埋葬。"

在查拉图斯特拉说完之后，奄奄一息的人没有再向下讨论；然而他轻微地动了动自己的手，仿佛要去抚摸查拉图斯特拉的手以示感激。

7

这时候，夜幕降临，集市被黑暗吞没了。

人群渐渐散去，一切好奇心和恐惧也消散了。然而，查拉图斯特拉一直枯坐在那个死去的表演者的身边，思绪万千，忘记了时间。然而，最深的黑夜终归是到来了，一股冰凉的风掠过这个孤单的人儿。查拉图斯特拉从地上站起来，心里说道：

"好现实，今天查拉图斯特拉捕鱼收获颇丰！不过他捕获的不是一条鱼，而是一具尸体。

"人生多苦多难，谁能想到，一个小丑就能弄死一个人。

"我想告诉人类活着的意义，那就是超越人类，从黑暗的人类乌云中迸发出雷电。

"然而我和他们之间的距离还很遥远，并且我的思想和他们的思想没有共鸣。对人类来说，我是介于笨蛋与尸体之间的存在。

"夜如此漆黑，查拉图斯特拉脚下的道路也是如此漆黑。

"走吧,你这个冰冷僵硬的同伴!我将背着你去那我会亲手把你掩埋的地方。"

8

在查拉图斯特拉自言自语说了这些话之后,他扛起那具尸首就要出发。但是,当他还未走出百步远时,一个人悄悄来到他身边,偷偷地对着他的耳朵细语。——啊!那个细语的人竟是那个塔里面的小丑。"哦,查拉图斯特拉,远离这个城市吧,"他说道,"这里憎恨你的人太多了。友善和正义的人憎恨你,说你是他们的仇人和轻视的对象;拥有崇高信仰的圣徒们憎恨你,说你是危险分子。被别人笑话是你的福气,事实上,你演讲时就好像一个小丑;陪着这个死人是你的福气;你今天虽然自取其辱,但你捡回了一条命。去吧,无论如何,远离这个城市吧——不然明天我将从你身上跳过,一个有生命的人越过一个无生命的人。"这个小丑讲完上述这些话后就消失不见了,查拉图斯特拉继续穿过漆黑的巷子。

到了城门旁,几个挖墓人遇到了他,他们举着的火把映照着他的面孔。意识到对面的人是查拉图斯特拉,他们刻薄地嘲讽他:"查拉图斯特拉正在搬运这条死狗;查拉图斯特拉变成挖墓人了,这是一件多么棒的事情!给这条死狗挖墓会脏了我们的手。查拉图斯特拉要把魔鬼的食物偷走吗?这样挺好的,希望你就餐愉快!希望魔鬼是比查拉图斯特拉更笨的小偷!——否则他会把你们俩都偷走,可以把你们俩一并吃干抹净!"他们凑着脑袋相视而笑。

查拉图斯特拉没有理会他们,自顾自地继续赶路。他走了两个小时,在通过树林与湿地时,他耳中传来了饿狼的嚎叫,同时他感到腹中饥饿。于是,他在一座亮着灯的房子前停了下来。

"饥饿冲击着我,"查拉图斯特拉道,"它好像一个土匪。在树林与湿地之中，饥饿冲击着我，就在这深深的暗夜里。

"我的饥饿有它特定的坏习惯，它一般只在吃饭后降临于我，可今天一整天它都没有出现：它这一天去了什么地方呢？"

查拉图斯特拉敲响了房子的门。一位老者开了门，手里点着一盏灯，他发问道："是谁光临我的小屋，打断了我本就不深的睡眠？"

"一个活着的人与一个死去的人，"查拉图斯特拉说道，"给我一点填饱肚子的东西吧，白天我忘记了吃下食物。圣人说，喂饱饥饿者的灵魂，自己的灵魂也会得到升华。"

老人回到了房子里，但是又很快回来了，他给查拉图斯特拉带了面包和酒。"这里可不是对饥饿者友善的地方，"他道，"所以我居住于此。野兽和人类都到我这个隐士这里来求助。给你的朋友也吃点东西吧，他看起来比你更加疲惫不堪。"

查拉图斯特拉回答："我的朋友去世了，我无法让他吃东西了。"

"那与我无关，"老人有点生气，"谁来敲我的门求助，都必须接受我供给的东西。吃吧，希望你一帆风顺！"

在星光的照耀下，查拉图斯特沿着大路继续走了两个小时。他常常深夜赶路，对夜行很有经验，而且，他热爱观察万物睡着时的种种状态。但是，等到天色微亮时，查拉图斯特拉意识到自己身在密林之中，前方已无路可走了。他将死去的人安置在一棵和他的头齐平的空心树中——防止狼群去撕扯他——然后独自倒在布满苔藓的空地上。他一下子就沉睡过去了，身体疲惫不堪，而精神却是无比的宁静。

9

查拉图斯特拉睡了很久很久，粉红色的清晨从他的头顶飘过，然后整个上午也离他而去了。当他最终醒过来的时候，他吃惊地看着安静的树林，也吃惊地看着自己。之后他快速地站了起来，就像船夫一下子望见了海岸线一样，他兴奋地大喊起来——他顿悟了一个真理。他对自己的内心如是说：

"一道光给了我灵感：我需要战友——生机勃勃的战友；我并不需要失去生命的战友和死尸，否则我还得扛着它走向我想去的目的地。

"我需要生机勃勃的战友，他们能够陪同我，因为他们明白他们的目的地和我的一致。

"一道光给我了灵感。查拉图斯特拉需要与之对话的不是众人，而是战友！查拉图斯特拉不该成为放羊人和牧羊犬！

"把很多羊自羊群中引开——我正是为了这个目标而来。群众和羊群一定会对我心存怨恨：查拉图斯特拉会被那些放羊的人视作土匪。

"放羊的人们啊，他们自认为是正派人物。放羊的人们啊，他们自认为是有崇高信仰的圣徒。

"瞧瞧那帮正派人物吧！他们最憎恶的是谁呢？是那些破坏了他们价值观的人，那革命者，那违法者——但是，他们是创造者。

"瞧瞧所有崇高信仰的圣徒吧！他们最憎恶的是谁呢？是那些破坏了他们价值观的人，那革命者，那违法者——但是，他们是创造者。

"创造者追寻的是战友，而不是死尸——同时并非放羊的人们或圣徒。创造者追寻的是志同道合的创造者——那些要把新的价值观深深刻在崭新丰碑上的人们。

"创造者追寻的是战友，是愿意一起收割麦田的人：他面对着成熟，将收获所有，然而他缺少了几百把镰刀，所以他痛苦地拔着谷穗。

"创造者追寻的是战友，是了解怎么才能把自己的镰刀磨好的人。

他们会被人称作毁灭者以及善和恶的蔑视者。然而,他们也是收获者和胜利者。

"查拉图斯特拉追寻的是合作创造者,查拉图斯特拉追寻的是合作收获者和合作胜利者:所以,羊群、牧羊人和死人又与他有什么关系呢?

"而你,我的第一个伙伴,长眠吧!我已将你好好地安葬在空心树里;我已将你好好地藏起来以免遭到狼群的干扰。

"但是我将远离你而去;离别的时刻到来了。在玫瑰一般的黎明里,我感悟到一个真谛。

"我不想做牧羊人,我不想做挖墓人,我再也不向公众去传道、授业、解惑,这是我最后一次和死去的人对话。

"我要和创造者、收获者和胜利者成为共同体:我会指引彩虹给他们观赏,还有那变成超人的全部道路。

"我会献上我的歌声给那独自生活的人听,给那和他人同住的人听,还献上那些他们曾闻所未闻的东西,我会用我的幸福填满他们的心灵。

"我向着我的目标不断前行,我继续赶我的路。我会超越那些犹豫的人和落后的人,超越那些彷徨的人和滞后的人。就这样,让我的进步之路成为他们的沉沦之路吧!"

10

查拉图斯特拉自言自语完时,太阳已经升到正空了。他惊奇地仰头看着高处——因为他听到天空有一声锐利的鸟叫声。你看啊!一只苍鹰盘旋着飞过苍穹,它的身上缠着一条蛇,可它们不像是彼此的猎物,更像是一对朋友:这蛇一直缠在鹰的脖子上。

"它们是我的图腾。"查拉图斯特拉说道,他满心欢喜。

"太阳下面顶骄傲的生物,太阳下面顶智慧的生物——它们飞出来侦察了。它们想了解查拉图斯特拉有没有活着。真的,我的命还在吗?

"我已观察到,和人类在一起比和动物们在一起更可怕,查拉图斯特拉行走在可怕的道路上。就让我的图腾给我指引吧!"

当查拉图斯特拉说完上述话时,他想起树林中的那个智者所言。所以他又叹着气自言自语道:

"希望我更聪明点!就如同我的蛇一样!

"然而我所希望的是可望而不可即的事情。所以,我希望我的骄傲和我的聪明才智结伴同行!

"假如我的聪明才智在某一天远离了我——唉!它总是出没无常的!——那就让我的骄傲和我的傻气一起远走高飞!"

就这样,查拉图斯特拉开始走向山下。

查拉图斯特拉的演讲

一、三种变形

  我来给你们讲讲灵魂的三种变形吧：灵魂如何变成一匹骆驼，骆驼如何变成一头狮子，狮子如何变成一个小孩。

  有多少沉重的压力给予了灵魂，给予了坚韧而内含虔诚的灵魂：灵魂需要沉重的负担，最沉重的负担。

  "什么是沉重的负担呢？"坚韧的灵魂这样发问，之后像一匹骆驼那样跪倒在地，准备着承担这样的重负。

  "什么是最沉重的负担呢？豪杰们？"坚韧的灵魂发问道，"我想我能承载着它并为我的力量感到高兴。"

  它是这样吗：通过羞辱自己来压抑自己的骄傲；特意显出痴傻来掩饰自己的智慧？

  或者是这样：在庆功之际贬低我们的成就？还是登上高山引起魔鬼的注意？

  或者是这样：以知识的果实和野草为食，为了真理而让灵魂忍饥挨饿？

  或者是这样：生病时却把来照顾安慰自己的人赶走，而是和永远听不到你诉求的聋人做朋友？

  或者是这样：只要它是真理之水，就不管里面是否有冰冷的青蛙和火热的蟾蜍，而会直接跳入污水之中？

或者是这样：给那些看不起我们的人以热爱，在我们遭受恐惧的时候向他们伸出求助的双手？

所有这一切的重压，坚韧的灵魂均独自承担着：好像那骆驼一样，背着重担奔向那荒凉的沙漠，灵魂也一样奔向它那荒凉的沙漠。

但是，在那最孤独的荒凉的沙漠中，第二种变形发生了：在这里，灵魂变成一头狮子；它要去争取自由，成为荒漠之主。

在那里，它找到了它最后的主人：它要与最后的主人与最后的上帝为敌。为了获得胜利，它要和巨龙搏斗。

那个让灵魂不再继续自愿称其为主人和上帝的巨龙是什么呢？它的名字是"你应该"，然而狮子的灵魂却说"我想要"。

"你应该"，埋伏在旅途中，它身披金甲，每一片鳞甲都金光闪闪的，散发着"你应该"的光芒。

千年以来，多种价值汇聚在那鳞片之上，闪烁耀眼的光芒，所有巨龙中最强大的那个这样说："事物的所有价值都在我的身上闪耀。

"所有的价值已经被创造出来，而且一切被创造的价值都集中表现在我身上。说真的，不应该再出现什么'我想要'了。"

我的朋友们，为什么还需要灵魂中的狮子呢？有那只默默承受一切压力的骆驼还不足够吗？

创造出新价值——那是连狮子也无法完成的，然而，为了创造新价值而去争取自由——这是狮子的能力可以达到的。

创造出自己的自由，即使面对义务也要做出神圣的否定，我的朋友们，在这方面，就必须有狮子的存在。

争取创造新价值的权利——这对坚韧而内含虔诚的灵魂来说是一件很艰难的事情。事实上，这对它来说是一种掠夺者的行径，是凶残的野兽行为。

过去，它把"你应该"作为他最崇拜的事物去热爱；现在，它不得已要在最崇拜的事物中寻找出妄想和专横,灵魂要从它所爱者的手里劫掠自由:为了这种劫掠,就必须有狮子。

但是,请告诉我吧,我的朋友们,连狮子都无法做到的事情,小孩怎么可能做得到呢?那为什么作为野兽的狮子还需要再变成一个小孩呢?

小孩是天真而健忘的,他是新事物的开端,是一个实践,是一个轮回,是一场新运动,是一种崇高的赞同。

是的,我的朋友们,为了创造实践,必须对生命有一种崇高的赞同。现在灵魂主宰了自己的思想,被旧世界驱逐的人获得了他独立的新世界。

我刚才给你们说明了灵魂的三种蜕变:灵魂是如何变成一匹骆驼的,骆驼是如何变成一头狮子的,狮子是如何在最后变成一个小孩的。

查拉图斯特拉如是说。当时他正刚刚抵达一个名为"斑牛"的城镇。

二、道德的讲座

人们向查拉图斯特拉称颂一位圣贤,赞赏他精通关于睡眠与道德的演说:所以他非常受人尊重与赞扬,很多青年端坐于他的讲坛面前。查拉图斯特拉向他走了过去,坐于他讲坛前的青年之中。这个圣贤开始了如下演讲:

"对待睡眠一定要尊重和谦卑!这是最重要的事情。和那些睡不着觉和终夜不睡觉的人保持距离吧!

"就连盗贼面对睡眠都是谦逊的:他总是在夜里悄无声息地去偷东西。但是,守夜的人却是粗鲁的,他粗鲁地随身携带他的号角。

"睡眠非同小可:为了能在夜晚安眠,白天一定要保持清醒。

"每一天,你一定要战胜自己十次:那样能让人产生有益健康的倦怠,它是精神的麻醉剂。

"每一天,你一定要让自己心情舒畅十次:过度克制是痛苦的,它会导致你心情不舒畅,而心情不舒畅的人难以安然入睡。

"每一天,你一定要寻觅到十个真理:不然你会在黑夜中寻觅真理,你的心灵必将空虚。

"每一天,你一定要放声大笑十次;不然你的胃就会在黑夜中折磨你。

"虽然了解的人很少,但一定是拥有了所有的美德才能安然入睡。我可能伪造证据吗?我可能犯下通奸罪吗?我会觊觎邻居家的女佣吗?这些都和安然入睡背道而驰。

"并且,即使一个人具有了所有的美德,有一样还是必不可少:在适当的时间,这美德自身也会沉睡。

"不要让美德之间发生争吵,也不要让它们因为你而发生争执,否则你就成了一个可怜人!

"和上帝还有你的邻居保持和睦相处,这是拥有良好睡眠的条件。也要和你邻居中的坏人友好相处,不然他会乘着夜色攻击你。

"拥戴统治者,即使是无能的统治者也要拥戴,这是拥有良好睡眠的条件。假如统治者非要走上歧路,我又能怎么样呢?

"那些赶着他的羊群到最肥美的草地吃草的人,于我一直是最棒的牧羊人,这样的行为和安然入睡相辅相成。

"我不希望有很多荣誉,也不希望有很多钱财,那很可能会纵容我的坏脾气。但是没有良好的声誉和一笔小小的财富,也难以安然入睡。

"我宁愿拥有不多的朋友,也不希望很多朋友中有一个品德恶劣的。然而朋友们一定要在恰当的时候来往,这样的行为和安然入睡相辅相成。

"是的,我也喜欢那些精神世界贫瘠的人:他们可以更快地入眠。他们是幸福的,特别是当获得人们的肯定的时候。

"就这样,有道德的人的白天结束了。当黑夜降临时,我非常谨慎地不刻意去召唤睡眠。道德的统治者——睡眠,它或许不愿意被召唤。

"然而我思考了白天发生的一切。像是反刍一样——像一头牛那样细心,我对自己发问:你的十次自我克制是什么?你的十次心情舒畅是什么?你寻觅到的十个真理是什么?你的十次放声大笑是什么?

"就这样,我在四十种思绪中徘徊,睡眠一下子就侵占了我的身体。睡眠,那个不速之客,那个道德的统治者。

"睡眠轻轻抚摸我的眼睛,我的眼皮变得沉重起来。睡眠轻轻触摸我的嘴唇,我的嘴巴逐渐微张。

"事实上,它踩着软底鞋悄然而至,这个最可爱的小偷偷走了我的思考:因此我呆立着,就像这书桌一样。

"但是,我并没有站立太久,我一会儿就躺倒了。"

查拉图斯特拉听到圣贤如是说,觉得很可笑:因为当时他的心已有曙光降临。他这样对自己内心道:

"这位圣贤的四十个思绪看起来好像很愚蠢,可我相信他非常了解该怎么安眠。

"能与这位圣贤毗邻是多么快乐的事!这样的睡眠能够相互传染——即使隔着厚厚的墙壁。

"他的讲台有一种魔力,那么多青年坐在这里并非一无所获。

"他的智慧之处在于，为了保证睡得香甜，必要的时候保持清醒很重要，而睡好觉又能帮助人们在必要的时候保持足够的清醒。真的，假如生命了无意义，而我又必须要说一句无用的话，那么这会是我最值得说出的一句无用之言。

"现在我非常清楚先人们之前为什么奋不顾身地去追寻道德导师了。他们是在为自己追寻安然入睡的方法，麻醉性的道德让他们安然入睡！

"对于一切在讲台上受到众人尊重的智者，聪明才智就是没有梦的沉睡：他们从不知道生命更深远的意义。

"以至现在，能够确定的是，还有一些像这样的道德传教士，他们并不总是值得受到敬重：属于他们的时代已经过去了，他们站不了多久了，他们已然倒下。

"那些昏昏欲睡的人是多么快乐：因为他们很快就会进入梦乡。"
查拉图斯特拉如是说。

三、彼岸论者

曾经，查拉图斯特拉也将他的空想抛到人类之外，像一切的彼岸论者那样。当时，我所看到的世界似乎是一位饱受苦难的上帝创造的杰作。

那时候，世界在我的眼中就是上帝的诗和远方，是一位崇高的叛逆者面前的彩色云烟。

善良和丑恶，喜欢和悲伤，还有我和你——它们在我的眼中都是创造者面前的五彩烟云。创造者要把关注从自身转移到外界来——所以他创造了世界。

遭受苦难的人为了忘却曾经的苦难，不惜忘却自己，这醉生梦死的人生对他来说是何等的享受。世界过去在我眼中就是醉生梦死和自我遗忘。

这世界，这永远的不完美者，一个永恒的矛盾体和不完美的象征——在它的不完美的创造者看来，是一种醉生梦死——曾经，世界在我眼中就是如此。

正是这样，我过去也将我的梦想寄托到人类之外，像一切的彼岸论者。可是，事实真的是如此吗？

啊！朋友们，我创造出来的那个上帝，是人类的杰作，是人类的恶魔，跟创造其他一切神怪并无差别。

他的本质是人，而且仅仅是人和自我意识的一个可怜的部分。它从炽热的余烬中向我走来，那恶魔的影子。真的，在我看来，它并不是来自世界之外！

到底怎么了，我的朋友们？我超越了自我，成为受尽苦难的人；我携带着自身的余烬进入群山之中；我重生为更加明亮的火焰。看吧！所以那恶魔的影子渐行渐远。

对于我这个大病初愈的人，我认为相信这样的恶魔影子会是痛苦的折磨：它现在对我来说是痛苦，也是侮辱。因此，我对彼岸论者如是说。

信仰彼岸的人所创造的只有痛苦和无能；唯有深受苦难的人才会经受这短暂而幸福的疯狂。

厌倦还想着用殊死一拼来迎接最后的时刻；一种可怜的、愚笨的厌倦，它甚至都不再希望拥有意识：可正是它创造了一切神怪和彼岸。

信赖我吧，我的朋友们！那对肉体失去希望的正是肉体——它依靠着醉生梦死的精神摸索最后的墙壁。

信赖我吧,我的朋友们!那对这片土地失去希望的正是肉体——它听到离它很近的脏腑对它这样倾诉。

所以,它尝试着用大脑穿越那最后的墙壁——并且不只是用大脑——到达"另一世界"。

然而,那个"另一世界"不为人所知,那是去人性化的、非人性的世界,它是那么的虚无;而且除非脏腑变成人的形态,否则它无法跟人沟通。

事实上,存在无法证明,也无法言说。告知我,朋友们,所有东西的最奇怪的地方不也得到了最好的印证吗?

是的,这是自我,用它的自相矛盾和极度混乱,非常真实地说明着它的存在——这个在创造、在希望、在计算的自我,也是事物的长度和质量。

这个最真实的存在,这个自我——以至于在它沉思的时候、发怒的时候、感受折翼痛苦的时候,它仍在谈论着肉体,渴望着肉体。

这个自我,它一直学习着更加真诚的交流;它学习得越多,就越为这肉体和这土地找出更多的光荣。

我的自我教会我一种全新的骄傲,我将它教会给他人:不要再将你的头埋在虚无事物的沙堆中,自由地挺起来吧,这是大地之头,是它赋予这片土地真正的意义!

我教给众人一类全新的思想:根据人类的直觉选择的那条道路,跟从它吧,称赞它吧——再也不要像那些生病的人那样回避着它!

那些生病的人——他们轻视肉体与这片土地,他们创造了天堂的世界和赎罪的惩罚,但是,这香甜而哀伤的毒品,却也是借助于这肉体和这片大地!

他们尝试着远离他们的苦难,但是星辰却离他们非常遥远。所以他们叹气道:"哦!要是有去往天堂的路多好,顺着它就可以悄悄进入另一种生活和快乐中!"于是,他们为自己创造了旁门左道和血腥的饮料。

现在,他们梦想他们可以脱离这片土地和肉体的控制了,这些背信弃义的人们。然而他们脱离时的狂欢和颤抖是如何发生的呢?还不是来源于他们的肉体和这片土地。

查拉图斯特拉对病人的态度非常和气。事实上,他对他们自我安慰和不知感恩的态度丝毫没有恼怒。让他们快些痊愈、长成健康的人吧,为他们自己制造出更健壮的肉体吧!

查拉图斯特拉对刚刚痊愈的人也不气恼,即使他们总是在夜半时分游荡在上帝的墓边;但是他之所以为他们流泪,是因为他不忍心看到他们饱受疾病的折磨。

那些为上帝而思考以致憔悴不堪的人中,总有很多身患疾病之人;他们非常疯狂地怨恨志士仁人,怨恨那最新的道德,那就是真诚。

他们常常回顾那暗黑的年代:真的,在那些时光中,幻想和信仰是风马牛不相及的东西。理性的疯狂就是上帝的样子,对它表示怀疑就是罪大恶极。

我非常明白那些如神一般的人类了:他们顽固地坚持让别人信奉他们,对他们表示怀疑就是罪大恶极。我也非常明白他们自身信奉的是什么。

事实上,绝对不是彼岸与救赎,他们最信奉的,仍然是肉体;对他们来说,他们本身的肉体就是那绝无仅有的产物。

然而,对他们来说,肉体仍然不过是一个患病的躯体,他们喜欢让灵魂游离于皮囊之外。所以他们聆听死亡的训导,他们自身同时也传扬着彼岸世界。

这都比不上谛听强壮的肉体的声音啊,我的朋友们;它是那更真诚与纯洁的声音。

健康、强壮并且完美的肉体语言更加的真诚、更加的纯洁;它倾诉着这片土地的声音。

查拉图斯特拉如是说。

四、肉体的轻视者

对于肉体的轻视者我有忠言相告。我并没有要求他们从头学习或者从头接受教育,只是想要他们和自己的肉体道别——从此以后不再发声。

"我是肉体,也是灵魂"——小孩会如此说。为什么大人们不会像小孩一样如此说呢?

但是清醒的人、见多识广的人却说:"我完全是肉体,别无其他;精神只是肉体上的一种事物的称呼而已。"

肉体是一个集大成者,一个具有特定含义的综合物,像战争与和平,羊群与牧羊人。

我的朋友,你的小小的智慧也是肉体的一种工具,就是你所说的名为"灵魂"的东西——正是你那集大成者的一件小用品与小玩具。

你说着"自我",并且以此为傲。然而更崇高的东西——你可能不宁愿相信的——是具有集大成者的肉体:它从不说"自我",然而却把"自我"实现。

器官所感知的东西,灵魂所认识的东西,本身漫无边际。然而器官与灵魂却愿意让你相信它们是世间万物的终点:它们是这样的荒诞。

器官与灵魂是工具与玩具：站在它们背后的依然是"自身"。"自身"以器官的眼睛追寻，用灵魂的耳朵倾听。

"自身"持续倾听与追寻，它会争取、控制、驯服和毁灭。它统治着，同时也是"自身"的统治者。

站在你的思维和情感的背面，我的朋友，有这样一个强壮的统治者，一个默默无闻的智者——它称之为"自身"；它居住在你的肉体里，它就是你的肉体。

隐藏在你肉体中的智慧比你的最高智慧还要睿智。有谁了解为什么你的肉体需要最高智慧呢？

你的"自身"讥笑你的"自我"并骄傲地欢腾。"这些思绪的欢腾于我意味着什么呢？"它自言自语道，"只是一条通达我的目标的道路罢了。我牵动着自我，是自我观念的推动者。"

"自身"对"自我"道："来点苦楚尝尝吧！"所以它就吃苦了，还要思考怎样才能结束这苦楚——它必然会为了这一目的而思考。

"自身"对"自我"道："来点开心尝尝吧！"所以它就高兴了，还要思考怎样才能结束这愉快——它必然会为了这一目的而思考。

对于肉体轻视者我有忠言相告。恰是他们对肉体的尊重引发了他们的轻视。是什么创造了尊重与轻视、价值和意识呢？

那创造性的"自身"替"自我"发明了尊重与轻视，它替自己发明了欢快与悲伤。那创造性的肉体替自己发明了灵魂，用它作为了意识的掌控者。

你们这些肉体的轻视者，以致在你们的怪诞与厌恶中，你们每个人也全都在照料着你们的"自身"。让我来告诉你们吧，你们那纯正的"自身"想要死亡，想要回避生命。

你们的"自身"再也无法做它预想实现的事情了：创造出超越自

己的东西。那是它预想实现的事情；那是它的所有热情所在。

然而，现在这么做已太晚了——你们的"自身"愿意自我毁灭。你们这些肉体轻视者。

快快死去吧——你们的"自身"如此盼望；于是，你们转化为讨厌肉体的人。因为你们再也无法创造出能超越"自身"的东西了。

所以你们现在恼恨生命与这片土地。在你们轻蔑的眼神中含着无意识的忌妒。

我不会重蹈你们的覆辙，你们这些肉体轻视者！于我而言，你们绝不是为我成为超人而铺设的桥梁！

查拉图斯特拉如是说。

五、快乐和热情

我的朋友，当你拥有一种美德，并且当它确实是你特有的美德时，请不要和别人分享。

当然，你可以给它起一个名字以示对它的爱怜；你可以拎拎它的耳朵和它玩闹。

然而，瞧瞧吧！一旦你和大众分享了它的存在并且共同拥有它，你就会因为这共有的美德而成为普通人中的一员！

你大可向众人这样描述它："它只可意会，不可言传，它于我的灵魂是一种既痛苦又甜蜜的东西，它使我的内心充满无名的向往。"

让你的美德高贵到无法用亲密的名字来称呼吧。而当到了你不得不提的时候，那就不要害羞，哪怕是结结巴巴地讲出来。

这样结结巴巴地说吧："那是我钟爱的美德，我喜欢它，它可以让我感受到极致的快乐。我渴求的正是这样的美德。

"我渴求它,并不是因为它是上帝的指令,也不是因为它是人类的法律。它并非指引我越过这片土地走向天堂的指示牌。

"我热爱它,它是人世间的一种美德:它少有算计,更少有普通生活中的精明。

"但是,那只鸟于我的身边建了巢:所以,我热爱它而且珍视它——现在它于我身边养育着金蛋。"

你应该用这样结结巴巴的口吻称颂你的美德。

曾经,你拥有热情并称它为魔鬼。然而现在你珍视你的美德:它们正来自你的激情。

你把更高的要求种到你火热的心中:所以它们转化为你的美德与幸福。

即使你属于暴虐之徒、声色之徒、封建之徒,或者复仇之徒;

最后,你全部的热情终将化为你的美德,你全部的罪行终将化为美好的天使。

你之前还有藏在阴暗角落中的野狗;然而它们最终变成了欢快的小鸟和迷人的歌女。

自你的毒物中,你为自己发酵出美酒;你的奶牛,你之前自它的乳房中挤出苦难——现在你喝着它香甜的奶汁。

再无恶念滋生在你体内,除非那恶念来自你许多美德之间的冲突。

我的朋友,假如你足够幸运,那么你就会只拥有一种美德而不是多种:这样你会更容易越过那座桥。

拥有多种美德是光荣的,然而那也是一种让人难以忍受的霉运:许多人逃到荒凉的原野中自杀身亡,因为他们厌倦了美德之间的斗争。

我的朋友们，战争与战斗是充满罪恶的吗？但是，这罪恶是一定要有的。在众多的美德中，忌妒、怀疑和指责也是一定要有的。

瞧！你的每一种美德都在渴求最高的地位。它希望能让你的整个灵魂当作它的能量源，它希望拥有你的怒气、仇怨与热爱中的所有的能量。

每种美德都会忌妒其他美德，忌妒是恐怖的东西。许多美德以致在忌妒中自我毁灭。

那些陷入忌妒的火焰深渊的人，如蝎子般，最终转头用毒刺扎向自身。

啊！我的朋友，难道你从来没有见过一种美德的自我伤害和自我毁灭吗？

人类是一种一定会被超越的物种：所以你要热爱你的美德——因为你最终会因它们而毁灭。

查拉图斯特拉如是说。

六、苍白的罪人

法官们和祭司们，在猎物还不曾低下头之前，你们肯定不愿意进行杀戮吧？瞧吧！那个苍白的罪人已经将他的头垂下：他的双目表现出极大的厌恶。

"我的自我是等待着被超越的事物：我的自我对我生而为人非常厌恶"。他的双目仿佛如此说道。

当他对自己宣判时，那是他的高光时分；不要让这么崇高的人再次坠入卑贱之中！

这个因为自身而遭受痛苦的人已经无法被救赎了，除非他立刻死去。

啊，法官们，你们的杀戮应当基于可怜，而不应是报仇；在你们杀戮时，还得留意要替生命辩解。

你们需要和被杀的人和解，这还不够。将你们的悲伤转化为对超人的热爱吧：只有这样你才能证明你们的存在是有意义的！

这些被处死的人，你们应该称他们为"敌人"而不是"恶人"，你们应当称他们为"病人"而不是"小人"，你们应当称之为"蠢人"而不是"罪人"。

但是你，公正的法官，假如你大声说出了你真正的想法，那所有人都将会大叫起来："消灭这些肮脏而有毒的害虫吧！"

然而，思想是一方面，行动是一方面，行动的看法又是另一方面。这些情况并不存在因果关系。

一种想法让这苍白的人脸色变得更加苍白了。当他实施犯罪行为时，他毫不迟疑，可一旦实施犯罪行为后，他又对自己的行为感到无法忍受。

现在，他将自己看成天生的罪犯。人们也总认为，恶人做恶事是因为他们本性就恶，我认为这是很疯狂的想法。

用粉笔圈出来的白色线条可以迷惑母鸡。他所做的事迷惑和击溃了他薄弱的理智，我把这叫作犯罪行为之后的发狂。

听听吧，法官们！还有其他类型的发狂，它诞生在发生犯罪行为以前。啊！你还是没有深入了解灵魂。

穿着红袍的法官会这样说："为什么这个犯人会犯下谋杀罪呢？他的本意只是试图抢劫财物啊。"但是，我要告诉你们，他的灵魂喜欢鲜血而不是财物：他期待着动刀子时的快乐！

然而，他薄弱的理智并不理解这疯狂，反而变相促成了犯罪的发生。"流点血有什么关系？"它说，"你难道不想抢点东西吗？或是报一次仇？"

他让自己听命于他薄弱的理智：它的言语像铅块一样重压于他自身上——所以在他实施抢劫时，他又犯了谋杀罪。他的内心却不想因为他的疯狂而羞愧。

然而，现在如铅块般的罪恶又加在他身上。他那薄弱的理智又一次变得麻木、僵硬、迟钝。

只需不停地晃荡他的头，他的重担就能滑落下去；可是有谁去晃荡那个头呢？

这种人是什么呢？是一团乱七八糟地缠绕在一起的疾病，利用灵魂在地球上蔓延：它们要在这里打猎取食。

这种人是什么呢？是一堆绕在一起的猛蛇，它们无法共生共享——所以它们各自分离，来到人间猎杀食物。

瞧那可怜的肉体吧！它遭受痛苦，又充满渴望，它可怜的灵魂将其解读成杀人的向往和动刀的渴望。

现在，患病的人被罪恶袭击和感染，于是他想让别人感受到跟他相同的痛苦。但是，这里也曾有过其他的时代，其他的善行和恶行。

以前，质疑为罪行，注重个人的愿望也是罪行。那时候，身有残疾的人被定义为异教徒和妖孽；他因成为异教徒和妖孽而受到的折磨，又尝试着让他人受到折磨。

然而，忠言逆耳：你们告诉我，这伤害了你们口中所谓的好人，可你们的好人和我有什么关系呢？

你们的好人做的很多事情让我忍不住想吐，但是事实上，这些事情算不上罪恶。我真希望他们身上也存在某种疯狂，跟这个苍白的罪人一样的狂热，以安慰这个将死之人。

事实上，我希望他们拥有的狂热的名字为真知，或是忠勇，或是正直：然而他们拥抱着他们的美德，让他们得以在悲哀的自傲中活得更长久。

我是汹涌澎湃的河流边上的栏杆；有谁可以伸手抓住我就抓紧吧！但是，我并非支撑你走路的拐杖。

查拉图斯特拉如是说。

七、阅读和写作

对于所有的作品，我只热爱那些作者用他的血汗谱写出来的东西。用血汗谱写，你就会感受到，血汗就是灵魂。

体会他人的心血并非一件简单的事。我讨厌那些懒散的读者。

当一个作者理解了读者，他就不想再站在读者的角度而写作了。再过一个属于读者的百年——灵魂自身也会腐败。

每个人都被准许学习和读书，长年累月，不光败坏了写作，也将会毁坏了思索。

灵魂过去是上帝，再过些时间成了人类，现在，它却转化为最底层的流氓。

那些作者用血泪和真言写出的作品，并不想被人拿来阅读消遣，而是想得到别人的理解和共鸣。

山和山之间最短的距离是从一个山巅到另一个山巅，但是能够走这样路的条件是你得拥有足够长的腿。真言就是山巅，而能够领会真言的读者应该是高大如山的。

山巅的空气稀薄而纯净，危险就在身边，快乐的凶险填充着灵魂；所有的一切都是这样相得益彰。

我宁愿精灵围绕在我身边，因为我是大胆的。我的勇气把鬼怪吓得逃之夭夭，我的勇气又创造出了精灵——它希望能开怀大笑。

我和你不再有相同的感受：我望见了下面的云层，我嘲笑它的乌黑和笨重——那正是即将给你们带来暴风雨的乌云。

在你们希望高升时候，你们抬头向上看；然而我却是低头往下看，因为我已经在高处。

你们中有谁可以在开怀大笑的同时又身居高位呢？

那些"会当凌绝顶"的人嘲笑世间一切的苦难。

英勇、冷然、轻视、蛮横——智慧想让我们变成这样；智慧是一个女子，她永远只爱战士。

你们告诉我："生命是难以承受的重负。"可又是什么原因让你们早晨傲慢无比夜晚却恭敬顺从呢？

生命是难以承受的重负：请不要表现得如此虚弱吧！我们全是优秀的身负重担的驴子。

玫瑰花蕾会因为一粒露珠滴落在它上面而颤抖，我们和它又有什么相同之处呢？

这是事实，我们热爱生命；并非因为我们习惯了活着，而是因为我们习惯了去爱。

爱之中往往存在疯狂，可在这疯狂中一般又存在理性。

以我这挚爱生命的人看来，蝴蝶、肥皂气泡，还有人世间诸多万物，最明白如何享受快乐。

望着这些轻快、粗心、美丽、伶俐的小精灵到处飞舞——查拉图斯特拉激动得热泪盈眶并且开始唱起歌来。

我只会信仰一个知道如何跳舞的上帝。

当我看到我的魔鬼，我发现他严肃、周全、深刻、庄严：他便是沉重的精神——万物都因他而倒下。

人们并非通过气愤来杀戮,却是通过笑声来杀戮。来吧,让我们杀掉这死气沉沉的灵魂吧!

我已经学会了走路,所以我要自己跑起来。我已经学会了飞翔,所以我不必借助外力就能去远方。

现在我是轻盈的,现在我在飞翔,现在我看到了自我下面的自我,现在有个神灵在我身体里翩翩起舞。

查拉图斯特拉如是说。

八、他山之树

查拉图斯特拉的双眼察觉到一个少年在回避着他。某个傍晚,他独自在围绕着"斑牛"这个城镇的群山上散步的时候,看哪,他发现那个少年背依着一棵树端坐,并且用疲倦的眼神注视着山底。查拉图斯特拉抱住少年所依坐着的那棵树,如是说:

"假如我想用手摇动这棵树,我大概办不到。

"但是风,我们无法观其形,它却能随心所欲地摇动并且折断这棵树。同样的,我们也会被无形的手折断。"

那个少年急忙站了起来,说道:"我听见了查拉图斯特拉在说话,我刚才还在想他呢!"

查拉图斯特拉答道:

"为什么你为此而慌乱呢?——人与树有何不同吗?

"它越是渴望向上长高、寻求明亮,它的树根就越会拼命地向泥土里钻,一直向下,朝着漆黑与深渊中去——朝着邪恶中去。"

"对啊,朝着邪恶中去!"少年叫了起来。"怎么可以这样呢,你已经窥见了我的精神世界？"

查拉图斯特拉淡淡地笑了笑，接下来道："许多精神众人无从窥见，除非人们事先把它塑造出来。"

"对啊，朝着邪恶中去！"少年又叫了起来。

"你讲出了真谛，查拉图斯特拉。自从我想让自己变得高大起来，我就不再相信我自己了，并且别人也不再相信我了，这是为什么？

"我变化得过于迅速：我的现在打倒了我的过去。我常常在攀高的时候越过一定的台阶，因此，那些台阶不会宽恕我。

"当我真的登上了高处的时候，我察觉到自己一直很孤单。没有人和我对话，冰冷的寂寞让我发抖。我攀到高处究竟是为了什么呢？

"我的轻视与我的期望一并成长。我攀爬得越高，我越看不起那些正在攀爬的人。他努力登高是为了什么呢？

"我对我不停地向上攀爬与不停地摔跤感到非常的羞愧啊！我嘲笑我那猛烈的喘气声！我非常痛恨那些可以起飞的人！在那高处，我感到多么的疲惫！"

说完这些，少年安静了。查拉图斯特拉仔细看着他们身边的那棵树，这样道：

"这棵树孤单地长在这山顶上，它长得比人类与动物都高。

"如果它想说话，那么它所说的话没有人能听懂：它长得太高了。

"现在它一直在期待——它期待什么呢？它高高在上，接近云层；它也许在期待第一道雷电吧？"

听查拉图斯特拉结束了话语，少年手舞足蹈地叫了起来："对啊，查拉图斯特拉，你讲出了真谛。当我妄图站在高处的时候，我在渴望自我湮灭，你正是我所期待的那道雷电！看哪，自从你出现在这里，我变成了什么样子？是我对你的嫉妒摧毁了我！"——少年这样道，声泪俱下。然而，查拉图斯特拉拥抱着这少年，带着他离开了。

他们并肩走了一会儿，查拉图斯特拉开始这样道：

"我非常难过。你的双眼比你的语言更能表达得清楚，它告诉了我你全部的危机。

"因为你现在还不是自由的，所以你还在追求着自由。你的追求让你辗转难眠，并且让你过分清醒。

"你希望能够站在辽阔高远的地方，你的精神向往着星辰大海。然而你罪恶的天性也期待自由。

"你的野狗也渴望自由，在你的灵魂尝试着冲开一切牢门的时候，它们在阴暗的角落中快乐地叫唤着。

"在我眼中你还是一名囚徒——那替自己设想着自由的人：啊！这种囚徒的精神越发干练，与此同时越发阴险和罪恶。

"灵魂上的自由人依然有必要洗涤自己。很多条条框框和腐朽还存在于他的身体内：他的双目还需要转化得更加纯洁。

"是的，我明白你的危机。但是，用我的热爱和期望，我请求你：切莫抛弃你的热爱和期望吧！

"你依然感觉到自己是崇高的，他人也依然感觉你是崇高的，尽管他们憎恨你，并且还用阴险的眼光来看你。你要清楚，一个崇高的人对所有人来说皆是障碍。

"于善良的人而言，一个崇高的人也是障碍：即使在他们以善良的人称呼他时，他们仍然希望把他推开到边上。

"崇高的人希望发明新的东西，还有某种新的规则。善良的人喜欢老物件，并且期望老物件可以永远流传。

"崇高之人的危险之处并不在于他能转化为善良的人，而是他会变成一个勒索者、嘲笑者和毁坏者。

"啊！我知道，一些高贵的人丢掉了他们崇高的愿望。现在他们诽谤所有崇高的愿望。

"于是他们及时行乐，龌龊地活着，今朝有酒今朝醉。

"'灵魂也是荒淫的。'他们道。所以他们折断灵魂的翅膀，现在他们只能在地上爬行，并且把他们所经过的地方都污染了。

"过去他们梦想着成为英雄；现在他们是宵小之人。英雄对他们来说只是烦恼与可怕的存在。

"但是用我的热爱和期望请求你：请不要抛弃你精神中的英雄！庄严地维护着你的最高期望吧！"

查拉图斯特拉如是说。

九、死亡的鼓吹者

世间存在死亡的鼓吹者：这个世界上存在许多劝告别人放弃生命的人。

世界上充斥着多余的人，生命全让这些多余的人破坏了。希望有人能用"永生"这个诱饵将他们从此生中带走！

他们是一些可怕的人，他的身体里隐藏着嗜肉的野兽，他们无法控制地放纵和自我折磨，甚至他们的自我放纵就是自我折磨。

那些可怕的人，他们甚至还并未转化为真正的人：就让他们去鼓吹死亡，并且让他们一同死去吧！

他们的灵魂患了绝症：他们刚刚出生就已经准备好了要死去，他们渴望着舍弃与厌世的学说。

他们喜欢死亡，我们应当满足他们的希望！我们要小心，不要惊醒这些死去的人，不要毁坏了这些活棺材！

每当他们碰到一个残疾人，或一个老人，或一具尸体——就马上说:"生命被否决了!"

然而只有他们自身被否决了,还有他们那双只是看到了生命的某一个角度的眼睛。

躲藏在厚厚的伤感之中,渴盼一些微小的事故造成死亡:他们这样期待着,痛苦难耐。

或者,他们就紧紧地抓着糖果,同时嘲笑自己幼稚;他们紧紧抓住自己生命的稻草,同时嘲笑自己的坚持。

他们自以为聪明地说:"活着的人们都是笨蛋,但到现在为止我们全是笨蛋!这是生命中最愚昧的事情!"

"生命就是受苦受难,"他们这样道,这是他们的真心话。既然这样,那请你们现在就停住吧!让那受苦受难的生命从此停了下来吧!

让这个作为你的道德经验吧:"你应当自我了断!你应当从肉体中逃离出去!"

"情欲是可耻的,"那些鼓吹死亡的人这样道,"我们分手吧,我不想生小孩!"

"生小孩是让人辛苦的,"还有一些人这样道,"为什么还要生小孩呢?人从出生开始注定就是个可怜人!"他们也是死亡的鼓吹者。

"怜悯是必需的,"第三部分这类人道,"取走我所拥有的一切吧!取走我的肉体吧!这样生命对我的束缚就会变少!"

假如他们一直心怀怜悯,就会让他们的邻居也有厌世情怀。心怀恶意——那或许才是他们真正的善。

然而他们希望自己舍弃生命,又怎么会关心他们会不会用绳子和礼物把别人捆得更紧!

同样的,对你们来说,生命是充满烦恼、辛劳和动荡的,难道你们不是十分厌倦生命了吗?难道你们不是十分成熟到足以理解死亡的鼓吹吗?

你们都喜欢辛苦繁重的体力劳动，喜欢新奇陌生的事物——因为你们难以容忍自身，你们的辛苦劳作是逃避，是想以此忘记自我的意志。

假如你们更多地信任生命，那你们就会不再局限于眼前的一时一刻。但你们没有充分的能力去等待——甚至没有懒惰的资本！

到处都回荡着那些鼓吹死亡的人的声音，这个世界上充满了应该被劝说放弃生命的人，或者说应该接受"永生"的思想人：对我来说都一样——只要他们快点离去！

查拉图斯特拉如是说。

十、战争与战士

我们不愿意被我们的敌人饶恕，也不愿意被我们真心爱着的人们保护。因此，让我来告诉你们真理吧！

我身处战争中的朋友们！我真心爱着你们。我是并且永远是你们的搭档，我也是你们最大的敌人。因此，让我来告诉你们真理吧！

我理解你们心中的仇恨和忌妒。你们过去还没有高尚到忘却仇恨和忌妒，那现在就先做到不以它们为耻吧！

假如你们无法成为知识的门徒，那么，我请求你们，最少做它的战士吧。知识的战士是高尚道路的开拓者。

我见过很多战士：但愿我遇见的都是战士吧！人们把他们的着装叫作"制服"：但愿那下面隐藏的内心并非制服一般的千篇一律吧！

你们应该变成眼睛一直搜索敌人的人——搜索属于你们的敌人。你们中的一些人，第一眼就会生出仇恨。

你们应该搜索敌人，你们应该发动战争，为你们的思想而战！即便你们的思想不幸消亡，你们的诚实也该庆祝成功！

你们应该将和平作为新战争的一种方式去热爱——热爱片刻的和平胜于长期的和平。

我劝你们不要劳动，而要去战斗。我劝你们不要追求和平，而要去追求胜利。把你们的劳动当成一种战斗，让你们的和平成为一种胜利吧！

只有拥有了弓箭才可以获得安宁，不然众人就会吵闹不休。让你们的和平成为一种胜利吧！

你们认为是正当的理由让战争变得崇高了吗？让我告诉你们：是正当的战争让每一个理由变得崇高了。

比起单纯的仁慈，战争与勇敢曾成就过更崇高的伟业。迄今为止，是你们的勇敢，而并非你们的怜悯之心，解救了身处苦难中的人。

"什么是好的？"你们也许会这样问。勇敢就是好的。让小女孩说吧："美丽并且迷人的，就是好的。"

他们抱怨你们没勇气：但你们的心情是真实的。我热爱你们带着羞涩的善意。你们为你们的急流勇进而羞愧，然而别人却为他们的败退而羞愧。

你们是丑恶的吗？挺好，我的朋友们，将其冠以高尚吧，它是丑恶的外衣！

在你们的精神变得崇高时，它很快又会转化为傲慢，你们的崇高中蕴含了丑恶。我太懂你们了。

在丑恶中，傲慢和懦弱并存，势如水火。我太懂你们了。

对于敌人，你们应该仇视，而不应该轻视。你应该为你的敌人而感到骄傲，如此一来，你们敌人的胜利也就是你们的胜利。

抗争——那是奴隶的风格。使你们的风格成为服从吧，使你们的命令本身也成为服从吧。

于一个伟大的战士而言,"你应该"比"我需要"更悦耳。那所有对你们来说珍贵的东西,你们都应该把它们当成别人给你们下达的命令去执行。

使你们对生命的热爱树立为你们最崇高的向往吧,使你们最崇高的向往作为生命的最高信念吧!

但是,你们的最高信念应该在自我号令中获得!——它就是这样:人类是注定会被超越的事物。

所以,过你们那种服从与战斗的生活吧!活得久的意义何在!哪一个战士愿意被保护呢!

我不保护你们,我真心爱着你们,我那身处战争中的朋友们啊!

查拉图斯特拉如是说。

十一、新的偶像

一些地区还存在民族和族群,然而我们这里没有,我的朋友:我们这里存在的是国家。

国家?它是什么?好吧!打开耳朵聆听我的讲说吧,我对你们说的是关于民族的灭亡。

国家,人们说它是所有残酷的魔鬼中最残酷的。它还会残酷地扯谎,它的嘴里吐出了这个谎言:"我就是国家,我就是民族。"

这就是谎言啊!那些创建了民族的人类正是创造者,他们把忠贞和热爱高悬在民族头顶:他们就这样服务于生命。

破坏者为许多人设下了圈套,并且称这个圈套为国家。他们把锋利的刀剑与各种各样的欲望高悬在民族头顶。

但凡存在民族的地方，人们就无法理解国家，还把国家当成罪恶的眼睛，人们讨厌国家，认为其是违反法规和风俗的罪行。

我给你们这样的提示：任何一个民族都有属于其自身的或善良或丑恶的语言：这是他们的邻族理解不了的。任何一个民族都在其自身的法规与风俗中替自身设计创造了自己的语言。

然而国家却利用一切的善与恶的语言来说谎，它说的话都是谎言，它拥有的所有物品都是偷盗而来的。

它内在的所有都是虚幻的。吃人的它，用偷盗来的牙齿咬人，甚至它的五脏六腑都是假的。

善与恶的语言混乱不堪，这就是我为你们讲述的国家的标志。事实上，这个标志指出了一心求死的愿望！事实上，它吸引着死亡的鼓吹者！

数不尽的人来到这世上：国家就是为这些多余的人建造的！

瞧它怎样诱惑那些多余的人吧！瞧它怎样吞噬、啃咬并且反复咀嚼他们！

"这世间没有任何东西比我更崇高，我就是上帝那发出指令的手指。"这怪兽这样大呼小叫着，而拜于它脚下的绝不仅是目光短浅的人。

你们这些崇高的灵魂啊，它靠近并向你们低声诉说着阴沉的谎话！啊！它看透了那些愿意挥霍自己的富有的心！

对啊，它也看透了你们，你们这些旧神的征服者！你们已经厌倦了斗争，现在你们的厌倦心理又在服务着那些新的跪拜对象！

那是新的偶像，它喜欢在它四周围绕着英雄的人和光辉的人！它坦然地沐浴在良知的光芒中——这残酷的怪兽！

它会赐予你们所有，只要你们愿意信奉它。这个新的偶像就这样收买了你们充满光辉的道德还有你们那高傲的眼神。

它企图用你们去诱惑那些多余的人！是啊，一个地狱般的陷阱，一匹戴着伟大荣耀装饰的马尸已被创造出来了！

　　是啊，它为许多人创造了赴死的理由，这些赴死还被称赞为"永远地活着"。事实上，它是所有死亡的鼓吹者发明的名曰忠诚的奴役！

　　国家，那里全部的人，无论善良还是丑恶，全是喝下毒药的人；国家，那里全部的人，无论善良还是丑恶，全是失去自我的人；国家，那里的所有人都在慢性自杀——这竟然被称之为"生活"。

　　再看那些多余的人吧！他们盗取了创造者的成就还有智者遗留的宝藏。他们称偷盗为文明——对他们来说，一切都会转化成顽疾与苦难！

　　再看那些多余的人吧！他们一直羸弱，他们倾吐苦水，还为之起名为新闻报纸。他们相互吞食，然而又不能消除对方。

　　再看那些多余的人吧！他们得到了财富然而却因此更加贫困。他们谋划夺权，特别是谋划攫取那凌驾于所有权力之上的权利和那巨大的财富——这些无能的人！

　　瞧他们不断向上爬吧，这些机敏的猴子们！他们相互踩踏着，就这样乱斗着掉入沼泽和深谷。

　　他们都向着王座努力拼搏：这是他们的疯狂——好像快乐就存在于在王座之上！然而王座沾满了污垢——王座也常常由污垢组成。

　　在我的眼里，他们全是疯子，是向上爬的猴子，是过分狂热的人。他们的偶像，那个残酷的怪兽，对于我来说腐臭不堪；这些崇拜偶像的人，他们于我而言也是腐臭不堪的。

　　我的朋友，你们愿意被他们嘴里吐出的腐臭暧气熏到窒息而死吗？你们最好打破窗户跃到户外自由的空气中去！

　　远离这恶臭！远离这些多余之人的偶像崇拜吧！

　　远离这恶臭！逃离这些人形动物头上的水汽吧！

这片土地为崇高的灵魂开放着。许多地方还为孤单的人与成双结对的人留着空位,那里充满着安静大海的芳香。

自由的生命为高尚的灵魂开放着。事实上,那些占有很少的物质的人,其自身也被占有得很少:适当的清贫是受到祝福的!

在国家消亡的地方,只有那些不多余的人才能存活下来,那独一无二的充满需求的旋律才会被奏响。

在国家消亡的地方——往那边瞧吧,我的朋友们!你难道没有看到霞光和超人之桥吗?

查拉图斯特拉如是说。

十二、市场的蝇虫

我的朋友,逃回你的孤单中去吧!我觉察出你因圣人的喧嚣而苦恼,小人的毒针将你刺伤。

树林与山石懂得如何与你带着尊重沉默相对。再一次向你所喜欢的那棵树学习吧,那郁郁葱葱的树,它俯身于海面静静聆听。

在孤单结束的地方,开始有了市场。在市场开始的地方,开始了因种种高尚行动而引起的喧哗,还有那带毒的苍蝇发出的营营之声。

在这世界上,纵然是最好的事物,如果没有人将它展示出来,也是没有任何价值的。那些展示的人,人民称之为伟人。

人民对怎么伟大几乎一无所知——换句话说,他们几乎不了解创造之路。然而他们却对所有伟大事物的展示者与表演者津津乐道。

世界围绕新价值的创造者旋转:它无影无踪地旋转。然而大众与荣誉却围绕那些表演者旋转:世界就是这样运转的。

灵魂，表演者也有，然而他很少拥有灵魂的良知。他总是相信他那借以使人深信的所有——他相信他自己！

明天他会有一个全新的信仰，后天又会有一个更新的信仰。他有敏感的直觉，和大众一般，有无常的性情。

混淆视听，在他看来就是证明。让人疯狂，在他看来就是诚服。在一切理由中，流下鲜血是他所认为的最有力的理由。

一种真谛，假如只有聪明的耳朵才能听见，那么它就被认为是谎言与谬误。事实上，人们只笃信那些在世间嘈杂喧嚷的上帝。

市场上充斥着喧哗的小丑，然而人们却因这些人而感到骄傲，他们将其视作圣人，视作今世的统治者。

然而，时间追赶着他们，因此，他们也追赶着你。并且，他们还想在你这里寻得"是"或者"非"的回答！哦！你想顺从他们还是反对他们呢？

你这真谛的追随者！不要嫉妒那些鲁莽和急躁的人，真谛从不会存在于鲁莽和急躁的人手中。

快离开那些鲁莽的人，回到你的安宁之地吧；唯独在市场上，人们才会被"是"或者"非"所攻击。

这世上所有深井的体验都是缓慢的：他们需要等待很久的时间才能明白什么掉落到了它们的深处。

只有逃离市场与荣誉，高尚的事物才会出现：创造者只有在远离市场与荣誉的地方才会创造出新的价值。

逃吧，我的朋友，逃回你的孤单中去吧！我看到你被带毒的苍蝇扎得伤痕累累。那么逃吧，逃到那有天然而猛烈的强风吹动的地方去吧！

逃回你的孤单中去吧！你居住得离不幸的可怜虫们太近了。快点远离他们无形的打击吧！他们对待你的方式只有打击，别无其他。

再别举起你的胳膊反抗他们了！他们数量极多，而你也不是天生就要做一个苍蝇拍子。

这些不幸的可怜虫们数不胜数。有多少高大的房屋，毁于雨水和野草。

你并不是石头，然而你已经被太多的雨水穿透。你会因这无尽的雨水而遭到损坏和碎裂。

我看到你被带毒的苍蝇吸干血液；我看见你血流如注，满目疮痍；可你的高傲却让你不屑于有一丝怨气。

他们糊里糊涂地吸你的血，他们贫瘠而干枯的灵魂期待着鲜血，所以，他们糊里糊涂地对你又扎又咬。

但是，你这个深沉的人，即使是微小的伤口也会让你遭受深沉的痛楚；并且，上一波咬噬出的伤口还没有得到及时愈合，同样的毒虫又已爬上了你的胳膊。

你的骄傲让你不想打死这些虫子。然而要小心，不要一直忍受他们的不公和恶毒而让自己受罪。

他们也用他的赞美之词细语絮絮地围绕着你。可他们的赞美是另一种侵害，他们只是想要靠近你的肌肤与鲜血。

他们向你献媚，就像众人向上帝或者恶魔献媚一般。他们在你面前哭泣，就像众人在上帝或者恶魔跟前哭泣一般。可这有什么用呢？他们只是献媚者、哭泣者，仅此而已。

他们也总是在你面前将自己伪装成平易近人的人。然而那从来都是怯懦之人的审慎。是啊！怯懦之人是狡黠的！

他们常以小人之心度君子之腹，他们一直怀疑着你！凡是能让他们深思的事情，最后都被他们认为是蹊跷的。

他们因你的一切的美德而处罚你。他们心灵深处只会宽恕你一件事，那就是你过往所犯的错。

因为你平和而正直，所以你说："他们卑贱地存活着，他们是无罪的。"然而他们褊狭的精神觉得所有高尚的存在全是有罪的。

即便你平和地看待他们，他们还是觉得你看不起他们；他们用他们阴暗的伤害来回报你的善良。

你不卑不亢的自信一直跟他们的品位相悖；一朝你谦虚到虚伪的程度，他们就乐开了花。

我们从一个人身上能发现什么特点，这些特点就能激怒他。所以，戒备这些可怜的小人吧！

在你面前，他们自我感觉渺小，他们的卑鄙在其暗中的报复中熊熊燃烧。

你难道不曾看到，当你靠近他们时他们常常变得鸦雀无声吗？他们的力量像灭了火的残烟一样离他们而去。

是啊，我的朋友，是你让你的邻人惭愧不安。因为他们对你而言一文不值，所以他们怨恨你，企图吸食你的鲜血。

你的邻人会一直是毒蝇。你越伟大，你越高尚，他们就越狠毒，越像苍蝇。

逃吧，我的朋友，逃回你的孤单中去吧！在那里，有天然而猛烈的强风吹动。你也不是天生要做一个苍蝇拍子。

查拉图斯特拉如是说。

十三、贞操

我喜欢树林。城市里并非宜居之地，那里生活着过多荒淫的人。

落在某个暗杀者的手里，难道不比掉在某个荒淫女人的梦里更好些吗？

看看这些男人吧：他们的双目说着这样的话——他们不知道这世界上还存在比睡在一个女人身边更美好的事情。

他们灵魂的深处满是龌龊，哦！他们的龌龊里竟然还有灵魂存在！

希望你们能够得到满足——至少像动物一样！然而即便是动物都是纯真的。

我有劝告你们抑制你们的本能吗？我只是劝告你们保留你们本性中的纯真。

我有劝告你们坚守贞操吗？坚守贞操对一部分人是美德，然而对很多人等同于罪行。

很多人是有自制力的，这毋庸置疑，然而他们的一举一动却仍体现出母狗一般的淫荡欲望。

以至在他们道德的顶峰与灵魂的深处，这个畜生也怪叫着尾随着他们，令他们不安。

在那充满欲望的母狗捞不着一块肉的时候，它会懂得如何温和地去恳求一块灵魂来充饥！

你们喜欢悲伤的故事还有那全部让人感到伤心的东西吗？然而我对你们母狗般的欲望持怀疑态度。

你们的双眼过于冷酷，戏谑地望着深陷苦难中的人们。难道你们的欲望没有将自己伪装起来，假装自己是应该受到怜悯的人吗？

我还要给你打个比方：有些人想赶走恶魔，最后自己却因此变得卑贱。

至于那些很难坚守贞操的人，应该劝他们别坚守贞操：以防他的灵魂因此走向污秽。

我正在谈论污秽的事情吗？这对我来说并不是最糟糕的事。仁人志士不愿意进入真理的河中，并非因为真理污秽，而是因为真理浅薄。

事实上，这世上存在性本纯贞的人。他们内心温暖而平和，比你笑得更灿烂。

他们也嘲笑贞操，还问："贞操是什么？"

"坚守贞操难道不是很荒唐吗？但是这荒唐事总是主动寻找我们，而不是等着我们去寻找它。

"让我们给这位客人提供港湾，向他敞开心房，让它和我们一起生活——让它自由自在地生活下去吧，想住多久，就住多久！"

查拉图斯特拉如是说。

十四、朋友

"我身边总是有那么一个多余的人，虽然只有一个，但这对我来说还是太多了。"隐士思考着，"以前是一个，时间长了慢慢就变成了两个！"

我常常和我自己诚实地谈论：假如我的身边一个朋友都没有，这让人怎么受得了？

对隐士来说，朋友往往都是第三者。这第三者就像水面上的一截木头，阻挡前二者的谈论掉入深潭。

啊！对隐士来说，他们周围潜藏着太多的深潭。所以，他们盼望能有一位朋友，盼望得到他的托升。

我们信任别人，恰恰暴露了我们不信任自身的想法。我们盼望得到朋友的帮助，而这种盼望正是自我暴露的过程。

我们常常想用我们对朋友的爱去超越对他的忌妒。我们常常攻击别人，把他转化为自己的仇敌，以此掩饰自己的脆弱。

"至少成为我的仇敌吧！"——真正的自尊这样道，它害怕让乞求友情成为一场冒险。

假如谁想要拥有一个朋友，那他一定也愿意为了这个朋友去战斗；而为了这场战斗，他一定拥有成为敌人的能力。

人还是应该尊重朋友身上与自己为敌的一面。你可以在靠近你的朋友的同时又不伤害他吗？

一个人的朋友也该是他最好的敌人。你越抵触他的某一方面，越应该真心地去亲近。

你愿意在朋友面前毫无保留吗？你将自己的真实情况完完全全地展现给他就是对他的尊重吗？但是他却可能因此远离你！

那没有秘密的人让人恐惧：你们有很多原因去害怕赤身裸体！对啊，假如你们是上帝，那样你们才可以把穿衣服当成耻辱。

为了你的朋友着想，你无论如何精致地打扮你自己都是合适的，因为你对他来说就像一支箭，带着对超人的向往。

你看过你朋友的睡姿吗？他睡着时的相貌怎么样？他日常生活中的相貌怎么样？那也是你自身的相貌，映在一面斑驳破损的镜子里。

你看过你朋友的睡姿吗？你替你朋友这样的相貌而感到灰心吗？哦，我的朋友，人类是注定会被超越的事物。

在预测与心知肚明的方面，朋友是个专家，你无须期望看到一切。你的梦境能为你展现你的朋友在清醒状态下的一举一动。

使你的同情成为一种预测吧，事先了解你的朋友是否渴求同情。也许他最热爱的是你执着的眼神、永恒的目光。

将你对朋友的同情隐藏于坚硬的外壳之下吧，你会因忍受这样的秘密而咬紧牙关。这样它才足够鲜美和甘甜。

对你的朋友来说，你是纯净的氧气、孤独、面包，还有药品吗？

许多人无法挣脱束缚自己的枷锁，但却是朋友的解救人。

你是奴仆吗？那么你不可能成为别人的朋友。你是暴君吗？那么你不可能找得到朋友。

古往今来，女人的身上潜伏着一个奴仆与一个暴君。因此女人无法理解友情，她只懂得爱情。

在女人的爱情里，存在对一切她不爱的人的偏见和盲目。甚至在女人自主自愿的爱情里，伴着光辉一同而来的，也少不了突变的暗夜和雷电。

女人无法理解友情，女人们还是猫咪，是小鸟，说得更恰当些，她们是奶牛。

女人无法理解友情。但是请告诉我，你们这些男人，你们理解友情吗？

哦！你们这些悲惨的男人！你们的精神是龌龊的，灵魂是肮脏的！你们所能提供给你们的朋友的，我一样能提供给我的敌人，而我并不会因此而变得穷困。

拥有了朋友，也就拥有了友情！

查拉图斯特拉如是说。

十五、一千零一个方向

查拉图斯特拉访问过很多的国家还有很多的民族，于是他看到了不同民族的善良和丑恶。查拉图斯特拉察觉到，在这世间没有任何力量比善恶更强大。

任何一个民族，不事先进行善恶评估都不可能存在；但是，假如一个民族想保全自身，它的评估标准又不能跟他的邻族相同。

许多被一个民族视为善良的事物，却被另外一个民族嘲笑与轻视。我还发现，有些东西在这里被视作丑恶的，到了那里却被罩上了象征荣誉的紫色光辉。

各民族之间都是互不了解的，一个民族总是惊讶于他邻族的愚昧和罪恶。

不同的美德榜高高地悬挂在每个民族的头顶。瞧啊，这是他们制胜的榜单；瞧啊，这是他们权力意志的呐喊。

稀有的，他们觉得是值得称赞的；不可或缺且稀有的，他们称之为善；那最稀有且最困难获得的、能解除最恐怖的厄运的——被他们颂扬为神圣。

那能让他们统治一方、战无不胜而且光辉璀璨的，同时又能让邻族绝望和忌妒的，被认为是为至高无上的事物，是其他一切事物的标尺和准则。

事实上，我的朋友，假如你真的理解一个民族的需求、土地、天空和它的邻族，那么你就能猜到它制胜的法宝，还有为什么它要顺着希望之梯朝它的梦想不断前进。

"你应该一直名列前茅、胜过他人。除了朋友，你那颗充满忌妒的心不该再爱任何人。"这句话激励着一个希腊人的心灵，因此他踏上了光辉之路。

"需要讲真话，需要熟练运用弓箭。"这句话出自跟我的名字有很深的渊源的那个民族。那个民族认为这句话既振奋人心又难能可贵——我也这样觉得。

"需要敬重父母，需要自心灵最深处去服从他们的意志。"这件制胜的榜单高高地悬挂在另一个民族的头顶，这个民族从此变得恒久而强大。

"需要坚守忠诚，为了彰显忠诚，可以勇敢地献出荣耀与鲜血——甚至可以为此做出罪恶、危险的事。"另一个民族这样教导自己。它克制着自己，最终孕育了伟大的理想。

事实上，善与恶是人类为自己创造出来的价值标准。真的，它们并不是通过努力争取得来的，也不是从天而降的。

人类为了保全自身，为事物特别制定评估标准——他们创造了事物存在的意义，这也是人类的意义！所以，他们自称为"人"，换言之，即评估者。

评估就是创造。听吧，你们这些创造者！评估本身就是被评估的事物之中最有价值的东西。

只有有了评估才有价值，没有评估，存在就变成了抽象和无用的。听吧，你们这些创造者。

价值的改变就是创造者的改变。谁愿意做创造者，谁就要经常摧毁旧价值。

创造者最初是整个民族，只是之后才变成了个体。事实上，个人本身就是最新的创造物。

民族过去把善的榜单高高地悬挂在头顶。甘愿接受管理的爱让他们创造了这种榜单。

群体的欢乐比个体的欢乐更加持久：只要群体问心无愧，那感到耻辱的就只能是个体了。

事实上，圆滑的个体、冷漠的个体，只会在群体的利益中寻求自己的好处——它不是群体兴起的开端，而是群体的毁灭之源。

深情的人从来都是善和恶的创造者。爱火与怒火都在以道德的名义焚烧着。

查拉图斯特拉访问过很多的国家，还有很多的民族，查拉图斯特拉察觉到，在这世间没有什么力量能比深情之人创造出的善恶更强大。

事实上，评估的权力确实是一头怪兽。请告诉我，我的朋友们，谁能帮我驯服它呢？谁能把枷锁戴在这怪兽的数千条脖子上呢？

至今为止，这世间出现了千种方向，因为世间已经出现了千种民族。然而，套住那千条脖子的枷锁还是缺少一条——缺少一个方向。至今为止，人类仍然缺少一个方向。

但是，请你们告诉我，我的朋友们，假如人类还没有方向，那岂非也还没有人类本身？

查拉图斯特拉如是说。

十六、近邻的爱

你们聚集在你们邻居的身边，对这件事情还赞叹不绝。然而让我告诉你们：你们对邻居的爱其实是对自己糟糕的怜爱。

你们不愿面对自己，于是逃到邻居这里，并且很高兴地认为这是美德，然而，我已看穿了你们这种"无私"。

"你"比"我"年长，"你"已经被敬为神灵，然而"我"还没有这样的殊荣，所以人类要接近他的邻居并向其示好。

我劝说你们去热爱邻居了吗？我更愿意劝说你们远离近邻而去热爱远方的人们！

对远方的人们与未来之人的热爱，比对近邻的热爱更高级；同样的，对于事物与鬼魂的热爱，比对人类的热爱更高级。

在你们前面飞跑的鬼影，我的朋友们，它比你们更美好；为什么不把你们的血肉与骨头献给它呢？但是你们感到害怕，所以跑向你们的近邻。

你们无法容忍自己，也不能充分地爱自己。所以你们试图诱导你们的邻居去爱，并想用他的过错衬托自己的光彩。

希望你们无法容忍任何靠近你们的人，包括你们的邻居以及邻居的邻居；之后，希望你们从自身中创造出你们的朋友，并对其倾诉。

在你们渴望赞扬你们自己的时候，你们叫来一个证人；在你们诱导他称颂你们的时候，你们其实是在称颂自己。

说谎者不仅与自己的想法对立，还与自己的纯真对立。你们就在这样的交流中讲述着自己，欺骗着邻居。

愚蠢的人这样说道："和人交流会损坏品德，特别在和一个品性极差的人交流的时候。"

有人因为寻找自己而去近邻那里，也有人因为乐于迷失自己而去近邻那里。

你对自身糟糕的怜爱使孤独变为了你们的牢房。

远方的人常常由于你对近邻的爱而付出代价；在你们只有五个人同在时，第六个人一定会成为牺牲品。

我也不喜欢你们在节日里举行庆祝活动：我在那里看到了过多的演员，以致观众的行为也常常像演员一样。

我教给你们的不是热爱近邻，而是热爱朋友。让朋友成为你在这世间的快乐，成为超人的预告吧。

我教导你们要热爱朋友还有接受他泛滥的爱心。然而，假如你们想被泛滥的心热爱，那就一定要明白怎样像一块海绵一样吸收友谊。

我教给你们要热爱朋友——那是充满创造性的朋友，他身上始终承载着一个完美的世界，他是一个充满善意的容器，时刻准备将一个完美的世界奉献给别人。

世界向他铺展开来，世界又如环状物般围绕着他旋转，就像善可以通过恶滋生，也像目的可以在机遇中生成一般。

让远方的人和未来的人成为你今天行动的源泉吧。对于你的朋友，你应该热爱他身上的超人品质，并以此作为自己行动的源泉。

我的朋友们，我不劝说你们去热爱近处的邻居，我劝说你们去热爱远方的人们！

查拉图斯特拉如是说。

十七、创造者的路

你愿意到孤单中去吗，我的朋友？你愿意去追寻通向自己内心的道路吗？稍作停留，且听我道来吧。

"追寻这条路的人大部分都容易迷失自己，似乎所有的独处都是罪过。"群体这样说道。而你一直以来都归属于群体。

群体的声音还将在你心中长久地回荡。也许你会说："我以我的良知起誓，我将不再跟你们有任何共同之处。"但这也会成为一种哀伤和苦楚。

瞧啊，苦楚本身就是因那共同的良知形成的，那良知最后的余光还在你的苦楚上闪耀。

然而，你愿意走上这条苦楚之路吗？那是通往你内心的道路吗？让我来看看你做这事的权威和魄力吧！

你拥有新的权威和新的魄力吗？一种原始动力？一种自转之轮？你也能驱动这世上的星辰绕着你旋转吗？

哎呀！人们追求的情欲过多了！这里充满了蠢蠢欲动的阴谋！告诉我你并不是一个被情欲和阴谋驱使的人吧！

哎呀！伟大的思想过多了，其一举一动和风箱相似：它们不断胀大着,所以比之前更加空洞了!

你宣称自己是自由的吗?我希望听到你的关键论证,而非单纯地听你扬言你已经脱离了束缚。

你是一个有能力脱离束缚的人吗?许多人在选择抛弃自己艰苦的劳动时,也抛弃了他最后的价值。

从哪里能获得自由呢?那和查拉图斯特拉有什么关系!但是,你的目光应该明确坚定地告诉我:你争取自由的目的是什么呢?

你能给自己定下善恶的标准,并且如遵守法律般严格践行你的言行和意志吗?你能既成为标准的审判者,又成为标准的执行者吗?

标准的审判者和执行者同在一个人身上是很可怕的。就像一颗星被发射到萧条的太空,或被发射到孤单的冷风之中。

你这孤单的个体,现在你还在因为众人的排挤而受苦受难,现在你的勇敢与期待仍然毫无消减。

但是在未来的某一天,孤独感会让你感到厌烦;在未来的某一天,你的自傲将会屈服,你的勇敢将会胆怯地退去。在未来的某一天,你会大喊:"我好孤单啊!"

在未来的某一天,你将再也见不到你的高尚,你会变得越来越卑贱,你自身的高尚气质也将像鬼影一样让你感到恐怖。在未来的某一天,你会大喊:"所有的一切都是虚假的啊!"

这世上存在某些妄图杀戮孤单者的意愿;一旦不成功,它们自身就一定会消亡!但是你堪当此任吗——去当一个谋杀者?

我的朋友,你可曾了解"轻视"这个词语呢?你的正直要求你对那些轻视你的人也秉持公正,其中的痛苦你已有所了解。

你迫使许多人转变对你的看法,因此,他们要你为此付出惨重的代价。你先靠近他们,之后却又离开,为此他们永世无法谅解你。

你离开时是超越了他们的,然而,你升得越高,在忌妒者的眼睛中你看起来就越小。并且，飞行者是最遭人怨恨的。

"你们无法对我做到公正！"你一定会这样说，"我要将你们对我的不公视作我应该承受的。"

他们向孤单者投掷不公和诋毁，然而，我的朋友，假如你愿意成为一颗闪亮的星星，你就需要选择毫不在乎这些而继续照亮他们！

留意那些过分正直的人吧！他们喜欢将那些创造美德的人钉在十字架上——他们讨厌孤单者。

同时，提防那些过于圣洁纯粹的人吧！对他们来说，所有不纯粹的都是不圣洁的，他们也喜欢放火——点燃象征刑法的木柴之火去烧死异教徒。

同时，提防爱情的攻击吧！寂寞的人常常对自己碰见的每一个人过快地伸出自己的手。

对相当多的一部分人，你都别伸出你的手，而要伸出你的脚——我希望你的脚上长着尖爪。

但是，也许你所能碰见的最大的敌人永远都是你自己，你将你自己隐藏在山洞与树林之中。

你这孤单的人，你走在通向自己内心的道路上！途中你将经历你自己与你的七个心魔！

关于你自己，你即将成为一个异教徒、一个巫师、一个占卜者、一个笨蛋、一个怀疑论者、一个亵渎者，还有一个坏人。

你一定要准备好在你自己的火堆中焚燃自己，假如不先成为灰烬，你如何涅槃重生！

你这孤单的人，你行走在创造者的道路上：你将由你的七个心魔里创造出一个上帝！

你这孤单的人，你行走在热爱者的道路上：你爱你自己，所以你愈加轻视你自己，正如热爱者之间才会相互轻视。

热爱者渴望去创造，因为他轻视现有的一切！假如不被逼着去轻视其心爱之物，人怎么会知道什么是爱呢！

带着你的爱，带着你的创造，到你的孤单中去吧，我的朋友。真理会永远追随在你身后的。

带着我的泪水，到你的孤单中去吧，我的朋友。我热爱那尝试着超越自己去开发创造，并甘愿因此赴死的人。

查拉图斯特拉如是说。

十八、老妇人和年轻女人

"为什么你在这夕阳里鬼鬼祟祟地秘密行走着呢，查拉图斯特拉？你的外衣之下究竟小心地隐藏着什么呢？那是别人送给你的宝贝吗？还是一个你亲生的孩子？又或者你开始当起小偷了吧，你这个邪恶的朋友？"

"事实上，我的朋友，"查拉图斯特拉道，"这是别人送给我一件宝贝：我所带着的是一个小小的真理。"

"然而它非常调皮，好像一个小孩；假如我管不住它的嘴，它就会大声尖叫。

"今天我一个人走在路上时，就在太阳快要落山的时刻，一个老妇人碰见了我，她对我的心灵如是说：

"'查拉图斯特拉对我们女人说过很多话，然而他还不曾当着我们的面跟我们谈论过女人。'

"我回答她：'关于女人的话题，人们只跟男人谈论。'

"'也对我说说吧，'她道，'我岁数已经很大了，转眼就会把这些话忘了。'"

为了满足她的愿望，我对她如是说：

"关于女人的一切全是谜，关于女人的一切只有一个谜底——那就是生儿育女。

"男人对于女人来说，是一种工具：她的目标永远是帮她生孩子。但女人对于男人来说是什么呢？

"事实上，男人需要两种不同的事物：危险和玩乐。所以他需要女人，并把女人当成最危险的供自己玩乐的东西。

"男人应该被操练，为将来上战场做准备；女人应该为战士放松：其他的都是虚无缥缈的。

"过于甜蜜的果子——战士并不喜欢。所以他喜欢女人——即便最甜蜜的女人也带点苦涩。

"女人比男人更加理解孩子，但是男人比女人更加有孩子气。

"在每一个真正的男人心中都隐藏着一个孩子：他渴望玩乐和嬉戏。那么，上路吧，你们这些女人们，去寻找男人内在的孩子吧！

"把女人当作一件玩乐的东西，像钻石般清纯而精美，照亮那未来世界的美德所在。

"让你们的爱如星光般闪耀吧！让你们的愿望说：'希望我能孕育出超人！'

"在你们的爱中加入勇气吧！你应该用你们的爱去攻击那些让你们感到害怕的人！

"在你们的爱中加入荣耀吧！否则女人是不理解什么是荣耀的。然而，让这爱成为你们的荣耀吧：爱人永远比被爱感受到的幸福更加强烈，所以永远不要反其道而行之。

"让男人恐惧恋爱中的女人吧：她可以为爱牺牲所有，其他的一切在她看来一文不值。

"让男人恐惧怨恨中的女人吧：因为男人的心灵最隐秘处潜藏的是罪恶，而女人心灵最隐秘处潜藏的却是算计。

"在这世上，女人最仇恨谁呢？——铁对磁石这样道：'我最仇恨你，因为你总是吸引我，却又吸引力不足，无法让我彻底依赖你。'

"男人的幸福在于'我想要'，女人的幸福在于'他想要'。

"'瞧啊！现在的世界已变得足够完美！'——当女人用上她所有的爱去顺从、去臣服的时候，她就这样想。

"女人一定要臣服，替她的肤浅寻找一种深度。女人的灵魂是肤浅的，是漂浮于浅水之上的一层移动的、荡漾的轻雾。

"但是，男人的灵魂是深沉的，他的激情在地下的山洞中奔涌，女人能感受到它的深沉，然而无法理解它的力量。

"接着，那老妪回答我道：'关于那些年轻的女人，查拉图斯特拉讲了很多真知灼见。

'真是稀奇！查拉图斯特拉对女人知之甚少，但是他有关她们的言论却是正确的！为什么会这样呢？是因为在女人身上没有什么是不可能发生的吗？

'现在，我将带着感动送给你的一个小小的真理！我岁数已经太大了，我可以说出它来了。

'将它包起来并堵住它的嘴巴：不然它会大声尖叫，这个小小的真理。

'将你那小小的真理送给我吧，女人！'我说。所以这个老妇人这样道：

'你要去女人那里吗？不要忘记带上你的鞭子！'"

查拉图斯特拉如是说。

十九、毒蛇的痛咬

一天，因为天气太热，查拉图斯特拉躺在一棵无花果树下用手遮住脸沉睡。这时有一条毒蛇爬了过去，在他的脖子上咬了一口。查拉图斯特拉痛苦地大叫着，他将手从脸上移开，盯着那条毒蛇。那条蛇看到查拉图斯特拉的双目，认出了他，于是急忙扭着身体尝试逃走。

"你还不能走，"查拉图斯特拉说，"你还没有收到我的谢意！我还有很漫长的一段旅途要走，多亏你适时叫醒了我。""你的旅途不会漫长了，"那条毒蛇悲伤地说，"我的毒液会要了你的命。"查拉图斯特拉笑着说："一条龙怎么会死于一条蛇的毒液呢？"他说，"但是，取回你的毒液吧！你还没有富裕到能将它赠予我的程度。"于是毒蛇再一次爬到他的脖子上，舔舐了他受伤的地方。

在查拉图斯特拉将这个故事告诉他的圣徒时，他们问他："哦！查拉图斯特拉，你这个故事中的道德启示是什么呢？"

查拉图斯特拉如是回答道：

"善良正义的人说我是道德的败坏者，认为我的故事不道德。

"但是在我看来，在你们面对一个敌人时，最好别用好的品德去回报他对你造成的伤害：因为那样会让他难堪不已，你还不如向他证明，他对你做了有益的事情。

"宁愿让他恼恨也别让他难堪！我可不想你们在受到咒骂时还以德报怨，所以，干脆也咒骂他一通吧！

"假如你受到极大的不公，那么尽快在另一方面制造五个小小的不公反馈给他吧！独自一人承受不公的压力是难以忍受的。

"你们曾了解过这些吗？分担一半的不公就是公正。那些可以承受的人，就应当将不公平放在自己身上！

"给予一个小小的复仇比完全不复仇更加人道。假如对违反法律人的实施惩罚既非一种权力，也非一种光荣，那我不喜欢这种惩罚。

"承认错误比辩护错误更高尚，尤其在你本身就是正义的一方的时候。但是，如果你想这样做，你一定要有足够的宽容。

"我不喜欢你们那冰冷的正义。在你们那审判官员的目光中，常常发出刽子手般和刀锋般的残酷冰冷。请告诉我：我们要去哪里才能追寻正义？我们要去哪里才能追寻到那美丽动人的爱呢？

"请帮我找出来，那不仅仅担负着所有的惩罚，还担负着所有的罪恶的爱吧！

"请帮我找出来，那能赦免所有人的罪恶——只有审判官被除外的正义吧！

"你们是否希望听见这些话？对于从内心深处寻求公平的人来说，甚至说谎也是一种仁慈。

"但是我怎么才能从内心深处追求公正呢？我怎么才能提供给每个人他所需要的一切呢？我能做到这样就已经足够了吧：把我所拥有的一切提供给每一个人。

"最后，我的朋友们，小心，不要冤枉了任何一个隐居之人。一个隐居之人怎么会忘却呢？他又怎么会去复仇呢？

"隐居之人像一口深深的水井。向其投入一个石头是非常简单的，但是，请告诉我，假如它沉到了井底，谁可以把它重新捞上来呢？

"小心，不要侵害隐居之人！但是，假如你们曾经如此做过，那干脆就将他杀害了吧！"

查拉图斯特拉如是说。

二十、孩子和婚姻

我想私下里问你一个问题，我的朋友：我将这个问题如一个探测锤一样扔到你的灵魂中，我就能了解到你灵魂的深度。

你正年轻，期待着孩子与婚姻。然而我问你：你是一个有资格期待孩子的男人吗？

你是凯旋的战士？你是征服自我的人？你是你情绪的掌控者？你是你道德的主宰者？我这样询问你。

在你那期待中呈现出来的是兽性及需求呢？还是孤单呢？抑或是心灵上挣扎呢？

我希望你是因你的胜利与自由而期待孩子。你应替你的胜利与自由建立一座活生生的里程碑。

你所建立的里程碑应该比你自己更高。然而，前提是请你一定要建立自我，让你的身体与灵魂都周全方正。

你期待婚姻和孩子不应该只是为了传宗接代，而应该让你的孩子超越你！正因这个目标，你才应该让婚姻的后花园帮你一把！

你应该创造一个更棒的身体，一种原初的运动，一个自我之轮——你应该创造一个创造者。

婚姻，我以它来命名那些想要成双成对的意志。它所创造出来的东西应该高于创造者本身。双方相互敬重，彼此都愿意践行这种意志，我将这称为婚姻。

让这作为你婚姻的内涵与真谛吧。但关于那些多余的人，那些多余的人所讲的婚姻——啊，我该怎样命名它？

啊，是渴望交配的贫瘠的灵魂！啊，是渴望交配的肮脏的灵魂！啊，是渴望交配的得意扬扬的灵魂！

他们称这是婚姻,他们还说他们的婚姻受到了上帝的祝福。

啊,我不喜欢这些,那多余的人的天堂!不,我不喜欢他们,那些困在天堂的猎网里的走兽。

瘸着腿走过来祝福那些还未配对者的上帝,也请离我远点!

请不要讥笑这种婚姻吧!哪个孩子不曾为他的父母而哭泣呢?

在我看来,这个男人值得尊重,对于这片土地而言他也已足够成熟。然而当我看到他的妻子时,这片土地在我眼中一下子就变成了某个精神病院。

是啊,在我看到一个圣徒与一只鹅结成一对时,我真希望这片土地能猛烈地震动起来。

这个男人如一个英雄一般去追寻真理,最终却为自己觅得了一个小小的谎言,他称这为他的婚姻。

另一个男人疏于社交,他在挑选伴侣上极其挑剔,然而某一次他却完全毁掉了他的伴侣,他称这为他的婚姻。

还有一个男人苦苦寻找一个带有神仙般美好品德的女人。然而他在寻找到之后立马就成了这个女人的仆人,直到现在他都侍奉着这个女人。

我发现,所有人在购买物品时都非常小心,他们全都有着精明的双眼。但即使是最精干的人,在挑选妻子时也难免糊涂。

很多个片刻的傻事——你这么称呼你的爱情。你的婚姻终结了那很多的片刻的傻事,它用长期的愚蠢的行动取代了它。

你们对女人的爱,还有女人对男人的爱——啊,希望这爱是对于受苦受难、受欺骗的天神的怜悯!然而,很多情况下,爱情总会让两个人互相了解。

然而,即使是你最热烈的挚爱,也只是一个令人欣喜的童话和一种充满痛苦的热情。它如一个火炬,照亮你通向高处的道路。

某一天，你应该超越自身去爱！因此，你首先应该掌握怎样去热爱，因此，你首先一定要饮尽你那装满爱的苦酒。

即便最美好的爱中也存在苦味。它也因此引发了超人的期待，它也因此引发了你身上的焦渴，你这创造者！

创造者身上的焦渴，对箭和超人的期待：请告诉我，我的朋友，这就是你对婚姻的期盼吗？

我称这期盼是圣洁的，我称这婚姻是圣洁的。

查拉图斯特拉如是说。

二十一、自由地死去

很多人死得过迟了，有的人却死得过早了。"要在合适的时候死去！"这条格言听起来非常奇特。

要在合适的时候死去——查拉图斯特拉如此教导众人。

当然，那生不逢时的人，又怎么可能在恰当的时候死去呢？与其这样，真希望他从来没有出生过！我这样忠告那些多余的人。

然而，纵然是多余的人，他们对自己的死亡也是很重视的，就像无仁的坚果也希望被隆重地砸裂。

每个人都将死亡视为一件重大的事情，然而死亡不是需要庆祝的节日。人们甚至还不懂得如何庆祝节日。

我将完美者的死亡展示给你们看，这死亡是对生者的刺激和允诺。

完美者被满怀希望者与坚守誓言者围在身边庄严地死去。

因此，人们应该懂得怎样去死亡。假如将死之人不能在庆典中带着圣洁的誓词给人以希望，那么就不应当庆祝节日。

这样死去是最佳的方式。其次就是在战斗中死去，慷慨地牺牲一个崇高的灵魂。

在战斗中获胜的人所仇恨的，是你阴笑着死亡的样子，死亡像小偷一样悄悄靠近并偷走了你——但又以主宰的身份傲视众人。

我要对你赞扬我的死亡，它是心甘情愿的死亡，它靠近我这里是因为我想得到它。

什么时候我想得到呢？——因为我已有明确的宗旨和继承人，为了它们，我愿意在合适的时候死亡。

出于对那宗旨和继承人的尊重，将不会有凋谢的花环在生命的神殿高高挂起。

事实上，我不愿意像那编绳子的人一样：他把绳子编得越来越长，他自己却因此而不断向后退。

许多人已经太过衰老了，众人已经很难再去探知他们的真理与胜利。一张老得失去牙齿的嘴也再没有权利去探知一切真理。

谁希望得到声誉，谁就一定得尽快放弃荣耀，而去练习那最艰难的才艺——急流勇退。

当觉得某种食物非常好吃的时候，一定得停止继续品尝它——这一点，那些希望被长期喜欢的人想必是最了解的。

几个酸苹果，它们命中注定是要等到秋季的最后一天的——与此同时，它们毫无疑问地熟透、变黄、干瘪。

一些人身体未老却灵魂先衰，另一些人虽已白了头发，可他们却长久地保持着青春活力的状态。

对许多人来说，生命就是一种失败，他们心中始终有一条毒虫一直在撕咬着。如此，那让他们见证自己的死亡反而是一种成功吧。

很多人像在夏日就已腐烂的果实一样，永远不会变得甘甜而成熟，是软弱将它们死死地钉在枝头。

过多的人生存在这个世界上,他们像果实一样待在枝头的时间太长了。希望一场风暴刮过,将所有这些腐烂的和生虫的人从枝头上打落吧!

希望死亡的劝说者快些过来!他们是适时的风暴,是生命之树的煽动者!然而我只听见关于慢些死去的劝说,还有"要容忍这世间所有的东西"的劝告。

啊!你们煽动众人容忍这世间吗?这世间反而是在极端容忍着你们,你们这些不恭敬的人!

事实上,那个受众人尊敬的希伯来人死得太早了——那个劝导众人要慢些死去的劝说者!他的早亡成了许多人的厄运。

这位叫耶稣的希伯来人,他了解泪水与希伯来人的悲伤,还有善良公正的人的仇恨——所以他宁愿追求死亡。

多么希望他曾经只待在荒野之中啊,这样他就能远离善良公正的人!这样,他或许就能够懂得什么是生活,懂得去热爱这世间——去热爱世间的欢声笑语。

请相信吧,我的朋友们!他死得太早了。假如他活到我这个年纪,他很可能会收回他的理论!他的崇高足以使他收回它们!

然而他还是不够成熟。这个年轻人不够成熟地热爱着,而且不够成熟地愤恨着人类和这片土地,他的心灵与灵魂的翅膀仍然因受束缚而显得笨拙。

然而这个年轻人比少年更有童心,而且很少悲伤:他更了解生命和死亡。

自由地死亡,在死亡中得到自由。当服从的时代终结,他就是一个圣洁的反抗者。这是他所理解的死亡与生命。

但愿你们的死亡不会对人类与这片土地形成亵渎,我的朋友们,这是我对你们甜美心灵的诉求。

在你们死亡的时候，希望你们的灵魂与美德依然像围绕着这片土地的落霞一样光芒四射吧；不然你们的死亡无法让人满意。

所以，我宁愿自行了断，这样你们这些朋友就会因我而更加热爱这片土地；然后我将重生为尘土，长眠于孕育过我的这片大地中。

事实上，查拉图斯特拉曾立过一个目标，他扔出了他的金球，现在让你们这些朋友作为我目标的继承者吧，让我将那金球扔给你们。

当我见到你们在投掷金球时，那场景令我想要在这人世间多停留片刻——请原谅我吧，我的朋友们！

查拉图斯特拉如是说。

二十二、赠予的道德

1

当查拉图斯特拉离开他所喜欢的那叫作"斑牛"的小镇时，他身后追随了许多自称是他的门徒的人，他们想要与他为伴。就这样，他们走到了一个十字路口。这时候查拉图斯特拉告诉他们，他希望独行，因为他喜欢独自前行。在分别的时候，他的门徒赠送给他一支手杖，那手杖金色的手柄上雕刻着一条盘绕着太阳的蛇。查拉图斯特拉因为这手杖而感到很开心，于是挂着它对其门徒这样道：

"请告诉我：金子为什么是价值最高的东西呢？因为它稀少，不实用，有光泽，并且色彩柔和，它总是赠予自己价值。

"只有作为最高道德的象征，金子才有了最高的价值。馈赠者的眼光像金子一样熠熠生辉。金子的光泽如日月的光芒，平静祥和。

"最高尚的美德是稀少的，不实用的，有光泽的，并且色彩柔和的。赠予别人这种美德是最高尚的道德。

"事实上，我早已看透了你们，我的门徒们，你们和我一样，都在寻求美德的馈赠。否则，你们跟猫和狼又有什么不同呢？

"你们希望将自己化为祭品与礼物：所以，你们希望在你们的灵魂中集聚所有的财富。

"你们的灵魂是无法满足对财富与宝石的寻求的，因为你的道德对赠予的渴望是被无法满足的。

"你们促使所有的东西向你们靠近并且属于你们，以便他们在未来的某一天成为你们充满爱意的赠予。

"事实上，这种赠予之爱一定转化为所有价值的吞蚀者，但我认为这种自私是健康而圣洁的。

"还有一种自私，一种以偷盗为目的的自私——他总是贫穷潦倒、忍饥挨饿——这是病态的自私、异样的自私。

"它用盗贼般的眼神看着所有发出亮光的东西，它用如饥似渴的贪心打量着所有富足的人们，它总是围绕着赠予者的桌椅缓慢爬动。

"这种贪心中透露着病态和无形的衰退，这类自私的如窃贼一般的欲望，透露出的是病态的肉体。

"请告诉我，我的朋友，什么是我们所认为的恶呢？什么是万恶之首呢？难道不是衰退吗？当赠予的灵魂开始缺失时，我们是能推测到肉体的衰退即将到来。

"我们遵循着不断上升的道路。那些衰退的思想让我们感到害怕，它仿佛在说：'所有的一切都是为了我自己。'

"我们的思想不断提升，这是我们身体的明喻，一种提升的明喻。这种提升象征着我们的美德。

"当肉体穿过史册，它将被奉为斗士。而灵魂——它对于肉体而言又意味着什么呢？它是战斗和胜利的先行者，它是伙伴，是回声。

"一切善恶都是明喻；它们不会直截了当地明言，只会暗指。妄图从它们那里寻求知识的人都是笨蛋。

"我的朋友们，当你的灵魂想用明喻来表达的时候，那是你美德的起源。

"你的肉体上升，被高高举起，它用自身的快乐让灵魂也感到喜悦，所以灵魂成了创造者、评估者、博爱者，还有万物的施舍者。

"当你的内心如河流一般宽广雄浑地流淌的时候，对于低处的人是祝愿同时也是风险，那是你美德的起源。

"当你超越一切褒贬，你的意识要像博爱者的意识一般能够号令一切，那是你美德的起源。

"在你对一切让人感到舒适的东西——比如软和的床，感到鄙视的时候，那是你美德的起源。

"当你对某一种意志充满信心的时候，任何有所需要的转变都是你必须要做的，那是你美德的起源。

"事实上，它是一种全新标准下的善与恶！事实上，它是一种全新的水流声，一种雄浑的新声音！

"这种新道德就是力量，它是一种统治者的意志，在它的四周围绕着一个聪慧无比的灵魂：一个金色的太阳，一条智慧之蛇盘绕在它周围。"

2

说到这里，查拉图斯特拉稍作停顿，他慈祥地望着他的门徒。接下来又继续这样道——他的声调已发生了变化：

"我的朋友们，用你们所有道德中的力量来保证对这片土地的忠贞不渝吧！让你们的赠予之爱和你们的文化成为这片土地的意义所在吧！我这样祝福且请求你们！

"不要让它飞离这片土地，也不要让它用翅膀去击打那永恒之壁！啊，曾经有过太多偏离方向的道德！

"和我一样，道德的领头人带着偏离的道德飞回了这片土地——是的，他回到了肉体中，给这肉体带来了新的生命：它给这片土地带来了新的意义——人类的意义！

"现在为止，灵魂与美德已经数百次地偏离与犯错。唉！我们的肉体中依然寄居着这所有的无知和错误：它已经变成了我们的肉体和意志。

"现在为止，灵魂与道德已经进行了数百次的试验与失败。是的，这是人类的试验。唉！如此多的试验和失败已经化为了我们的骨头与血肉！

"不光是这数千年的理智，也包括数千年的疯狂，它在我们身上迸发了。成为继承者真是太可怕了。

"在巨大的时机面前，我们仍然一步一步地在坚持战斗着，直到现在，所有的人类都还在被怪诞和无知所主宰着。

"让你的灵魂与道德成为这片土地的意义所在吧，我的朋友。让世间万物的价值都由你来从头评定吧！所以你应该成为斗士！所以你应该成为创造者！

"肉体用聪慧净化自己、提升自己；对求知者来说，一切欲望都将变得圣洁；对于飞升者来说，一切精神都将变得愉悦。

"医生，治好你自己吧，这样你也就治好了你的患者。于医生而言，最好的治疗就是亲眼看到患者得到治愈。

"这世上还有千万条道路不曾被人类走过；这世上还有千万种未知的康复之路与神秘的生命之岛。人类和他的世界依然没有被窥见全貌，没有被充分地应用。

"清醒起来,好好听听吧,你们这些孤单的人!风用它神秘的翅膀自未来飞来,美好的讯息全都讲给了那些敏锐的耳朵。

"你们这些孤单的人,你们这些隐世者,你们在未来的某一天终将化为一个民族——从你们这些天之骄子身上会产生一个最优秀的民族,超人就将诞生于此。

"事实上,这片土地应该成为康复之所!现在已经有一种新鲜的香气在它的周围扩散,一种救赎的香气——一种全新的希望!"

3

说到这里,查拉图斯特拉稍作停顿,他像一位还没有说完最后的话的人,将那手杖在手掌上比画了许久,心中充满疑惑。最终,他这样开口了——他的声调又发生了变化:

"我要独自离开了,我的圣徒们!今天你们也可以离去了,请各自离去吧!这是我的心中所愿。

"事实上,我劝你们赶紧离我而去,并时刻防范着查拉图斯特拉!最好是以他为耻!真的,也许他欺骗了你们。

"仁人志士一定能做到这样:不仅爱他的敌人,还能恨他的朋友。

"假如一个人从来只把自己当作学生,那他就无法很好地回报老师。你们为什么不撕碎我的花冠呢?

"你们现在是尊重我的,但是,如果在未来的某一天你们的尊重倒下了,那时候该怎样处理呢?当心!别让一个泥菩萨轻易打倒你们!

"你们说你们信奉查拉图斯特拉?但是查拉图斯特拉有什么重要的呢?你们是我的门徒,但是门徒有什么重要的呢?

"你们还没有找到自我,所以你们寻得了我。所有门徒都是这样,所有信奉都是微不足道的。

"现在我命令你们抛弃我，去寻找你们的自我。只有当你们完全否定了我的时候，我才可以转过头回到你们中间。

"事实上，我的朋友们，那时候我会用另外的一双眼找寻迷茫的人，那时候我会用另外一种爱去爱你们。

"你们会重新成为我的朋友，成为拥有同一个希望的孩子们：那时候我会再次和你们站到一起，和你们共同庆祝那伟大的时刻。

"这是伟大的时刻，此时此刻人类正位于从野兽到超人的路程中间。把向夜晚进发作为最高目标来庆贺吧，因为这是在向一个全新的清晨前进。

"此时此刻，低调者会祝福自己，祝福自己成为跨越者；属于他们的太阳正在中午为他们高高地照耀着。

"'诸神都已消亡，现在，我们希望如超人一般获得永生。'让这成为我们在最伟大的时刻的最高意愿吧！"

查拉图斯特拉如是说。

第二卷

二十三、拿着镜子的小孩

查拉图斯特拉又一次回到群山之间,回到他的山洞中独自生活,他避开人类,像一个已经播下种子的播种者那样等待着。但是,他的灵魂逐渐变得焦虑而烦躁,他心中充斥着对他所爱之人的想念:因为他还有很多东西想要馈赠给他们。这是最困难的事情:把那已经伸出来的代表赠予之爱的手收回,让谦逊和节制始终伴随这个赠予者。

就这样,这孤单的人独自经历了很长很长的时光。他的智慧与日俱增,但他却因这如此丰富的智慧而痛苦不堪。

某天清晨,他在粉红色的黎明中醒了过来,他在床边上思绪半晌,最终对自己的内心这样道:

"为什么我在梦里受到了惊吓,甚至吓醒了?是有一个小孩举着一面镜子向我走来吗?

"'哦,查拉图斯特拉,'——那小孩向我道——'瞧瞧镜子中的你自己吧!'

"然而在我看向镜子的时候,我大声尖叫起来,我的内心剧痛:因为我在镜子中看见的并非我自己,而是一个恶魔的残暴和嘲讽。

"事实上,我非常明白这个梦境的预示和警示着什么:我的学说正在水深火热之中;稗草希望被叫作麦子!

"我的仇敌已经变得很强大了,他扭曲了我学说的原貌,因此我所热爱的人也在为我所赠给他们的礼物而感到羞愧。

"我的朋友迷失了,是时候去寻找我那些深陷迷途的朋友们了!"

查拉图斯特拉一边说着一边起身出发了,可他却不像一个在苦难中追求解脱的人，而像是一个心灵激荡的预言家或歌唱家。他的鹰和蛇吃惊地看着他——因为如朝霞般的玫红浮在他的脸上，那是一种即将来临的幸福。

"我这是怎么啦，我的宠物们？"查拉图斯特拉说，"我不是改变了吗？幸福不是像狂风一样靠近我了吗？"

"我的幸福是又蠢又笨的，它所讲述的全是一些愚蠢的事情，它还是过于年轻了，所以对它不要感到急躁！

"我被自己的幸福弄得遍体鳞伤了，所有遭受苦难的人都会成为我的救治者！

"我能够重新回到我的朋友中去，也能够重新回到我的仇敌中去！查拉图斯特拉能够重新演说并馈赠，对他热爱的众人表示出他最深沉的爱意！

"我躁动的爱意汇集成汹涌的河流泛滥着——向着太阳升起的方向，向着太阳落下的方向。从寂静的群山与苦难的狂风中，我的灵魂往山谷奔流而下。

"在那么长的时间里，我饥渴地向往和遥望着远方。在那么长的时间里，孤单占领了我的肉体，因此我已经忘记了该如何保持沉默。

"我变成了一条来自高高的山崖上的咆哮的瀑布：我要将我的语言激荡着斜倒入山谷之中。

"让我的热爱汹涌地冲洗那荒凉的河道吧！一条汹涌的河流无论如何都可以在最后寻到它的入海之路！

"是的，我的内在有一条江河，它隐秘而且自给自足；但是我的热爱裹挟着它汹涌而下，直奔海洋。

"我走上全新的道路，拥抱着全新的声音。我讨厌陈词滥调——正如一切创造者一般，我的灵魂不愿再穿着陈旧的鞋子行走。

"所有的声音于我而言全跑得太慢了——哦，暴风，送我登上你那战斗的马车吧！即使是你，我也要拿鞭子去驱赶！

"伴随着呐喊与欢呼，我会跋山涉水，直到我到幸福的岛屿——我的朋友们在那里沉醉。虽然我的仇敌也生活在其中，但我现在是多么热爱每一个我能够向其倾诉的人啊！以至我的仇敌都能让我感到快乐。

"当我希望骑上我的烈马时，我的长矛常常能帮助我腾空飞跃上马——它是服务于我腿脚的忠诚的仆人。

"我那抛向我仇敌的长矛啊！我是如此感谢我的仇敌，因为我终于可以把长矛抛出去了！

"我的云朵能量巨大，在电闪雷鸣的大笑声中，我将向深渊撒落我的冰雹。

"我的胸口会剧烈地起伏，它会用它的暴风猛烈地抽打群山，这样它才能获得平和。

"事实上，我的幸福像暴风一样到来了，我的自由也是一样！但是我的仇敌会认为那是魔鬼在他们的头上怒吼。

"对啊，我的朋友们，我那狂热的智慧也会吓着你们的。也许你们也会逃离我而去，去和我的仇敌在一起。

"啊，我希望我了解怎样利用牧羊人的短笛诱使你们回来！啊，希望我雄狮般的智慧能够学着温柔地怒吼！我们是否已经在对方的身上互相学到了不少东西！

"我狂热的智慧在孤单的群山中孕育出新的生命，在荒凉的岩石上，它产下了它最小的婴儿。

"现在它痴痴狂狂地在大漠荒野中奔跑着，寻找着，寻找着，寻找那松软的绿洲——我那古老而狂热的智慧啊！

"我的朋友，在你们内心的松软的绿洲上，在你们的热爱上，它会乐意放置它最心爱的婴儿！"

查拉图斯特拉如是说。

二十四、在幸福的岛上

无花果从树上落下来，它们质量上乘且甘甜可口。落下的时候，它们红色的外皮开裂着。对那些熟透了的无花果而言，我就是一阵北风。

我的朋友们，这些教诲就像无花果一样为你们落下。此时此刻，享受它们香甜可口的果肉与汁水吧！周围是秋日，是空灵的天空，是清爽的午后。

瞧吧，我们四周是这样的绿意盎然！在这丰盈的绿意中向远处瞭望海洋是多么愉快啊。

以前，人们瞭望海洋的时候总谈论起上帝；然而，现在我教导你们应该谈论超人。

上帝只是一种主观假想，我不想让你们的猜测超越你们那充满创造性的意识。

难道你们能够创造出上帝吗？所以，我请求你们，对于诸神，请继续保持缄默吧！然而，你们确实能够很好地创造超人！

我的朋友们，或许你们自己无法成为超人，但你们能够让自己变成超人的父辈或者祖先——让这成为你们最杰出的创造吧！

上帝只是一种主观假想，我想让你们的假想限定在可以想象的事物之中。

难道你们能够创造出上帝吗？所以，让你们的意志变得实事求是一些吧。要相信，世间万物都可以转化为人类可以感知的事物，转化为人类可以看到的事物，转化为人类可以感动的事物！你应该将自己的想象力发挥到极致！

你们所谈论的世界应该是你们所创造的：你们的理性，你们的意志，你们的热爱，全都应当转化为这个世界自身！事实上，这些都是为了让你们变得更愉快呀，你们这些仁人志士！

如果没有这种愿望，你们怎能忍受人生啊，你们这些仁人志士？你不但不能降生于不堪的设想之中，更不能降生于混乱荒诞之中。

但是我想向你絮絮低语，我的朋友：假如真的存在上帝，我又怎么能忍受生活在没有上帝的世界里呢？所以，上帝并不存在。

对啊，我也曾引用过那个推论，然而，现在却是那个推论在指引着我。

上帝只是一种主观假想：但是谁可以受尽这假想之苦而继续快乐地活着呢？创造者应该被夺去信念吗？苍鹰应该被夺去在天空翱翔的权利吗？

上帝是一种信仰——它让所有的笔直变得弯曲，让所有的直立变得倾倒。这是为什么？如果时间终将消逝，那么所有会随着时间消逝的东西就都是虚幻的吗？

这么想会让人头晕目眩，甚至会让人腹中反胃：事实上，对这件事的假想，我将其称为眩晕症。我称其为阴恶的和反人性的——所有宣扬唯一、圆满、静止、丰足，还有永恒的教诲。

一切永恒的东西都不过是一种比喻，诗人们创造的谎言太多了。

最好的比喻应该描述时光与变化的比喻：他们应该变成对所有消逝者的表扬与辩解。

创造——那是对困苦最高的救赎，还有对生命的安慰。然而，想要成为创造者，就必须苦其心志并遭受很多无常的变化。

是啊，你们这些创造者，你们的生命之中一定要经历很多苦难和别离！这样你们才能成为所有可以消逝之物的表扬者与辩解者。

想让创造者本身变为新生的婴孩，他就一定要成为孕育者，承受分娩的痛楚。

事实上，我历经过数百个灵魂、数百个摇篮，经历过数百次分娩的痛楚，我早已踏上了我自己的道路。我过去曾历经过多少次的离别啊，这更让我理解了那让人断肠的最后的时光。

但是我创造的意志和我的运气愿意如此。也许，更直接地讲，我的意志所想要的正是这样运气。

所有的感觉都在我身上受苦受难，它们被禁锢着；但是，我的意志却总是被当成解放者和安慰者于我身上呈现。

想获得解脱：这是意志和解放的真正含义——查拉图斯特拉这样教育你们。

不再期盼，不再估测，就不再有创造！啊，希望这样巨大的疲惫和厌倦远远地离我而去吧！

甚至哪怕在看透的时候，我也能感觉到我那意志的产生和演变是多么快乐。假如我的文化中还存在纯真，那必定是由于这文化中存在创造的意志。

这种意志引导我远远地离开上帝与诸神。如果诸神真的存在，那怎么还会存在创造呢？

我那强烈的创造的意志，它不断促使我再次走向人类——如同锤子向巨石砸去。

啊，众人啊，我认为这巨石中熟睡着一个形象，我理想中的形象！啊，那形象必定是熟睡在最结实最丑陋的巨石里吧！

如今，我的锤子正在暴躁地敲打着困住它的牢房。碎石片从巨石上飞起，可这和我有什么关系呢？

我就要成功了：因为一个影子向我走来了——万物中最安静、最轻快的使者向我走来了!

超人的高雅像影子一样向我走来了,我的朋友们啊!诸神跟我还有什么关系呢?

查拉图斯特拉如是说。

二十五、同情者

我的朋友们,一种嘲讽传到你们朋友的耳朵中:"快看查拉图斯特拉!他行走在我们之间是否跟走在动物中间一样呢?"

但是这样说才更准确:"仁人志士行走在人类之中,就好像走在动物中一样。"

对于仁人志士来说,人类就是长着红色脸颊的动物。

这是为什么呢?难道不是人类常常感到羞愧吗?

哦,我的朋友们!有仁人志士这样道:"羞愧,羞愧,羞愧——这就是人类的史书!"

高尚的人不愿意让别人感到羞愧:他宁愿在所有受苦有受难的人面前感到羞愧。

事实上,我不喜欢他们,那些慈悲之人,他们总是因同情别人而感到幸福:他们毫无羞耻之心。

假如我必须表现出同情,我也不愿意被这样叫作同情者;假如我已然表现出了同情,我更希望我远在天边。

我也宁愿捂住我的脸在被认出以前逃跑掉:我也叮嘱你们如此行动,我的朋友们!

希望我的命运能引领着你们这些无忧无虑的人通行在我的道路

上——你们这些能跟我一起共享梦想、食物与蜜糖的人。

事实上，我已经带领那些受苦受难的人们通过了我的道路；然而，我一直觉得，在我学会如何更好地自得其乐的时候，我可以做一些更有意义的事情。

自此人类找到自认为的自己存在的意义，人类就很少会让自己享受快乐了：我的朋友，这就是我们的原罪！

只有在我们学会如何更好地享受快乐的时候，我们才更能够去忘却伤害他人和制造伤痛。

所以我洗涤了那过去曾救助过受苦受难者的手掌；所以我也擦净了我的灵魂。

因为在见到受苦受难者经历苦难时，我会因为他的羞愧而感到羞耻，在我救助他的时候，我又会强烈地损害他的尊严。

宏大的恩德不会让人感动，只会让人内心产生报复的欲望。在小小的善举不被淡忘的时候，它就成了啃噬人心的蠹虫。

"要羞于接受赠予！同时，在接受赠予时加以区分和辨别！"——我这样劝说那些没有资格得到赠予的人。

但是，我是一个赠予者：我很高兴作为朋友向友人赠予。

但是，请叫那些陌生的人、贫穷的人自己来采摘我树上的果子吧：这样形成的羞愧会少一点。

但是，人们应该完全避开乞丐！事实上，将物品布施给他们会让人烦恼，不将物品布施给他们也会让人烦恼。

同样的，要避开的还有邪恶的人和良知难安的人！请相信我，我的朋友们：被良知刺伤的痛楚会引导他们去刺痛他人。

最坏的事物是那卑劣的想法。事实上，哪怕是干一些邪恶的坏事，也比心怀卑劣的想法要好一些。

尽管你们说："通过一些小小的恶行来感受快乐，这能避免一些

第二卷 | 087

更大的恶行。"但是，这里的人们并不希望减少大的恶行。

恶行正如一个脓疮：它瘙痒、疼痛又腐烂着。它泰然地发言："瞧吧，我是这样一种疾病。"它是如此的坦率而直白。

但是，卑劣的想法却像病原菌：它蔓延着、躲藏着，让自己无处不在——一直到满身都因恶劣的病原菌的侵蚀而枯槁。

但是，关于那肉身被妖魔占领的人，我要对着他的耳朵私语："最好把你肉身中的妖魔养大！于你而言这何尝不是一条通往高尚的道路呢！"

啊，我的朋友们！我们对任何人的了解都太多了！许多人于我们而言仿佛是透明的，但是我们还是没有办法看透他们的内心。

在人类之中生存是个难题，因为保持安静是个难题。

我们并非对那些冒犯我们的人最不公正，而是对那些和我们毫无瓜葛的人最不公正。

然而，假如你有一个正在受苦受难的朋友，那就做他苦难的庇护所吧：或者如一张硬板床或者行军床一般——这就是你对他最全面的招待了。

假如有一个朋友做了对不起你的事，你该对他说："我谅解你对我的所作所为，但是，假如你也对自己做了同样的事情，那我该怎样谅解呢！"

所有伟大的爱都这样道：它甚至超越了宽恕和怜悯。

人应该守住自己的初心，因为一旦放纵它，人的理智就会快速消失！

啊，在这世上哪里还存在比和同情者在一块儿更蠢的事情呢？这世上还有什么比同情者做的蠢事更令人感到痛苦呢？

悲痛降临到了所有满怀仁爱之人的身上，因为他们的仁爱还没有达到超过他们的同情的程度！

有一次，魔鬼对我这样道："即使是上帝也存在他自己的地狱：那就是他对人类的爱。"

后来，我又听他说："上帝死去了，他死于对人类的同情。"

所以，你们一定小心同情啊：它终将成为一片黑云朝人类飞来！事实上，我了解这天气的暗号！

也注意这句话吧：所有伟大的爱都高于它的同情和怜悯，因为它在追寻和创造他所爱的一切！

"我将爱贡献给我自己，也贡献给我的邻居。"这是所有创造者都会说的话。

但是，所有创造者又都是心如坚石的。

查拉图斯特拉如是说。

二十六、传教士

有一天，查拉图斯特拉朝他的门徒做了一个手势，他跟他们讲了如下这些话：

"这里有几个传教士，尽管他们是我的敌人，然而也请你们从他们身边安静地走过吧，不要剑拔弩张！

"即使在他们中间也存在英雄；他们当中的许多人都遭受过很多苦难，所以他们也想让别人受苦受难。

"他们是卑劣的敌人：没有任何东西比他们的温情谦逊更带有攻击性了，和他们来往的人极容易把自己染脏。

"但是，我和他们是血脉相通的，并且我还希望看到我的血脉得到他们的尊重。"

在他们从这些传教士面前经过的时候，一种痛楚袭击了查拉图斯特拉。他和痛楚战斗了一小会儿，开口这样道：

"我对这些传教士产生了怜悯之心，尽管他们与我的品性相悖。不过，自从我混杂于众人之中，这对我来说是已经算是很小的事情了。

"我和他们一起受苦受难，他们于我而言不过是囚徒——身上被打上了烙印的囚徒。他们嘴里的救世主给他们戴上了镣铐：戴上了虚幻的价值和空洞的话语之镣铐！哦，希望有人把他们从救世主那里解救出来吧！

"在被大海的波涛击打得东摇西晃时，他们曾以为他们踏上了一个海岛，但是，瞧啊，那海岛不过是一个酣睡的怪兽！

"虚幻的价值和空洞的话语，这些对普通人来说是最邪恶的怪兽——它们一直在酣睡中等待着命运的到来。

"最后它终于来了，怪兽醒了过来，并且饥不择食地吞掉了所有在它身上建造神殿的人类。

"哦，且瞧那些传教士们自己建的神殿！他们将他们那散发着芳香的山洞为教堂！

"哦，那些虚幻的明亮，那些霉变的空气！在那里，灵魂将无法腾飞到高处！

"但是，他们的信仰对他们这样下令：'跪下来爬上这阶梯，你们这些罪人！'

"事实上，我宁愿见到一个不知廉耻的人，也不愿见到他们那因羞耻与虔诚而歪曲了的双眼。

"是谁替自己创造了这些山洞与忏悔的阶梯呢？难道不是那些试图隐藏自己、那些不敢在太阳下暴露自己的人吗？

"唯有当太阳再一次透过破损的房顶投下阳光，照在断壁颓垣的野草和红罂粟的上面——我才会重新对上帝的宝座产生些许向往。

"他们称欺压与迫害他们的人为上帝——确实,他们的信仰中有着太多的豪情壮志!

"他们不知道怎样去爱他们的上帝,除非将众人钉在十字架上!

"他们如行尸走肉般活着,将自身死去的肉体包裹在黑色的衣服中,即使从他们的聊天中我也可以嗅到他们停尸房中的腐臭气息。

"谁成为他们的邻居,谁就如同居住在邪恶的沼泽边上。那里,癞蛤蟆正以甜蜜又深沉的嗓子歌唱。

"他们会不得已地唱出优美的歌曲,以让我去信奉他们的救世主。他的信徒必须在我面前表现得如同已获得救赎一般。

"我宁愿看到他们一丝不挂的样子,因为只有美才能引导人们去忏悔。而那伪装的痛苦又能引导什么人呢!

"事实上,他们的救世主本身却并不是来自自由的第七重天!事实上,他们的救世主本身就未曾踏上过知识的地毯!

"这些救世主的灵魂充斥着种种缺点。但是,他们在每一个缺点中放入其梦想,这就是他们所说的上帝。

"他们的灵魂沉没在他们的怜悯之中;在他们的怜悯日益膨胀时,巨大的愚昧会浮出水面。

"他们迫切地驱使着他们的羊群走向他们的小桥——仿佛只有一条通向未来的小桥一般!事实上,那些牧羊人也只是那羊群中一员!

"那些牧羊人有狭隘的灵魂和空洞无边的内心世界。但是,我的朋友们,至今为止,即便是最宽广的灵魂也是那么狭隘!

"他们在其所经历的路上用鲜血标下记号,他们的无知训导着众人:真理是用鲜血来证明的。

"但是鲜血是真理最糟糕的见证者。鲜血污染了最神圣的教义,并且将它变成了灵魂的空想和怨恨。

"在一个人为了自己的教义而冲锋陷阵的时候——足以证明这一点！事实上，因为他自我的牺牲而创造出的东西比他信奉的教义更加博大精深。

"火热的内心和理智的大脑，它们在什么地方邂逅，就在什么地方刮起那狂风，那是'救世主'的飓风。

"事实上，比起人们信仰的救世主，在怒吼咆哮的飓风中，还存在更伟大、身份更尊贵的人！

"我的朋友们，假如你们希望寻找到那朝向自由的道路，就必须求助于那比救世主更伟大的人。

"这世上还未曾出现过超人，可是我已经洞悉了那最伟大的人和最渺小的人。

"他们之间太过相像了。确实，我觉得，即便是最伟大的人，也太过于像人了！"

查拉图斯特拉如是说。

二十七、有道德的人

对于一个懒散的人来说，一定要以天雷和地火的壮阔与之交谈。但是美好的声音总是柔和的，它只向那最清醒的灵魂诉说。

今天我的盾牌轻轻地颤动并对我微笑着，这是美好的、圣洁的笑容和令人激动的颤动。

你们这些有道德的人啊，我的美好今天嘲笑你们了，它的语声就这样传进了我的耳朵："他们竟然也希望得到回报呢！"

你们这些有道德的人，你们竟然也希望得到回报！你们希望替道德索取回报，替这片土地索取长空，替你们的今天索取永远吗？

现在，如果我告诉你们，没有人会给予你们报酬，更不会有人给你们发薪金，你们会因此而指责我吗？事实上，我确实从未告诉过你们，道德的报酬原本就是它自身。

啊！这就是我的烦恼：在很多事物的核心中，人们已在潜意识中为其多加入了赏和罚——现在甚至也加入你们灵魂的核心里了，你们这些有道德的人！

然而我的语言会如野猪的尖鼻子一般，深入灵魂的核心，你们会称我为犁头！

你们心灵中所有隐藏的秘密都应该被公之于众；当你们横陈于在青天白日之下时，你们的谬误也会被从你们的真理中剥离。

因为这是你们的真理：你们过于圣洁，无法接受这样肮脏的词汇——报仇、处罚、答谢、因果。

你们热爱你们的道德就如同一个母亲热爱她的孩子一样；然而，你们什么时候听说过一个母亲希望通过她付出的母爱而获得回报呢？

你们的道德是你们最心爱的自我。你们身上存在同心圆的渴求：每一个圆环皆为了重新碰触自我而努力地弯曲着自我。

你们为自身道德所做的每一分努力都像坠落的星体：它残留的光芒仍沿着它的轨迹闪烁——什么时候它才会停止它的旅途呢？

所以，即使任务已经完成，可你们道德的光芒还在继续。即便它已经被忘却或者死亡，它的光亮依旧存在并且闪烁着。

希望你的道德是你自己，而并非一件身外之物，它并非一张皮囊或者一件外衣。这是出自你灵魂核心的真理，你们这些有道德的人！

但是，真的有一些人，于他们而言道德就是鞭打之下的抽搐，他们的哀号你们已经聆听了太久！

另外还存在一些人，他们称道德是邪恶的懒散。一旦当他们的憎恨与忌妒让他们放松警惕，他们的"正直"就会变得充满活力，然后开始揉搓它蒙眬的睡眼。

另外还存在一些人，他们被往下拖着走：他们的恶魔拉着他们。但是，随着他们下落的越深，他们的眼光也越发炽烈，他们对上帝的渴求也就越发强烈。

啊！他们的呼叫已传到你的耳旁，你们这些充满道德的人："但凡非议我的，于我而言皆是上帝和道德！"

另外还存在一些人，他们步履沉重，就像承载着石头下山的拖车：他们谈论着庄严与道德——他们称道德为刹车片！

另外还存在一些人，他们如拧紧了发条的钟表；他们发出嘀嗒的声音，并想要众人称这种嘀嗒声音为道德。

事实上，我在这些人里觅得我的乐趣：无论在哪里发现了这样的时钟，我统统会以我的讥笑给它们上紧发条，那样它们就会疯狂地转动起来。

另外还存在一些人，他们对自己的点滴正直而感到自豪，于是他们粗鲁地目空一切：所以，整个世界都在他们的不道德里沉沦。

啊！"道德"这个词汇自他们嘴中讲出是多么不适合啊！当他们叫嚷："我是正直的！"这听上去常常更像："我是正直的——为了报仇！"

他们希望在他们的道德的帮助下挖出其敌人的双眼。他们努力提高自身，只为了能更好地诽谤他人。

另外还存在一些人，他们待在他们的沼泽里，自芦苇荡里这样道："道德——那就是安静地待在自己的沼泽里。我们不啃咬任何人，也避免遭到别人的啃咬。在一切境况下，我们都保留着他人给予我们的看法。"

另外还存在一些人，他们热衷于展示态度，他们认为道德就是一种态度。他们的双膝不停地拜倒,他们的两只手上是道德的颂词,但是他们的内心却对此一无所知。

另外还存在一些人,他们认为跟别人宣扬"道德是必不可少的"就是道德,然而,他们实际上只认为警察是必不可少的。

许多人瞧不见人类的珍贵,于是他们将人类的卑微看得过于美好,他们称这是道德;因此,他们将他们罪恶的眼睛称为道德。

一部分人希望被启迪并且进步,他们称这为道德;另外一部分人希望堕落和沉沦,他们一样称这为道德。

这样,差不多全部的人都觉得他们参与到了道德活动中;至少,他们任何一个人都宣布自己是"善"和"恶"的精通者。

但是,查拉图斯特拉来到这里并不是要对所有的骗子与傻瓜说:"你们了解什么是道德吗!有关道德你们又了解多少!"

我的朋友们,希望你们已经厌倦了从傻瓜与骗子那里学到的老生常谈。

希望你们已经厌倦了这类名词:"报酬""因果""处罚""正直的复仇"。

希望你们已经厌倦了这样讲:"这样的行为是善良的,因为它是无私的。"

啊!我的朋友们!希望你们的真正自我融入你们的行为之中,就如同母爱融入孩子之中一般:让这些成为你们的道德准则吧!

事实上,我取走了你们的千百项准则与你们的道德最喜欢的玩物。现在,你们开始责备我,就如同责备小孩一般。

他们在海滩嬉戏——之后一阵波浪袭来,将他们的玩具卷到深海;现在,他们只能待立且抽泣起来。

但是,相同的波浪会带给他们全新的玩具,在他们眼前抛下五色贝壳!

因此，他们获得了安慰；我的朋友，你们也应当如他们一般获得安慰——还有全新的五色贝壳！

查拉图斯特拉如是说。

二十八、贱民

生命像一口快乐的水井；但是贱民也曾来这里喝过泉水，于是所有的泉水都受到了污染。

我诚心向往所有洁净的东西，我讨厌见到狞笑的嘴脸和不洁之人的贪欲。

他们将目光投入泉水：现在他们从泉水中映出可怕的笑脸仰望着我。

他们用其荒淫让那纯净的水沾染了污秽；在他们说其肮脏的春梦是幸福的所在的时候，他们也让语言沾染了污秽。

在他们将其阴湿的心放在烈火上烘烤的时候，火焰也变得气愤起来；在贱民靠近火边的时候，灵魂也因激愤而产生了烟雾。

水果在他们的手里会变得腐烂而恶心，他们的目光让果树战栗而枯槁。

许多曾放弃生命的人，只是为了摆脱贱民：他不愿与他们共享泉水、火焰和果实。

许多走进旷野，并且和捕食的野兽一起忍饥挨饿遭受痛苦，只是因为他们不愿意和肮脏的赶骆驼的人一起围坐在水池旁边。

许多人都是作为毁坏者出现的，对于麦田来说，他们就是冰雹。他们要做的只是将他的脚伸入贱民的嘴里，就这样堵住他们的咽喉。

明白生命本身需要恶意、死亡与折磨人的十字架，这对我来说并不是最让人无法呼吸的噎人的食物。

但是，我也曾发出提问，并险些被我的问题搞得喘不过气来：怎么？难道生命本身也需要卑贱之人吗？

有毒的泉水是必不可少的吗？腐臭的火焰、肮脏的春梦、生命面包中的蛆虫也全都是必不可少的吗？

并非我的仇恨，而是我的憎恶在饥饿地吞噬着我的生命！啊，在我发觉甚至贱民都存在灵魂的时候，我连灵魂都开始讨厌了。

当我看到统治者现在所说的统治其实是和那些贱民们进行权力的交易时，我远离了那些统治者！

我定居在非母语的民族中，堵住耳朵：这样，我就能保证自己无法理解他们权权交易的话语。

我紧紧地捏住了自己的鼻子，我消沉地穿梭于过去与现在。事实上，一切过去与现在都挥发着笨拙贱民的腐臭！就如同一个听不见、看不见、说不出的残疾人——我这样生活了许久，目的是我可以不必容忍那些权势的贱民、笨拙的贱民，还荒淫的贱民。

我的灵魂艰难地、小心地顺着阶梯往上爬。快乐的赠予是它的提神之物，与此同时，生命从这拄着拐杖的盲人身上悄然流逝着。

我身上发生了什么？我是如何将自己从厌恶之情中解救出来的？谁使我的双目重新恢复了光彩？我是怎样飞升到那不再有贱民坐在井边的高处去的呢？

是我的厌恶本身替我制作了翅膀与预知源泉的力量吗？

事实上，我一定要飞升到最高的顶端，重新去寻得快乐的源泉！

哦，我寻到它了，我的朋友！在这最高的顶端，快乐的水井为我欢腾着！这里有一类绝不会有贱民和我同饮的泉水！

你这快乐的泉水啊，你为我流淌得过分猛烈了！为了让我的杯子变得充沛，你不停地将它灌满。

我一定要学会用更加谦虚的方式靠近你：我的内心汹涌地朝你流淌而去。

我心中的火焰点燃了我的夏天，我那短暂、热情、忧伤并且过于快乐的夏天：我这夏天的灵魂是多么期待你的凉爽啊！

我那春天彷徨的苦楚和我那七月飞雪的罪行都已成了往事！我已完完全全变成了夏天，夏天的正午！

那位于最高处的夏天，伴随着凉爽的泉水还有甜蜜的宁静：哦，来吧，我的朋友，这样的宁静或许会让你感到更加幸福！

因为这是属于我们的高地还有我们的家：我们在此居住，这里对其他全部肮脏的人和他们的欲望而言确实太高、太险峻了。

将你圣洁的目光投向我快乐的水井吧，我的朋友！它怎么会因此而变得污浊呢！它只会用它的微笑来回报你的纯洁。

我们在未来之树上建起我们的安乐窝；苍鹰会用它们的利喙为我们这些孤单者送来食物！

事实上，这里没有肮脏的人能够跟我们共享食物！他们会觉得他们吞下的是火苗，这会烧坏他们的嘴！

事实上，这里没有给肮脏的人准备床铺！我们的快乐相对于他们的身体和灵魂而言，全都是冰窖！

对于他们而言，我们将如雄风般高高在上，我们和雄鹰为伴，和白雪为邻：我们要像雄风一样生活。

在将来的某一天，我将如雄风般吹过他们，携带着我的灵魂夺走他们灵魂的气息：这是我对将来的期待。

事实上，查拉图斯特拉对于所有的低地来说都是雄风；他赐予他的仇敌这样一个箴言："小心吧，千万不要和狂风作对！"

查拉图斯特拉如是说。

二十九、毒蜘蛛

快瞧啊，这是毒蜘蛛的巢穴！你能从这里瞧见毒蜘蛛吗？这里挂着它的丝网：碰一下这个丝网，它就会颤动起来。

毒蜘蛛自动上前来了：欢迎啊，毒蜘蛛！你后背上的黑色三角是你的标志。我知道你心中还装着什么。

你心中装着复仇：你咬在哪里，哪里就长出了黑疤；你那复仇的毒液足以让灵魂昏厥！

我用寓言故事来对你们宣讲，你们这些让灵魂昏厥的人，你们这些鼓吹平等的传教士！你们对我来说就是毒蜘蛛，是神秘的复仇者！

然而我会迅速地将你们的容身之地拉至光明的地方：所以我在高处对着你们发出了我的笑声。

所以我扯破你们编织的丝网，以便你们的恼怒可以引诱你们离开那张由你们的谎话编成的丝网，以便你们的复仇可以从你们的"正直"一词的背后迸出。

所以，要将人类自复仇中解放——这于我而言是通往最高期待的桥梁，还有漫长暴风雨后的一条彩虹。

然而，毒蜘蛛的期待并不是这样的。"让这世间充斥着我们复仇的暴风雨吧，让它成为真实的公正吧。"他们这样相互谈论着。

"我们要用复仇和羞辱来对抗一切和我们不同的人类。"毒蜘蛛心中这样起誓。

"而'平等的意志'今后将成为道德的代名词，向着任何反抗我们权势的力量大声抗争！"

你们这些鼓吹平等的传教士啊，无能暴君般的疯狂在你们身上这样呼喊着"平等"：你们那暴君般的欲望隐秘地潜藏在伪装的道德里！

焦躁的空想和被压抑的忌妒——也许是源自你们父辈的空想和忌妒：像复仇的火焰一样在你们身上迸发出来。

父辈们所掩盖的东西在儿子身上表现了出来；我经常在儿子身上察觉到父辈所隐藏的秘密。

他们仿佛受到了激励：但激励他们的却不是内心，而是复仇。当他们变得干练与理智，那并非因受到灵魂的激荡，而是受到忌妒的驱使。

他们的忌妒还将他们带入思想者的道路；这是他们忌妒的标志——他们总是走得太远，所以他们变得疲劳不堪，最终不得不在冰雪中倒了下去。

他们的哀怨中发出复仇的声音，他们的颂歌好像在列数罪行；在他们心中，做个审判者是最高的快乐。

但是我这样劝阻你，我的朋友：请不要相信那些惩罚欲强烈的人！

他们的血统是恶劣的，他们的脸上隐隐现出屠夫与猎犬的神情。

请不要相信任何大谈特谈自诩正直的人！事实上，他们的灵魂中缺少的不仅是令人愉悦的东西。

当他们称自己为"良善与正直的人"时，不要忘了，他们想成为法利赛人（一个犹太人宗派，曾在耶稣的时代很流行，他们夸大了对摩西律法的敬重，在守法的问题上与耶稣相悖），他们唯一缺少的仅仅是——权势！

我的朋友们，我不愿意和别人混在一起，防止被错认为别人。

有些人，他们鼓吹我那些关于生命的教义，与此同时，他们还兼任平等的鼓吹者和毒蜘蛛。

这些毒蜘蛛，他们背弃了生命，却又藏匿在他们的巢穴中赞颂生命，他们这样做只是因为他们希望用这去毒害他人。

他们希望去毒害那些当下掌握权势的人，因为那些人更加精通于死亡的鼓吹。

假如是其他不同的情况，那么这些毒蜘蛛就会换成另一种说教：他们曾经就是最好的诬蔑者和异教徒的焚烧者。

我不愿意和这些平等的鼓吹者混杂在一起，以防被错认为跟他们是同类。因为正直这样对我说："人与人之间是无法实现平等的。"

人与人之间本来就不应该平等！如果我不这样认为，那我对超人的爱又做何解释呢？

他们应当在无数的桥和码头上奔向未来，他们当中应该长久存在更多的斗争与不平等：我伟大的热爱让我如是说！

在其恶意之中，他们会变成幻象与魔影的制造者；因着这些幻象与魔影，他们会相互进行最残酷的斗争！

善良和丑恶，富有和穷困，高大和矮小，还有所有道德的代名词：它们都应该成为武器和铿然有声的标志，证明生命必须不断地去超越自己！

生命本身会用巨大的支柱和阶梯将自己建立于高处：它祈求眺望远处，遥看幸福的美景——所以它需要提升自己！

因为它需要提升自己，所以它需要阶梯，它需要阶梯和攀登者之间的矛盾！生命需要奋力向上攀登，并且在攀升的过程中超越自我。

看看吧，我的朋友！在这毒蜘蛛的巢穴，巍然屹立着一座久远神殿的残骸——快用透亮的双目看看它吧！

事实上，其思维巍然屹立在纪念碑上的人，就像这世上最聪明的人般了解生命的奥秘！

以至在美之中也有着争斗与阶层，还有寻找权势与称霸的斗争：那些智者在这里用最直白的寓言故事训诫我们。

拱顶和拱门圣洁地对抗着——他们利用光明与阴暗相互对抗,这些为了目标不懈奋斗的圣洁的对抗者。

因此,让我们也成为坚强而出众的仇敌吧,我的朋友!我们也会圣洁地相互对抗!

哎呀!毒蜘蛛一定是咬到了我,我那命中注定的仇敌!它出色地咬到了我的指端!

"一定要实施处罚,伸张正义。"毒蜘蛛这样想,"他不应该在这里荒谬地歌颂仇敌!"

是的,它为自己报仇了!啊!现在它同样让我的灵魂因想要复仇而感到头晕目眩!

但是,我的朋友,请将我紧紧地捆在这柱子上吧,以防止我昏厥!我宁愿做个柱上的门徒,也不想做那股复仇的狂风!

事实上,查拉图斯特拉并非狂风或者旋风:即便他是一名舞者,他也绝不是毒蜘蛛那样的舞者!

查拉图斯特拉如是说。

三十、出名的圣贤

你们服务的是众人还有众人的迷信,而不是真理——你们这些圣贤!正是由于这个原因,众人才敬重你们。

也正是由于这个原因,他们才容忍了你们的无信仰,因为大众将无信仰行为视作小小的玩笑。这就好比主人会将提供给其奴仆一片自由的区域,以便观赏到他们的放肆行径来给自己取乐。

但是那是民众所讨厌的人,就像狼被群狗讨厌一样——是自由的灵魂、被桎梏的仇敌、不盲目崇拜的人、深山老林中的隐者。

将他从其隐身之所找出来——这经常被大众称作做正义：他们总是驱使他们那长有锋利牙齿的猎犬去撕咬他。

"哪里有大众，哪里就有真理！啊，让这些追求真理的人遭受痛苦吧！"——类似这样的声音世代传诵着。

你们这些著名的圣贤，你们接受大众的崇拜，于是你们愿意替他们辩解，还美其名曰"真理的意志"。

你们的内心一直对自己说："我来自民众，上帝的声音也是从那里朝我传来的。"

你们从来都如同驴子般顽固，你们一直担任着民众的辩护者。

许多统治者为了献媚大众，总在他们的骏马之前驾上一头驴——一个著名的圣贤。

现在啊，你们这些著名的圣贤，我想让你们彻底扯掉那伪装的皮毛！那捕猎者的皮毛，那探险者、追寻者、驯服者的乱蓬蓬的皮毛！

啊！假如想让我信任你们是追求真理的，那么你们首先要做的就是击碎你们那崇敬的意志。然后独自前往那被上帝遗弃的旷野，那才是真正的求真的人。

在漫漫黄沙和骄阳的烧灼下，他必定会又饥又渴地探寻那含有丰富泉水的岛屿，在那里，生命可以在绿荫下休养。

但是他们的饥渴并不能说服他们变成悠闲安逸的人：因为他们知道，哪里有绿洲，哪里也就有偶像。

饥荒、暴躁、孤单、被上帝遗弃：这才是狮子的意志。

解放奴仆的快乐，远离众神及对他们的崇拜，无所畏惧而值得敬畏，高尚而孤单：这就是求真者的意志。

旷野里永远存在求真者，那自由的灵魂是旷野的主人；而那饱食终日的著名的圣贤和那贪婪的兽类，却生活在城市里。

因为他们总是如驴子般拽着众人的大车！

我并不是为此责怪他们：在我看来，即使套上金玉打造的马具，他们依然是被奴役的工具。

他们常常是值得褒奖的奴仆。因此道德这样道："假如你们一定要当奴仆，就去找到那个最值得享受你服务的主人吧！你主人的灵魂与道德会因你提供的服务而上升，你自身也会随着他灵魂与道德的提升而提升！"

事实上，你们这些著名的圣贤，你们这些大众的奴仆！你自身会随着大众的灵魂与道德而提升——大众也会因你而提升！在我看来，这是你们的荣誉！

但是，即使你们拥有道德，你们于我而言依然是大众，你们是盲从的大众——不理解灵魂到底是什么的大众！

灵魂是切入生命中的生命：它通过经历磨难去增加对自身的认识——你们曾了解过这一点吗？

灵魂之所以感到快乐，是因为其被泪水净化了，它被神圣化为祭品并被奉献了出去——你们曾了解过这一点吗？

盲人虽然眼睛看不见东西，但是他仍然可以追求和探索，这足以证实他过去曾凝望过太阳的权势——你们曾了解过这一点吗？

仁人志士应当学会利用山岳去建设！利用灵魂的力量去移动山脉是一件轻而易举的事情——你们曾了解过这一点吗？

你们只了解内心的火花：但是你们没看到它其实是由一块铁板经过铁锤残忍地敲击而产生的！

事实上，你们不了解灵魂的高傲！但是，你们更无法容忍灵魂的卑微——假如这卑微希望开口讲话！

你们还没试过将你们的灵魂扔到雪洞中，因为你们还不够火热！因此，你们也就无法感受到它的凉爽所送来的欢快。

但是，无论如何，你们都与自己的灵魂过于亲密了，你们时常让你们的智慧作为丑恶诗人的庇护所。

你们并非苍鹰：因此你们还不曾体会过灵魂的惊恐与欢乐。你不是一只鸟，所以你不该在悬崖边筑巢。

你们在我看来都是不温不火的人：但是，所有深奥的知识全都在冰冷地流动着。灵魂的极深处是寒冷的：但是对于滚烫的双手来说，它却是凉爽之药。

你们笔直地耸立在那里，可亲、庄重，你们这些著名的圣贤——无论怎样强烈的狂风和强大的意愿都无法撼动你。

你们难道从未见过一叶帆船漂过大海吗？那帆船被强烈的风吹得浑圆、胀大而颤抖。

如帆船一般，我的智慧由于狂暴的灵魂而抖动着——我狂野的智慧！但是你们这些大众的奴仆，你们这些著名的圣贤——你们怎么可以与我同行！

查拉图斯特拉如是说。

三十一、夜之歌

这是夜：现在，喷泉的声音愈加响亮了。我的灵魂也是一眼喷泉。

这是夜：现在，所有的爱情之歌都被唤醒了。我的灵魂也是一首爱情之歌。

我身体中存在一种东西，它没有平静过也无法平静；它渴求放声呼喊。我身体中存在某种爱的渴求，它自言自语地诉说着爱的话语。

我是光明：啊，真希望我是黑夜！但是我周身被光明所包围，这是我的孤单！

啊，真希望我是漆黑的夜！那我将如何吸取着光明的乳汁来获得满足啊！

我宁愿歌颂你们本身，你们这些在空中闪亮着的小星星和萤火虫！你们光明的礼物让我感到快乐。

然而，我存在于我自己的光明中，我重新汲取从我自身处迸发出来的火焰。

我不理解接受者的快乐；我常常幻想，盗取一定比接受更快乐。

我的手未曾停止过赠予，这是我穷困的根源；我见到期望的双眼还有被照亮的充满渴求的夜，这是我的忌妒。

哦，一切赠予者的悲伤啊！哦，我的太阳也隐没了！哦，对欲求的渴望啊！哦，满足后的强烈饥渴啊！

他们从我这里得到给予：但是，我是否有碰触到他们的灵魂呢？在赠予和接受之间存在一道界线，即使是最小的界线也难以突破。

一种饥渴自我的美中产生：我希望去伤害那些我所照亮的众人，我希望去打劫那些被我赠送礼物的众人——我就这样渴望做些坏事。

当别人伸出手来想要抓住我的手，我将我的手收了回去；我如瀑布一般迟疑着，以至在它顺流而下的时候也迟疑——我就这样渴望着想做些坏事。

我的丰盈中发酵着报复的邪念，这种邪念自我的孤单中产生。

我那因赠予而产生的快乐因赠予而消亡；我的道德也厌倦了它总是丰盈的状态。

赠予者时常会面对丧失羞耻的风险；因为对那时常施舍的人来说，他的手心与灵魂会因过多的施舍而生出老茧。

我的双目不再因乞求者的羞耻而流泪。我的双手变得僵硬，无法再感觉到所握之手的颤抖。

我双目流下的泪水将去到哪里呢？我心中的温柔又将去到哪里呢？哦，所有赠予者的孤单！哦，所有发光者的沉默！

很多星辰在空旷的太空旋转：他们用其明亮向一切黑暗低诉——但是对我来说它们却是沉默着的。

哦，这是光明对所有发光者的恨意：它冷酷无情地走着自己的路。

在内心深处对所有的发光者不公，对其他所有的星辰冷淡——每一个太阳都这样运行着。

许多星辰如狂风般行进，他们按照着他们无法阻止的意愿前进：那就是他们的残酷。哦，唯有你们，你们这漆黑的如暗夜一般的众人，才从发光者那里吸取温暖！哦！只有你们会从光明的乳汁中吸取养分与活力！

啊，冰雪包围着我；我的手心因这极度的冰冷而开始发热！啊，焦渴纠缠着我，它因你们的渴求而更加强烈！

这是夜：唉，我不得已成了光明，却渴求着像夜一样，渴求着孤单！

这是夜：我的渴求在我身体中像泉水一般喷发——我渴望放声高呼！

这是夜：现在，喷泉的声音愈加响亮了。我的灵魂也是一眼喷泉。

这是夜：现在，所有的爱情之歌都被唤醒了。我的灵魂也是一首爱情之歌。

查拉图斯特拉这样唱着歌。

三十二、跳舞的歌

某天黄昏，查拉图斯特拉和他的圣徒们翻过丛林，当他们在寻找清泉的时候，瞧啊，他的目光停留在了一片被大大小小的树丛安静地围绕着的绿茵上，在那里，一群少女在翩翩起舞。当少女们认出查拉图斯特拉时，她们停止了跳舞；但是，查拉图斯特拉和蔼可亲地靠近她们并这样说：

"请不要停止跳舞，你们这些可人的少女！靠近你们的，不是败坏兴致和搅局的人，也没有带着罪恶的眼睛，他绝不是你们的敌人。

"我是站在恶魔面前为上帝代言的人：但是，恶魔倒是个沉重而巨大的灵魂。你们这些轻快的人儿，我怎么会仇视圣洁的舞蹈？或仇视少女那拥有纤细脚踝的足部呢？

"确实，我是一片由漆黑树丛形成的暗夜：然而，如果有人能惧怕我的漆黑，他就能够在我的柏树下面寻到玫瑰盛开的河堤。

"他或许也能寻得那娇小的天神，那正是女孩子们的最爱：他安静地睡在泉水边上，闭着双眼悄然无声。

"事实上，他竟然在青天白日中睡着了，这个懒鬼！或许是因为他捉蝴蝶捉得太过劳累了吧？

"在我稍加责备那娇小的天神时，请不要责怪我，你们这些漂亮的舞者！毫无疑问，他会大叫，也会大哭——但是他即使是大哭时也是趣味十足的！

"他会眼含泪水恳求你们跳起舞来；我自己也要唱一支歌来作伴舞曲。

"那是一支舞蹈之歌，那是一支对沉重而巨大的灵魂的嘲讽之歌，我那强壮的恶魔，它被称为'世间的主宰'。"

以下就是在丘比特与少女们共舞时，查拉图斯特拉所吟唱的一支歌：

最近我在注视着你的双眼，哦，生命！我在那里仿佛陷入了深不可测的谷底。

但是你用金色的鱼钩钓起我来；在我说你深不可测时，你嘲讽着大笑了。

"所有的鱼儿都这么说。"你说，"所有它们自身无法了解到的深度，都被它们称为深不可测。

"但我只是一个多变的、野蛮的女子，一个毫无道德的女子。

"虽然我被你们这些男人称作'深奥的人''诚实的人''不朽的人'或者'神秘的人'。

"但是你们这些男人总是把你们自身的道德强加给我们——唉，你们这些道德家！"

她越说越想笑，这真是让人难以置信；在她细数自己的罪恶时，我根本不相信她和她的笑容。

在我和我那狂野的智慧面对面交流的时候，她气愤地对我道："你渴望生命，你热爱生命；仅仅为了这些原因，你才称颂'生命'！"

所以我险些生气地回复她并把真理告知给这个气愤者；向她的智慧讲述真理，这是最恶毒的答复。

一切事物都这样对抗着。在我心中，我只热爱生命——事实上，在我特别恨她的时候，恰恰是我特别爱她的时候！

假如我热爱智慧，并且表现得过于热爱，那只是因为它让我对生命产生了强烈的渴望！

她拥有与生命相同的双眼，相同的笑容，相同的金色鱼钩：她们是如此相似，难道我对此需要承担责任吗？

有一次生命问我："这个智慧到底是谁呢？"——我急忙回答：

"啊，是的！这个智慧！

"人们永不满足地渴求她，人们通过面纱观察她，人们用网捕捉她。

"她很美丽吗？我怎么了解！但河中最精明的鲤鱼也会被她诱惑。

"她多变又率性，我经常见到她咬着嘴唇梳理她的长发。

"或许她是罪恶而伪善的，或许她是个十足的女子；然而在她细数自己的罪恶时，那确实是她最诱人的时候。"

在我向生命诉说完这些的时候，她满含歹意地大笑着合上了双眼。"你说的是谁呢？"她道，"或许是我？

"就算你是正确的——就这么面对面地直接和我说那些合理么！现在，请你也谈谈你自己的智慧吧！"

啊，现在你重新睁开你的双眼了，哦，可爱的生命！我可能要重新进入那深不可测的谷底了。

查拉图斯特拉这样唱着歌。然而，在舞蹈结束并且少女们全都离开了的时候，他伤感了起来。

"太阳早已落下，"他最后说道，"草地也湿透了，树林中寒意阵阵来袭。

"一个未知的亡灵待在我身边，若有所思地凝视着我。怎么！你竟然还活着，查拉图斯特拉？

"为什么活着？你想从中获得什么好处？你凭借什么生存？你要去哪里？你究竟应该怎么活呢？想不明白这些就继续活下去岂不是很愚蠢吗？

"啊，我的朋友，打在我身上的夕阳这样审问着我。请宽恕我的伤感吧！

"夜晚降临了，请宽恕我吧，夜晚已经降临了！"

查拉图斯特拉这样唱着歌。

三十三、坟墓之歌

"那里是坟墓的岛屿,那里是宁静的岛屿;那里同样也是我芳华的坟墓。我要携着生命的常青花环去那里。"

我这样决定了,决定漂洋过海来到这岛屿。

哦,你们这属于我青春的景象与风光!哦,你们这圣洁的光线!你们怎会如此快速地离我而去呢!我现在思念着你们,犹如思念我故去的亲人。

我最挚爱的死去的人啊,从你们那里往我这里飘来一阵甜蜜的芬芳,它甜蜜得令人沉醉。事实上,它感动并打开了孤单的航海家的内心。

我依然是最富足也最受忌妒的——我这最孤单的人!因为我曾拥有过你们,你们现在也依然拥有着我。请告诉我:这树上的红色苹果是否曾像为我坠落一般地为别人坠落呢?

哦,你们这些我最挚爱的人啊!我依然是你们热爱的承袭者,为了纪念你们,我会让五彩的道德之花在我身上怒放!

啊,我们生来就该永远亲密地在一起,当你们朝我和我的渴求走来的时候,请不要像胆怯的鸟儿一般吧——而要像走向被信赖的人一般!

对啊,如我一般,你们也是由忠诚和爱组成的,我一定要用你们的忠诚为你们起名,你们这圣洁的光线啊:我不知道还有其他什么名字可以为你们命名。

事实上,你们这些流亡者,你们对我来说死去得太早了。你们还未曾逃离我,我也未曾逃离你们:说到我们的不忠,我们相互之间是清白的。

你们这些为我歌唱的小鸟,他们掐死了你们,也意味着谋杀了我!是的,我最挚爱的人,他们常常瞄准你们放出狠毒的箭——也直刺入我的心脏!

他们果真命中了!因为你们永远是我的最爱,是我的全部,所以你不得不在年少的时候过早地死去!

他们瞄准我最脆弱的区域发射了箭——换而言之,朝你们——你们的肌肤像柔软的绒毛,更像稍纵即逝的浅笑!

但是我想对我的仇敌这样说:比起你们对我的所作所为,那些谋杀罪又算得了什么呢?

你们对我做下的恶事超过了所有的谋杀罪;你们从我这里夺走的东西是不可弥补的——我对你们这样说,我的仇敌!

你们难道没有杀害我年少的倩影和我最挚爱的奇迹吗?你们抢走了我年少时期的朋友,那个幸福的灵魂!为了缅怀它们,我献上了这花环与这咒骂。

这是对你的咒骂,我的仇敌!你难道没有切断了我的永恒——如一个在冬夜逝去的音符!那一刹那,圣洁眼睛在闪光!

我的单纯曾经在某个快乐的时刻这样道:"于我而言,所有这些全应当是圣洁的。"

所以你们用肮脏的幽灵附着于我。啊,曾经那快乐的时刻现在去了哪里?

"于我而言,所有的时光全应当是圣洁的。"——我青春的智慧曾经这样道。事实上,这是一种快乐的智慧之语!

然而,接下来你们这些仇敌盗去了我的黑夜,并且用他们换来失眠的折磨。啊,曾经那快乐的智慧现在去了哪里?

我曾经渴求着吉祥飞鸟的喜兆,可你们却带着一只猫头鹰——一个不祥的兆头,来到我的必经之路上。啊,我那柔情的渴求现在去了哪里？

我曾经发誓抛弃所有令人厌恶的事物：但你们却让我的亲朋好友都身患脓疮。啊，我那高贵的誓词现在去了哪里？

我之前如一个盲人一般走在被祝福的路上：可你们却在盲人的路上扔下污秽的东西，现在他已变得憎恨那条路了。

在我做一些困难的工作或庆祝我获胜凯旋的时候，你们却让那些喜欢我的人大喊大叫：好像是我让他们变得如此痛苦。

事实上，这一直是你们的恶劣行径：你们让我最甜蜜的蜂蜜变得苦涩，也让我最出色的蜜蜂受苦受难。

针对我的仁慈，你们时常驱使脸皮最厚的叫花子上前乞讨，你们时常在那朽木上雕满牛鬼蛇神。你们就这样损害我的道德信仰。

在我献上我那最圣洁的物品作供品时，你们的"真诚"会马上将它油腻的礼品放在边上；所以我那最圣洁的物品在你们那油腻的浓烟中窒息而死。

我曾经想要跳舞，因为我之前从未跳过舞——我想要跳着舞穿越整个天空。但是你们却引诱了我最挚爱的歌唱者。

现在，他演奏了一曲恐怖的、悲伤的音乐——唉，就如同一个追悼的唢呐在对我的耳朵吹奏。

这索命的歌曲，这恶毒的乐器，这最可怜的人啊！我曾准备跳最好的舞蹈，可你们却用你们的音乐杀死了我的热情！

唯有在跳舞中，我才明白如何说出那最高尚的寓言——所以直到现在，我那最高尚的寓言仍旧在我的身体里从来没有被讲出来！

我最高的愿望始终还在，从来没有被讲出来！但我芳华的所有倩影与安慰均已凋零。

我是怎样容忍它的？我是怎样挨过伤痛而存活的？我的灵魂是怎样自那些坟墓中重新燃起的？

对啊，我体内有些物质是无法被伤害的、无法被掩埋的，它强大到能够击碎石头：它被称为我的意志。它无言地运作着，历久弥新。

它会用我的脚去行它的路，我那久远的意志；它的本质坚如磐石、无法摧毁。

而我呢？我全身上下只有脚跟才不容易受到伤害。你就一直居于此吧，如同你自己一般长久，你这最刚毅存在！我的意志！你曾经炸开所有坟墓的束缚并独自寻得了一条出路！

在你体内也还存留着我尚未实现的青春。你还保持着生命的活力，你带着梦想坐在这坟墓土黄色的残骸上。

是啊，你们于我而言仍旧是一切坟墓的破坏者：向你致敬，我的意志！唯有存在坟墓的场所才会存在重生。

查拉图斯特拉这样唱着歌。

三十四、超越自我

你们这些最有智慧的人，那激励着你们、驱动着你们的，你们称它为"追寻真理的意志"吗？

能够理解世间万物的意志——我这样称呼你们的意志！

你们总想让世间万物都变得可以理解，因为你们总有很多理由去怀疑它能否被大众理解。

然而，世间万物都需要通过委屈自己来顺从你们！你们的意志总是这样期待。它需要变得平和并顺从于灵魂，就如同灵魂的影像与映射一般。

你们这些最有智慧的人啊，权力的意志就是你们全部的意志，即使你们讨论着善与恶、讨论着价值评估的时候，也是如此。

你们希望建立一个能够让你们在顶礼膜拜的世界，这是你们的最终梦想和最深的沉醉。

愚昧的人，他们如一条河上浮着的一只小船：船上载坐着价值评估，它假装庄严地坐着。

你们曾经将你们的意志与价值置于这多变的河上；那被众人定义为善与恶的事物，在我看来只是一种古老的权力意志。

是你们，你们这最有智慧的人，将这么多的宾客载上这条船，并提供给他们奢华的珠宝和引以为傲的名字——你们和你们权力的意志！

现在，河流载着你们的小船前进着——它必须载着它。即便巨浪滔天，即便巨浪汹涌地拍打船身，那又算得了什么呢！

这河流并非你们的风险和你们善恶的终结，你们这些最有智慧的人——它是意志本身，是权力的意志——永不干枯的、极具创新性的生命意志。

但是，希望你们可以明白我关于善恶的说教，我会告诉你们我关于生命的理解，关于一切有生命的东西的看法。

我曾经跟踪考察一切有生命的东西；我长长短短、宽宽窄窄的道路上前行，跟随它们、了解它们的本能。

在它闭上嘴巴的时候，我用许多面镜子去捕捉它的目光，以便它的双目可以对我言语。它的双目曾有过对我言语的经历。

但是，不管我在哪里发现了生命的迹象，我总会在同一刻听到服从的话语。所有的生命都忠于服从。

还有，我听到了这些：无法服从于自己的，就会服从于他人。这就是生命的本能。

最后，这是我听到的第三件事——换句话说，命令相对于服从更加艰难。这不仅因为命令方承担着所有服从方的责任，而且由于这责任很重，能轻松把他压垮。

一切命令，于我而言都是某种试验与历险；当生命下达命令，生命的历险也就此开始。

对啊，在它命令自己时，它也一定为它的命令付出了代价。它必须成为自我法规的审判者、复仇者和牺牲者。

这是什么原因？我也曾这样问自己。是什么东西在驱使生命去服从、命令，甚至在命令的同时也在服从呢？

现在听听我的看法吧，你们这些最有智慧的人！你们可以认真仔细地论证，看我有没有曾深入生命本身的核心，并深入了解它的本质！

不管我在哪里发现了生命的迹象，我总能在那里发现权力的意志。以至在服从者的意志中，我也能发现主宰的意志。

弱者应当为强者服务——弱者如此劝服了自己的意志，但那弱者的意志又想成为一个更弱者的主人。这是他唯一不愿舍弃的乐趣。

就像弱者令自己服从于强者，以使他能够获得统治更弱者的权势与乐趣，同样的，最强大者也会服从他自己，甚至为了权力不惜牺牲生命。

这就是最强大者的服从——冒着风险拿死亡当赌注。

哪里存在牺牲和服从和热爱的眼神，哪里就同样存在主宰者的意志。通过邪门歪道，弱者深入了城堡，深入了强者的内心——在那里偷盗权力。

生命本身曾对我讲出上述秘密。"看啊，"它道，"我必须不断地超越自己。"

毫无疑问，你们称其为创造的意志，或者追求更高、更远、更复杂的目标的冲动：可那一切都是一件事，都为同一个秘密。

我宁愿选择死,也不愿否定这一事实;事实上,哪里存在毁灭和凋零的落叶,瞧啊,哪里就存在生命为了权力而做出的牺牲!

我必须努力、发展,我必须成为目标和目标之间的对立物——啊,如果有谁能揣摩出我的意志,那他也就一定揣摩出了它曾走过一条怎样蜿蜒曲折的道路。

不管我创造了什么,不管我多么热爱它——我都会很快地批驳它,并且批驳我的热爱:我的意志希望如此。

即使是你,仁人志士,也只是我意志的路线和足迹:事实上,我那追求权力的意志一直紧跟在你们那追寻真理的意志的后面!

那些说着"追寻生存的意志"的人,自然无法发现真理,因为那种意志根本就是不存在的!

因为不存在的事物是无法拥有意志的;但是,那些曾经存在过的事物,它为什么还要努力谋求存在呢!

只有存在生命的地方,才会存在意志;但是,这并非生命的意志,而是——我如此教导你们——权力的意志!

很多东西被看作是比生命本身还要高贵的东西,这种认知就是权力的意志在发挥作用!

这就是生命曾教导我的。你们这些最有智慧的人,让我来替你们打开你们内心的那个谜团。

事实上,我要对你们说:那永恒的善和恶其实根本就不存在!因为善恶本身就要不断地超越自我。

你们这些评估者,你们用你们关于善恶价值评估行使你们的权力,那是你们隐秘的爱以及你们灵魂战栗和流露。

但是,一种更加强大的力量自你们制定的价值里成长起来,它是一种全新的自我超越:它会破壳而出。

若有人想成为善恶的创造者——事实上,他首先一定要成为一个破坏者，将价值撕成碎片。

这样，最大的恶就将隶属最大的善，可那是最具创造性的善。

让我将它讲出来吧，你们这些最有智慧的人，即便它很糟糕。可沉默不语是更加糟糕的：一切被压制的真理最后都会变为毒物。

让一切能被真理打碎的东西都毁灭吧！毕竟许多房屋还在等待着建造！

查拉图斯特拉如是说。

三十五、高尚者

我内心的海洋看似平静无波，可谁能想到那里藏着一头可笑的怪兽呢！

我的内心深幽而不动声色，但是它的底部却飘荡着闪烁的谜团和迷人的光线。

我现在见到了一个高尚者，一个庄重者，一个灵魂的忏悔者：哦，我的内心在讥笑他的丑陋！

他挺起胸膛，好像在用力喘气：他就这样站着，默默地站着。

他身上穿的是破破烂烂的衣服，他把自己捕捉到的丑陋的真相挂起来给衣物当装饰，他周身布满了荆棘——但我见不到一朵鲜花。

他还没有懂得如何笑，也不懂什么是美。这个猎手自文化的丛林中忧郁地归来。

他在和猛兽打斗后回归了家里。然而，他肃穆的双眼中好似还存在一只猛兽——一只没有被驯服的猛兽。

他时常如猛虎一般摩拳擦掌地站立着，我讨厌他那些紧张的神情，他那以自我为中心的态度不是我所喜欢的。

请你们告诉我，朋友们，是不是不应该有关于趣味与品位的争论？但是，一切生命都是一场关于趣味与品位的争论！

品位，它同时也是重量、天平和衡量者；那一切既想生存又想远离关于重量、天平和衡量者的生物是多么可怜啊！

当高尚者厌烦了他的高尚，他的美才能够展现——只有这样，我才会欣赏他，并且觉得他是我所喜欢的。

唯有在他逃离自己的时候，他才能够跳出自己的阴影——事实就是这样！只有这样，他才能跳入他的阳光里。

他在阴影中待的时间太长了，这灵魂的忏悔者的脸色变得惨白，他快要在他的期望中被活活饿死了。

他眼含蔑视，嘴角边泛着嫌恶。他现在虽然在休息，但是他并没有在太阳下休息。

他应当如公牛一样做事，他的快乐应当散发着这片土地的气息，而不应该散发着对这片土地的轻视。

我希望看到他如一只白色的公牛，呼哧，哞叫，行走于犁耙之前；他的哞叫声也应该是对大地的赞美！

他的脸色仍旧是黝黑的，他双手的阴影挡住了他的脸。他的感官仍旧是被蒙蔽着。

他的行动本身仍然被阴影笼罩，他还不曾克服他自身的行为。

毫无疑问，我爱他公牛似的臂膀，但是现在我也希望能见到他那纯真的双眼。

他还需要忘掉他的英雄主义，他应当成为一个高尚者，而不只是一个卓越者。这缺乏之意志的人，自我应该将他高高抬起。

他曾驯服了怪兽，他曾解答了谜题。但是他还应该去解救他的怪兽，揭示他的谜题；他应该将他们改造成上天的赤子。

他的知识还不懂如何微笑，还不懂如何不忌妒；他汹涌的激情还没有在美中变得平静。

事实上，他的渴望不该在满足里停下并消逝，而应该在美中灭亡！优雅应该归于无所不容的慷慨。

将手臂枕于头上，英雄应该这样休息，他也应该这样战胜他的倦怠。

在所有事物中，美对英雄而言正是最难的事。一切热烈的意志都无法得到美。

多一分则多，少一分则少：这里被认为多了些，这里被认为少了些。

放松肌肉和意志，这对于你们来说都是最难的事，你们这些高尚者！

当强权变得平和并回到为人可见的范围内——我称这样能屈能伸的态度为美。

相比其他人，我更希望能从你这里获得美，你作为掌权者：让你的善良成为你最终的自我征战吧。

我断定你有能力做下所有的恶行，所有我更期待你能行善。

事实上，我时常讥笑那弱小者，因为他们总觉得自己是良善的——只因为他们腿脚上的残疾！

你们应该追寻柱石的道德：它不断上升着，越来越美好，越来越高雅——它的内在也变得越来越牢固，越来越能担负更大的重量。

对啊，你这高尚者，在未来的某一天你也能显得更美丽，也会取出明镜照出你自己的美丽。

那时候你的灵魂会因为圣洁的想法而激动和战栗，以致在你的虚荣中都能存在崇敬！

这就是你灵魂的秘密：只有在英雄离开它时，那超级英雄才能在梦里离得它更近。

查拉图斯特拉如是说。

三十六、文化之邦

我在文化的未来里飞翔得太远了：一种莫名的恐惧抓住了我。

在我环顾四周时，瞧啊！只有时间陪同着我。

所以我朝后飞翔，转身向后飞去——并且越飞越快。就这样，我来到了你们的眼前，你们这些现代人，我来到了文化之邦。

这是我第一次携带着美好的希望来看你们：事实上，我带发自灵魂的期待而来。

然而结果怎样呢？虽然如此恐惧——我还是忍不住笑了起来！我的双眼从未看过如此多彩的世界！

我不断笑着，与此同时，我的腿也在发抖，我的内心也是一样的。"这里确实是一个颜料之乡啊！"我这样说道。

你们的脸上与四肢被抹上数十种色彩——我无比震惊地看着你们这些现代人坐在我的面前！

数十面明镜围在你的四周，它们奉承着你们这关于色彩的游戏，并将它反复呈现给你们！

事实上，再也没有比你们自己的容貌更漂亮的面具供你们戴着了，你们这些现代人！否则谁能认出你们呢？

你们曾在自己身上满满地画上记号，如今又在这类旧记号上画上新的记号——这样你们就很巧妙地隐藏起了自己，让一切破译密码的人都无法认出你们！

即便这世上有五脏六腑的检测者，可谁还会认为你们仍保留着五脏六腑呢！你们看起来仅仅是由很多颜料和胶水黏结起来的碎片组成的。

所有的年代与民族都在你们的面纱中，对外面斑驳陆离地展示着；所有习俗与信念都从你们的行为中对外表现着。

若是有人掀去你们的面纱和斗篷，撤去你们身上的颜料和行为，那大家就会发现，就站在他们面前的不过是一个用来恐吓乌鸦的稻草人。

事实上，我自己正是那受到惊吓的乌鸦，在我见到未涂颜料、一丝不挂的你们时；当你们那副骨架对我投来献媚的眼神时，我吓得落荒而逃。

我宁愿身在地狱，为那早已逝去的亡灵劳作——那些地狱里的亡灵都比你们更加实在丰满一点。

是的，就是这些，这是我的切肤之痛，我既无法容忍你们一丝不挂，也无法容忍你们衣冠楚楚，你们这些现代人！

未来那冰冷而未知的一切，那让迷途的鸟儿颤抖的一切，都比你们的"现实"更令人感到亲和舒适。

因为你们这样说："我们就是现实，既无信念，也不盲从。"你们这样吹捧自己——唉！其实你们并没有什么可供吹捧的！

事实上，你们怎么可以有信念呢，你们这些斑驳陆离的人！你们不过是所有信仰的写照！

你们就是对信仰本身的批判，以及所有思维的中断错位。配不上信念的人——我这样称呼你们，你们这些现实的人！

所有的时代都在你们的灵魂中彼此争斗；然而所有时代的黄粱美梦和夸夸其谈都比你们的醒悟来得实在。

你们不生儿育女，因为你们缺少信仰。但那创造者一定存在于他预知梦和占星图里——他对信仰深信不疑！

你们是半掩的门，掘坟的人就在那里等待。这就是你们的现实："世间一切都注定消亡。"

唉，你们是如何站立在我眼前的啊？你们这些无法生育的人。你们的肋骨是那么孱弱！你们中的许多人肯定都了解这些吧！

许多人说过："在我沉睡时，肯定有一个上帝无声无息地盗走了我的一些东西吧？事实上，那足以制造出一个女人来！"

"我肋骨的羸弱程度甚至让人错愕！"很多现代人这样道。

对啊，你们于我而言是好笑的，你们这些现代人！特别是在你们自己都觉得奇怪的时候。

假如我无法讥笑你们的奇怪，并且不得不吃下你们浅碟中令人作呕的食物，那我的确太过可怜了！

但是，真的，既然我不得不承受重担，那么我会让你们走得更加轻快；即使几只昆虫或者飞蛾也停在我的重担上，那又有什么关系呢？

事实上，它不会因为这个而让我觉得更加沉重！你们这些现代人啊，你们不会让我觉得太过疲劳的。

啊，我现在会带着我的期待去往什么地方呢？我在群山之巅遥望我的家乡。

然而无论我身处何地，我都无法找到我的家乡：我在一个个城市中四处流浪，在一个个城门口开始我的流浪。

现代人于我而言是很陌生的，我的心促使我向他们走去，可我却被他们从我的家乡赶了出来，这真是一种嘲讽。

所以我只爱我那孩子们的故乡，那在遥远的海洋中尚未被发现的存在：因为它，我命令我那航行中的帆船四处寻找。

在我的孩子们身上，我会因为我是我父辈的孩子而给予其补偿：我会用所有的未来补偿所有的现在！

查拉图斯特拉如是说。

三十七、纯真的认识

在昨晚的月亮升空时，我觉得它仿佛要生养一个太阳：它是那样辽阔而圆满地睡在地平线上。

但它的受孕其实是个谎言；我更宁愿坚信月亮中受孕的是男人而并非女人。

是的，这个胆小的夜间狂欢者，他还配不上做一个男人。事实上，他带着歹意在房顶上来回走动。

他是贪婪而充满忌妒的，这月亮中的修道士；他贪婪地望着这片土地，渴望得到所有情人之间的欢愉。

是的，我讨厌他，那房顶上寻欢作乐的公猫！我讨厌那所有从虚掩的窗前轻手轻脚地绕道而行的事物！

他虔诚而沉默地在众星编织的地毯上游走——但是我讨厌人类行走时的悄然无声，甚至连一点马刺叮当的响声都没有。

每一个真诚的人的步履都有声音；但是猫，它悄然无声地走在地上。瞧啊！月亮就像猫一样不真诚地行走着。

我将这个比喻讲给你们这些敏感多情的假正经们，这些"圣洁的仁人志士！"我只想称呼你们真实的名字——你们这贪心的人！

你们也热爱这片土地，还有这片土地上所有的东西：我早已看透你们了！但是你们的热爱里存在羞耻和一些歹意——你们就跟月亮一样！

你们的灵魂曾经被劝说去轻视这片土地上的一切东西，但你们的内心却不为所动：这正是你们身上最强壮的部分。

现在，你们的灵魂以服从你们的内心而感到羞耻，它一定会用旁门左道与谎言之路去回避它自身的羞耻。

"那在我看来是最崇高的事情。"你们的灵魂如此对自己扯谎："它无欲无求地凝视着生命，绝不像那狗一般露出贪婪的舌头。"

在凝视里得到快乐：带着消亡的意志，从自私的执着和贪婪中解脱出来——对万物都不抱有任何期待，像眼睛如月亮一般地令人沉醉！

"那将是我最心爱的东西。"那被迷惑的人这样迷惑着自我。如月亮热爱大地一般的爱它，那双眼能感觉到它的美妙。

我称这是对众生纯真的认识：不期待从它们那里获得所有的东西，而只是被准许像一面镜子一样搁在它们眼前，折射出它们的万千面貌。

哦，你们这些敏感多情的假正经，你们这些贪心的人！你们的渴望里缺少纯真，所以现在你们为此而去诋毁欲望！

事实上，你们热爱这片土地，并非如创造者一般，并非如那繁殖者一般，也并非如那欢庆者一般！

纯真在哪里？在那存在创造的意志的地方。那企图超越自身而进行创造的人，于我而言拥有最纯真的意志。

美在哪里？在那个必须用全部的意志去追求的地方。在我热爱着并且愿意为之死亡的地方，让表象不再只是表象。

热爱和死亡，这二者自古以来就是相伴相随的。当热爱的意志产生，那准备一起赴死的意志也就准备好了。我要对你们这些胆小鬼这样讲。

但是现在，你们那娇美撩人的眼睛想自命名为"沉思"吗？那胆小鬼的眼睛所端详的一切都想被命名为"美"么！哦，你们这些玷污圣洁名称的人!

但是你们应当受到咒骂,你们这些纯真的人,你们这些圣洁的仁人志士,你们将永远无法孕育新生命,即便你们躺在辽阔的地平线上!

事实上,你们满口仁义道德,你们这些扯谎者,你们迫使我们相信你们的内心是丰盈的。

但是,我的言论粗鄙、令人轻视,我很高兴能拾起自你们的酒席上丢掉的食物。

然而,我还是可以用那讲出真理——给这些假正经们!是的,我的鱼骨、坚壳,还有那带刺的树叶正在——搔着假正经们的鼻子!

在你们还有你们的酒席四周,空气一直是污浊的:你们那些放荡的思维、你们的谎言和秘密,就存于这空气里!

首先请勇敢地去信赖你们自身吧——相信你们自身还有你们的内心!那些不信赖自身的人总是在扯谎。

你们在自己脸上给自己戴上了一个上帝的面具,你们这些"纯真的人":那可怕的弯弯曲曲地爬着的蛇已经爬进了面具之下。

事实上,你们一直在哄骗,你们这些"沉思者"!以至查拉图斯特拉过去也曾在你们神祇一般的面具下受骗——他怎么会想到这面具之下趴着一条毒蛇。

我曾以为我在你们的花招中看到了上帝的灵魂,你们这些圣洁的仁人志士啊!我还没有见到过有什么比你们的花招更巧妙、更高明!

毒蛇的肮脏和罪恶的气味,都让我远离你们:正因如此,我竟然不知道这里隐藏着一条带着野心四处乱爬的蜥蜴。

但是,我靠近了你们,之后,白日为我降临——现在它也对你们降临——月亮的风流佳话快收场了!

瞧那里吧!它吃惊并脸色惨白地站立着——在粉红色的朝霞面前!

那火热的夏日降临了——她对地球的热爱也降临了!

太阳一切的爱,都是纯真的充满创造性的渴望!

瞧那里吧!她迫切地穿越大海前来!你们难道没感受到她那如饥似渴的热爱与那热烈的气息吗?

她渴望吮取大海,把深处的海水吸至高空。与此同时,大海的渴望也伴随着千万个波涛而涌动。

大海很愿意被干渴的太阳亲近和吮取;它甚至愿意为此变成水汽、高空、亮光的道路以及光明本身!

事实上,我也如太阳一般热爱生命,热爱所有的深邃的海洋。

这正是我所说的知识:所有深奥的东西都会上升到我的高度!

查拉图斯特拉如是说。

三十八、学者

在我熟睡时,一只绵羊过来吃我头顶上的常春藤花环。它边吃边说:"查拉图斯特拉不再是一位学者了。"它这样说完就高傲地走开了。一个小孩将以上这些告诉了我。

我喜欢睡在这孩子们嬉戏玩耍的地方,靠着破败的墙壁,在蓟草与红罂粟的中间沉睡。

于孩子们而言,我是一位学者;于蓟草与红罂粟而言,同样如此。他们是纯真的,即使在他们犯错时他们也纯真无瑕。

但是于绵羊而言,我不再是一位学者:我的宿命希望这样——那么,就祝愿它如此吧!

因为这就是真相:我已经远离了读书人的住处,我曾"砰"的一声关紧了我身后的门。

我那饥饿的灵魂坐在他们的桌子边上已经太久了：我没有如他们一般获取那秘诀——那获取知识就如同压碎核桃一般的秘诀。

我热爱自由和那鲜活泥土上面的空气。我宁愿躺在牛皮上面，也不愿意躺在学者的声誉与自尊上面。

我因我的理想变得过于热切而焦急：它常常令我喘不过气。所以我不得不去广阔的大气中去，逃离所有封闭的空间。

但是他们冷淡地坐在树荫下：他们希望做一切事情的旁观者，他们不愿坐在那被阳光炙烤的阶梯上。

就如同那些站在道路上凝望着过客的人：他们也这样等待着，凝望着那些别人的思想。

如果有人捉住了他们，那么他们就将不自觉地如面粉袋一般飞洒出一阵灰尘。但是，谁能想到他们的灰尘来源于五谷，来源于那夏日田园里黄澄澄的欢乐呢？

在他们将自己表现得好像很聪慧时，他们那低贱的箴言与真谛总是让我不寒而栗：在他们的聪慧中常常散发出某种好像源自湿地的气味；事实上，我甚至听见了蛤蟆在其中呱呱叫！

他们是精明的，他们有灵巧的手指：我的纯真和他们的圆滑什么相干的呢？他们的手指了解擅长使用针线与缝缝补补，他们就这样制作灵魂的长袜！

他们是精准的时钟：只需小心地给他们校准发条，之后他们就能分毫不差地报时，并伴随着轻柔的滴答声。

他们如磨石和捣杵一样劳作：只需要将谷粒放入他们之中，他们就知道怎样将谷粒磨得细小，而且从中磨出雪白的面粉。

他们以犀利的双眼彼此偷窥，互不信任。他们在玩弄小花招上有一定的天分，他们如蜘蛛一般地等候着缺少文化的人。

我常常看到他们小心地制作毒药,他们常常在手掌上戴上足以保护自己的玻璃手套去制作。

他们也了解怎样抛出假骰子;他们耍得是那样迫切,以致他们都大汗淋漓了。

我跟他们之间很生疏,他们的道德甚至比他们的虚伪和假骰子更让我感到恶心。

在我和他们同住时,我总是住在他们的上方。所以他们对我有一定的恨意。

他们不愿意听见有人在他们上方走动,所以他们在我和他们的头顶之间摆放了木柴、烂泥与破烂。

就这样,他们让我行走的声音变小、消失了,所以直到现在,那些最有文化的人也没听过我的演说。

人类的全部缺点与懦弱全让他们取来摆放在我和他们中间——他们称这为他们房屋的"虚假的天花板"。

但是,不管怎样,我仍然怀着我的思维走在他们的头顶,即便我可能踏着我自身的过错行走,但那依然在他们的头顶之上。

因为人与人之间是不平等的,正义这样道。可我所志在必得的,他们并不一定愿意去做!

查拉图斯特拉如是说。

三十九、诗人

"自从我更深刻地了解了身体之后,"查拉图斯特拉向他的一个圣徒道,"灵魂于我而言已只是某种象征意义上的灵魂;而一切不朽也只是一个比喻。"

"我之前已经听你讲过这些了，"这个圣徒答道，"那时你还补充了一句：'但是诗人太爱扯谎了。'你为什么要说诗人爱扯谎呢？"

"为什么？"查拉图斯特拉说，"你问为什么？我最不喜欢被人追问为什么。

"难道我的领悟仅是今天才获得的吗？实际上，我的领悟已经在很长的时间里经受住了考验。

"假如我将我的原因时刻带在身边，那我岂不是必须得成为一个回忆的桶吗？

"于我而言，我无法保存我的想法和理由，它们早像小鸟一样飞走了。

"偶尔，我也会在我的鸽笼中发现一只流浪的小鸟，于我而言它是很陌生的，它也如此，在我用手摸它时，它不停地发抖。

"但是查拉图斯特拉曾向你说过什么呢？说诗人总是扯谎？但是查拉图斯特拉自己也是一位诗人啊。

"难道你相信他讲的是真理吗？你为什么会相信他呢？"

圣徒答道："我信奉查拉图斯特拉。"但是查拉图斯特拉微笑摇摇头："信奉无法将我圣洁化，"他道，"起码对我自身的信奉是这样的。"

"然而，假如有人严肃地说诗人总是扯谎，那他其实是正确的——我们真的扯过太多的谎。

"我们懂的知识非常少，并且全是拙劣的学习者，所以我们不得不扯谎。

"我们诗人中哪一个在他的酒中掺水呢？很多有毒的物质就是在我们的地洞里配制出来的：很多无法想象的事情就在那里发生。

"因为我们懂的知识非常少，所以我们发自肺腑地热爱灵魂穷困的人,尤其是那些愚蠢的年轻女子!

"我们甚至还渴求那些事情,那些老妪在黑夜中彼此交谈的事情。我们称那是我们身上永恒的女性气质。

"仿佛存在一条获取学识的特别神秘的道路,可那些有学识的人却不得其道,所以我们相信了大众及其'智慧'。

"但是,这是所有诗人一致认为的:无论谁睡在草坪上或者静僻的坡地上,只要把耳朵竖起来聆听,他都能听到这片天地之间发生的事情。

"而且,如果诗人们自身产生了一些温馨的情感,那么他们就会认为是大自然爱上了他们。

"他们认为大自然在他们的耳边喃喃地说了一些情话,并向他们倾吐了秘密:他们对此感到激动并自豪——在一切世人面前!

"啊,这片天地之间发生过这么多的事情,只有诗人们曾梦见过!

"特别是那些天上的事情:因为一切神祇全都出自诗人的想象,他们是诗人的创造。

"事实上,我们总是被引诱至高处——换而言之,引诱至云朵的国度:我们在那里放置我们那些虚有其表的木偶,然后把他们叫作上帝和超人。

"他们难道没有轻巧到足以堪当此任吗!这些上帝和超人啊!

"啊,这些被众人认为真实存在的虚幻的东西们啊!我是多么讨厌那些诗人们!"

在查拉图斯特拉如此讲完后,他的圣徒们虽然感到义愤填膺,但也并没有说什么。查拉图斯特拉也一言不发,他的双眼向内凝视着他自身,就如同在凝望远处一样。最终,他叹了一口气说道:

"我属于今天和昨天,但是我身上也存在某种东西,它们属于明天、后天和遥远的未来。

"我讨厌诗人，无论新派诗人还是旧派诗人。他们所有人于我而言都太过浅薄了，他们是没有深度的浅海。

"他们没有能力向内进行深度的思考，因为他们的感情没有触达心底。

"有几分淫乐，有几分苦恼：这些到现在为止就是他们做过的最佳的思考。

"在我看来，他们演奏竖琴简直就是在乱弹琴，到现在为止他们也根本不明白到底什么是音调中的激情！

"他们于我而言也不够纯真，他们把他们的水搅浑了，以使它看起来稍显幽深。

"他们喜欢伪装成为矛盾斡旋的人，但是他们在我眼中不过是中间人、搅局人和污秽的人。

"啊，我将我的大网撒进了他们的海洋中，我想捉回一些好鱼，但我却总是捞上来一些古老的上帝的头颅。

"海洋为饥饿的人提供了一个石块，就好像他们自己也来自海洋。

"自然，众人从他们身上寻到了珍珠，这使他们更像有着坚硬外壳的蚌类了。我常常在他们身上寻到一些苦咸的淤泥，而并非灵魂。

"他们还从海洋中学到了它的虚浮：海洋难道不是所有孔雀中的最虚荣的那只孔雀吗？

"所以，即使在最丑陋的水牛跟前，它都会开屏；它对自己那由银丝织成的花边扇从不感到厌烦。

"水牛在那里蔑视地瞧着一切，它的灵魂接近沙漠，更接近灌木，但是，最接近的是泥潭。

"于它而言，美、海洋和孔雀的彩屏又算得了什么呢！我将这个寓言故事讲给诗人们听。

"事实上，他们的灵魂本身就是最虚荣的孔雀，是虚浮的海洋！

"诗人的灵魂一直在寻找着观众——即便观众只是一些水牛!

"但是我早已讨厌这样的灵魂,我感觉到,诗人们对自己生出厌恶的日子就要降临了。

"对啊,我也曾见过诗人们的改变,他们的目光回望到了他们自己身上。

"我看到灵魂的忏悔者出现了,他们来自诗人。"

查拉图斯特拉如是说。

四十、重要事情

海洋中存在一座小岛——距查拉图斯特拉的幸福岛比较近——那里有一座火山常常冒出浓烟;岛上的大众,尤其是他们之中的那些老妪,都说这岛是被当成地狱门前的一个石块被摆在了这里;然而,顺着这火山有一条窄小的小路在向下延伸着,它就是通往地狱的门。

当查拉图斯特拉居住于幸福岛时,有一只船在那高高屹立着的火山旁抛锚了,于是,水手们上岸去捕捉野兔。但是,临近中午,当在船长与他的下属重新集合在一起时,他们猛然见到一个人正穿过一片空地朝他们走近,一个声音清楚地道:"到时间了!这最关键的时间到了!"但是,在这个人靠得他们很近时,他又快速地飞走了,如一个影子一般掠过,朝着火山的方向飞去。人们认出了那正是查拉图斯特拉,人们都感到很震惊。因为除了船长以外,其他人之前都曾见过查拉图斯特拉,他们热爱他,就如世间的众人都热爱他一般。热爱和敬重平等地交织在了一起。

"瞧!"老舵手道,"查拉图斯特拉向地狱走去了!"

这些海员们刚刚登陆火山岛,他们就听说了查拉图斯特拉失踪了的消息;查拉图斯特拉的朋友们被问到此事时解释说,查拉图斯特拉在夜色中乘船离去了,并且没有告诉别人他去了什么地方。

这让人们感到不安。但是,三天之后,水手们说出了自己亲眼看到的飞人故事,这更加剧了人们的不安——因此,所有人都说恶魔捉走了查拉图斯特拉。但是,对于这样信誓旦旦的观点,查拉图斯特拉的圣徒们捧腹大笑,他们其中的一个甚至说:"我宁愿相信是查拉图斯特拉捉走了恶魔。"但是,他们内心仍充满了焦虑和期待。所以,当第五天查拉图斯特拉出现他们中间时,他们欣喜若狂。

这是关于查拉图斯特拉和火犬见面时谈话的记录。

他说,大地有一片皮肤,这片皮肤得了很多疾病。比如,这些疾病中有一种被称作"人"的疾病。

还有一种疾病被称作"火犬":关于它,人类曾经进行极端的自我欺骗。

为了探究这个秘密,我横渡了海洋。事实上,我已经见过了赤条条的真理,它从脚到脖子一丝不挂。

现在,我明白了关于火犬的真相,同时也明白了那些让老妪感到恐惧的所有极具毁灭性的恶魔的真相。

"到我这里来,火犬,从你的深渊中出来!"我大叫道,"直白地告诉我那里有多深吧!你所喷出的火焰到底是从哪里来的呢?

"你大口地喝着海水,暴露出你那苦咸的辞令!事实上,你这个藏在深渊中的火犬,你从地表吸取了过多的养分!

"我最多将你视为这片土地上的口技演奏者。在我听见那极具毁灭性的恶魔开口说话时,我总觉得他们跟你一样苦咸、虚伪、肤浅。

"你们知道怎样怒吼,知道怎样利用尘土来隐藏自己!你们是自负的能手,十分了解让尘土浮起的手法。

"无论你们居住在哪里,那附近一定存在糟粕,还有那许多松软的、空洞的、被挤压着的污垢:它渴望得到自由。

"'自由',你们急切地怒吼着。但是当许多怒吼和黑烟绕着它们时,我丢失了对'重要的事情'的信奉。

"相信我吧,你们这些鬼哭狼嚎的朋友!重要的事情从来不会发生在最喧哗的时刻,它们一定发生在最平静的时刻。

"这世界并不是环绕着新的喧哗制造者旋转,而是环绕着新的价值制造者旋转;它无言地转动着。

"承认吧!当喧哗与浓烟散去,你们常常一事无成。假如一座城市变成一具木乃伊、一座雕像瘫坐在烂泥之中,这又算什么事呢?

"我继续把这些讲给那些抛弃雕像的人听:最大的愚昧都比不过将盐投入海洋,将雕像扔入烂泥。

"雕像倒在你们轻视的烂泥中:但这就是它的生存之道,在轻视中,它的生命和鲜活的美得到了再生!

"现在,它用更加圣洁的样子站立着,用其灾难作为钓饵!事实上,它会感激你将它离弃,你们这些毁坏者!

"但是,我还要将这个忠言讲给君王与教堂听,讲给一切年老与道德衰弱的人听——让你们自身被离弃吧!希望你们重新轮回生命,希望道德——惠临于你们!"

我对火犬这样道。之后,它阴森地打断了我,并问道:"教堂?那是什么?"

"教堂?"我答道,"那是另一种形式的国家,它真的是最伪善的那一类。但是保持安静,你这虚伪的狗!你自然最明白你自身的种族!

"宗教就如同你一般,是一条虚伪的狗;它跟你一样喜欢在讲话时发出怒吼,喷出黑烟。为了获得人们的信任,它如你一样,总是讲出东西的内在。

"它挖空心思地企图成为这片土地上最重要的猛兽,而大众也这样认为。"

在我讲完这些时,火犬因为忌妒而变得极端嚣张。"什么?"它大叫,"这片土地上最重要的猛兽?并且大众也这样认为?"那么多的烟雾与恐怖的叫声从它的咽喉中喷发出来,这甚至让我认为它马上就要因为愤怒与忌妒窒息而死。

最终,它安静下来了,它的喘气声也暂息下来。但是,一见它安静下来,我便笑着道:

"你生气了,火犬。看来,我对你的评估是对的!

"为了证明我的评估是正确的,请听下另一条火犬的往事吧,那是这片土地真正的心声。

"它呼吸出来的是金条和金豆:它内心是如此期待。灰尘、浓烟和炎热的炉渣于它而言又算得了什么呢!

"笑声从它身旁飞过,像多彩云朵。它讨厌你们的喉咙发出的呼噜声,讨厌你们吐口水,讨厌你们拉肚子!

"但是,金子和欢笑——这些就是他从这片土地的内心取出的:因为你们要了解这些——这片土地的内心就是由金子构成的。"

在火犬听到这些话时,它再也无法一直听我讲下去了。它惭愧地夹着尾巴,慌乱地叫了两声"汪汪",就向下钻进它的洞穴中去了。

查拉图斯特拉这样讲述着。但是,他的圣徒们简直无法听他详述——他们按捺不住地想告诉他关于船员们、恶魔还有飞行之人的事。

"我该对这件事说些什么呢?"查拉图斯特拉道,"我难道真的是一个鬼影吗?

"但是,它或许是我的影子。你们一定听说过关于流浪的人和其影子的事情吗?

"但是,有一件事件是确定的:我一定得紧紧捉住它,不然它会摧毁我的名望。"

查拉图斯特拉又一次疑惑地摇摇头:"我该对这件事说些什么呢?"

他又道:

"恶魔为什么能够大叫:'到时间了!这最关键的时间到了!'

"究竟是做什么的最关键的时间呢?"

查拉图斯特拉如是说。

四十一、先知

"我看到一种庞大的悲伤降临在人类身上,就连最优秀的人都讨厌他们的劳作了。

"一种教义涌现了,一种忠贞追随着它:'万事皆虚无,万事皆相同,万事皆过往!'

"自群山之中响起了这样的回声:'万事皆虚无,万事皆相同,万事皆过往!'

"毫无疑问,我们曾收获过,但是,为什么我们的果实已经腐烂?昨夜自邪恶的月亮上落下来的是什么呢?

"我们的所有工作统统白做了,我们的美酒变成了毒药,邪恶的目光烧焦了我们的原野与内心。

"我们统统变得枯萎了,火花掉在我们身上,我们化为灰烬一般的尘土。是啊,我们曾经也使火疲倦不堪。

"所有的泉水都已干涸,甚至连海平面也在下落。整个地面都会裂开,但是深渊却什么都不愿吞噬。

"'哎呀!哪里还存在能淹死人的海洋呢?'我们悲伤的叹息声这样回荡着——越过浅浅的泥潭。

"事实上,我们甚至都已厌倦死亡,如今我们在坟墓中保持清醒,苟且偷生。"

查拉图斯特拉曾听一个先知如是说;这个预言触动了他的内心并改变了他。他悲伤地四处彷徨,疲劳不堪;他变得跟先知所讲的那些人一般无二了。

"事实上,"他向其门徒道,"时间不多了,长久的夜晚就要来临了。唉,我该如何保护我的火种越过漫漫长夜啊!

"但愿它不要在这悲伤中熄灭!于遥远的世界而言它会是一种光明的存在,于长久的夜晚而言也是同样的!"

查拉图斯特拉就这样怀着内心的悲愁四处彷徨,整整三天时间,他不吃不喝,没有休息,也不言语。最后,他终于陷入了酣睡。可是,他的门徒却站在他的身边彻夜守候,他们急切地等着,想看他是否还能醒来,是否还能再次说话,是否会从他的痛苦中走出。

以下就是查拉图斯特拉苏醒来后所讲的话,但是,他的声音在他的门徒们听来仿佛是从远方传来的:

"我请求你们听我讲完,我的朋友们,请听听我的梦境,帮我猜测它的寓意!

"这个梦于我而言就是个谜团,寓意被隐藏在其中并被关了起来,它不能借助自由的翅膀挣脱桎梏。

"梦里,我和所有生命隔绝起来。在那高处,在死亡荒芜的盗窟中,我变成了打更人和看墓人。

"我在那里守护着那么多坟墓,黑暗的墓洞中放满了战利品。那些逝去的生命透过玻璃棺凝望着我。

"我喘息着,被迫呼吸着封闭的永恒的气味,酷热与封闭让我的灵魂感到窒息。谁能在那里让自己的灵魂透口气呢!

"午夜的亮光一直环绕着我,孤单也在午夜中纠缠着我;那第三个是死一般的沉寂,它是我最糟糕的女性朋友。

"我拿着钥匙——所有钥匙里锈得最厉害的那把,我知道怎样用它打开所有门中吱吱作响的最厉害的大门。

"在门扇打开的时候,声音如同一声悲伤而愤怒的乌鸦的鸣叫穿过长廊——这只鸟野蛮地大叫着,它苏醒时并非心甘情愿。

"但在它重新变得缄默、当四周重归安静时,我孤单地坐在那险恶的沉寂中,一切都变得更加恐怖了,这让我的内心更加悲苦。

"时间就这样从我身旁溜走,假如还存在时间的话,对于它我又了解什么呢!但是让我惊醒的事情还是发生了。

"轰隆声在门前如雷声般响起了三次,墓洞中也传出三次很大的回声,之后,我朝着门走去。

"'啊!'我大喊着,'是谁把他的骨灰搬到山上来了?啊!啊!谁把他的骨灰搬到山上来了?'

"我插入钥匙,使尽力气推着门,但是它并没有被打开一丝缝隙。

"之后,一阵呼啸的狂风推开门扇,它吼叫着、盘旋着,抛给我一个黑色的棺材。

"在怒吼、呼啸与尖叫声中,棺材崩裂了,千百种笑声从棺材中涌出。

"小孩、天神、猫头鹰、智障者,还有那巨大的蝴蝶,它们编织出千百种鬼脸朝我大笑、讥讽和怒吼。

"我被吓得胆战心惊,我害怕地拜倒在地上大声喊叫——我之前从来没有这样喊过。

"但是，我自己的大喊大叫吓醒了我——我终于恢复了意识。"

查拉图斯特拉这样讲述着他的梦，之后陷入沉思：因为到现在他还不明白该怎样去解释这个梦的寓意。但是他最喜欢的那个门徒快速站了起来，他抓着查拉图斯特拉的手说道：

"你的生活本身已经向我们解释了这个梦境，哦，查拉图斯特拉！

"你难道不正是那尖厉地咆哮着的狂风吗？打开了死亡城堡的大门！

"你难道不正是那口黑棺吗？充斥着生活的多种罪孽和天神丑陋的鬼脸！

"事实上，查拉图斯特拉正如千百个孩子的笑声，踏入了所有的坟墓，讥笑那些打更人和看墓人，还有那些将生锈的钥匙搞得叮当响的人。

"你的笑声会恐吓并击倒他们，昏睡和苏醒将呈现你凌驾于他们之上的能量。

"在悠长的夜晚降临时，在极致的疲劳侵袭时，你也不会从我们的世界里消失，你这生命的拥戴者啊！

"你曾经让我们见到了全新的星空和暗夜的灿烂。事实上，你曾经将笑声洒在我们的头顶——如一朵斑斓华丽的云彩。

"现在，孩子们的笑声从棺材里不停地溢出；现在，一阵疾风将持续袭来，它战胜了那极致的疲劳。于我们而言，你就是这风的守护者和先知！

"毫无疑问，你梦见的是你的仇敌，那是最令你痛苦的梦境。

"但是，就如你从他们那里苏醒并恢复意识一样，他们也应该唤醒他们自己——并且来到你这里！"

那门徒这样道。之后，所有其他的人统统围聚在查拉图斯特拉四周，他们拉着他的手，试图劝说他离开他的床笫，摆脱他的伤感，重回于他们中间。但是，查拉图斯特拉笔挺地坐在自己床上，眼神呆呆的。他就如同一个从国外游玩了太久刚刚回来的人一般，瞧着他的门徒，端详着他们的样子——但是他依然没有认出他们。但是，就在他们扶起他时，瞧啊，刹那间，他的双眼发生了变化，他明白了刚刚发生的所有的事情，他触摸着自己的胡子，用一种铿锵有力的声音说：

"对了！是时候了！我的门徒们，我们将有一顿丰盛的大餐，快点让我们共进美餐吧！我想用这样的方式弥补那噩梦给我造成的疲劳！

"但是，那先知应该坐在我的身边跟我共享美餐——事实上，我要指给他一片足以让他淹死自己的深海！"

查拉图斯特拉如是说。之后，他久久凝望着那个成为解梦者门徒的面容，随后摇了摇头。

四十二、拯救

一天，当在查拉图斯特拉行走在桥梁上时，残疾人与乞讨者围着他，一个驼背的人对他这样道：

"瞧吧，查拉图斯特拉！大众接受你的教导，忠于你的教义，但是，为了让他们全身心地信奉你，你还必须做一件事——你必须说服我们这些残疾人！现在，你有一个不错的选择，事实上，这是一个千载难逢的时机！

"你能够医好盲人，能让跛子跑起来，你也能够为那些肩负重担的人减轻负担——我觉得这是让残疾人信奉查拉图斯特拉的最好的方式！"

但是，查拉图斯特拉这样回复了那讲这些话的人："若你矫正了驼背者的身躯，那相当于剥离了他的灵魂；若你让盲人重见光明，那当他见到这世间的丑恶，他会咒骂那医好他的人；若你能让跛子跑起来，那会对他造成很强的伤害，因为，每当他跑起来，他的罪恶就会从他身上跑出来——这些就是人们对于残疾人的看法。当大众从查拉图斯特拉那里接受教导时，为什么查拉图斯特拉不也从大众那里接受教导呢？

"但是，自从我来到人类中间，我见到有的人少了一只眼，有的人少了一只耳朵，有的人少了一条腿，还有的人少了舌头，少了鼻子，甚至有人少了脑袋，但这些于我而言都是不值一提的事情。

"我见过比这些更糟糕的事情——各种丑陋而恐怖的事情，我不愿意事无巨细地去讨论这些事情，但我也不愿意就其中的某些事情继续缄默：有的人占有某样东西过多，但其余全缺。比如，有人的有一只很大的眼睛，有一张很大的嘴巴，有一个很大的肚子，或是另外一种很大的东西——我称这样的人为反面的残疾人。

"当我从我的孤单中走出，首次通过这座桥时，那时我几乎无法相信我的双眼。我再三地观望，最终道：'那是一只耳朵！一只和人一样大的耳朵！'我更加专注地凝望——真的，在耳朵下面有一个弱小的、可怜的东西在移动。这只巨大的耳朵竟然插在一根小小的棒状物上——而这个棒状物正是一个人！

"若是将镜片放到眼睛前仔细观看，你甚至能在这个人身上看见一张小小的充满忌妒的脸，还可以看见一个傲慢的灵魂在这棍状物的一端摇摆。

"但是，请告诉我，我的朋友们，那只巨耳，不只是一个人，还是一个圣人，一个英才。

"但是，在大众讨论圣人时，我绝不信任他们——我恪守着我的信仰：它是一个反面的残疾人，他占有某样东西过多，但其余全缺。"

在查拉图斯特拉对那驼背的人和拥护驼背人的所有人这样讲完时，他就带着沉重的忧郁转头对着他的门徒道：

"事实上，我的朋友们啊，我在人群中行走，就如同行走在人类的断肢残骸中一般！

"这于我的眼睛而言是件恐怖的事情，我看到人体支离破碎，我如同走进了战场，又如同来到了屠宰场。

"在我的双眼从现在观望过去，它所看到的都是相同的东西：断肢残骸和恐怖的偶遇——唯独看不到人类！这片土地的现在和过去——啊！我的朋友们——那正是我的最无法容忍的沉重负担：假如我能预见未来，我将不知道如何活着。

"一个先知，一个有信念的人，一个创造者，一个未来本身和一座通往未来的桥梁——唉！以及站在这桥上的残疾人，这所有的一切都是查拉图斯特拉。

"你们也常常自问：'于我们而言，谁是查拉图斯特拉？他应当被我们称作什么呢？'你们会不会也跟我一样自问自答？

"他是一个爱给出承诺的人吗？还是一个善于履行诺言的人？他是一个获胜的人吗？还是一个承袭的人？一个收获者吗？还是一个耕作者？他是一名医生？还是一名患者？

"他是一位诗人吗？还是一位实在的人？他是一个解救者？还是一个服从者？他是一个善良的人？还是一个罪恶的人？

"我在人群中行走，就如同行走在人类的断肢残骸中一般：这未来正是我所能预见的。

"这是我全部的遐想和热切的期盼：我想将那些残片与谜团还有那恐怖的偶遇全聚集起来组装成一个统一的整体。

"我怎么能容忍成为一个人类——假如人类无法既是组装者，又是解惑者，并且是偶遇的诠释者！

"拯救过去，将每一个'过去是这样的'变成'我让他变成这样'——这才是我所谓的救赎。

"意志——这是解救者与传递喜讯者的名称，我曾这样教导你们，我的朋友们！但是你们还需要了解这些：意志本身还是个阶下囚。

"意志能带来解救，但是若那解救者仍被置于锁链的束缚中，那我们又该怎样称呼这种行为呢？

"'过去是这样的'，这是意志恨之入骨的东西，也是意志最孤单的痛苦。对确定的事情束手无策——意志对于所有过去的事情来说是一个满含歹意的看客。

"意志无法改变过去，它无法战胜时间和时间的贪欲——那就是意志最深沉的痛苦。

"意志能带来解救：意志本身想要获得自由，它究竟该怎样做才能摆脱苦难并讥笑曾经束缚它的牢笼呢？

"啊，每一个囚犯都是笨蛋！被囚禁的意志也在笨拙地解救着自己。

"时间无法倒流——这就是意志的愤恨；'事已至此'——这就是意志无法移动的石块。

"它因憎恨与恼怒而推动那些石块，以此对那些不能跟它一样发怒的人报仇。

"于是，意志这个解救者就成了一个作恶者；它对一切可以忍受苦难的人实施复仇。

"是的，就这样报复：这是意志对时光和'过去是这样的'的憎恨。

"事实上，我们的意志里栖身着一个愚蠢的念头；这个念头了解精神，这简直成了对所有人性的咒骂！

"报复的精神——我的朋友们，现在为止那是人类最佳的思考。

哪里存在苦难和折磨,哪里就存在惩罚。

"'惩罚',报复这样自我命名。它用谎言欺骗良知。

"拥有意志的人因不能逆转意志而痛苦,于是意志本身能和一切生命都被认为是惩罚!

"所以,黑云连接着黑云翻腾在灵魂之上,直到疯狂最后发声:'一切终将灭亡,一切理应灭亡!'

"'这就是时间的规则,时间的规则就是——它一定会吞噬它的孩子。'疯狂这样呐喊着。

"'万物统统在道德上依照正义和处罚加以排序。哦,究竟哪里才是将世间万物从处罚中解救出来救赎呢?'狂妄这样说着。

"'如果存在永久的正义,还能存在解救吗?唉,'过去是这样'这个石块是无法被推动的,必须让所有的惩处成为永恒!'疯狂这样说着。

"任何行为都无法消失:它怎么能够因处罚而彻底消失呢!生存中永远存在处罚,生存中永远重复着行动和处罚!"

"只有意志最终可以实现自我拯救,否则意志就会变成无意志——然而,我的朋友们,你们都理解疯狂所说的这首寓言。

"我曾带你们远离这寓言,我教育你们:'意志是一位创造者。'

"所有的'过去是这样的'曾经全是残片、谜团还有那恐怖的偶遇——最后创造性的意志补充道:'然而我希望它是这样的。'

"最后创造性的意志补充道:'我希望它现在是这样的,我更要它以后一定是这样!'

"但是,它真的这样讲过吗?这是什么时候发生的事?意志已经从他自身的桎梏中将自己解救出来了吗?

"意志已经成为它自己的解救者与传递喜讯的人了吗?它已经忘却了那复仇的精神和那深刻的仇恨了吗?

第二卷 | 145

"谁是教导它要和时光和解,谁是教导它还有一种比和解更高级的事物呢?

"权势意志教会它比所有和解更高级的事物——但是那是如何出现的呢?是谁教导它逆转意志呢?"

在说到这些的时候,查拉图斯特拉猛地停了下来,他眼神中带的恐惧看着他的圣徒们。他的眼光如箭一般洞穿了他们的思维,以及思维之后的东西。但是不久之后他又笑起来了,并且平和地说:

"和人类一起居住是很麻烦的,因为保持缄默太难了——尤其对于一个喜欢讲话的人。"

查拉图斯特拉如是说。

那个驼背的人听完这些话后原本捂起了脸。但是在他听见查拉图斯特拉的笑声时,他惊奇地抬起了头,并慢慢地说:

"但是,为什么查拉图斯特拉跟我们讲的和向他的圣徒们讲的有所不同呢?"

查拉图斯特拉答道:"那有什么奇怪的!对驼背的人说话就应该用驼背的方式啊!"

"非常棒,"驼背的人道,"学生就应该讨论学校中的事情。"

但是,为什么查拉图斯特拉对他的圣徒们讲的和向他自身讲的有所不同呢?

四十三、人类的智慧

高处并不恐怖,恐怖的是斜坡!

人在斜坡,眼光向下瞧着,手却向上攀爬着。在那里,内心由于它的双重意志而头晕目眩。

啊，朋友们，你们也猜到了我内心的双重意志吗？

这里，这里是我的斜坡与我的困境。我的眼光瞧着高峰，然而我的手掌却想抓住并依附深谷！

我的意志紧贴人类，我用链条将自己和人类绑在一起，因为我被向上推往超人的位置，所以我的其他意志也偏向于那边。

所以我冲动地和人类共同生活在一起，仿佛我并不了解他们——以期望我的手掌不会彻底失去关于笃定事物的信念。

我不了解你们这些人类：这种黯淡和安慰常常延伸于我四周。

我坐于要塞之上，等待每一个痞子上前并发问："你们当中的谁想要愚弄我呢？"

这是我的第一种人性的智慧，我准许自己上当，以便让自己无须时刻戒备遭受欺诈。

啊，假如我总是对人类充满戒备，人类怎么能够成为约束我这气球的大铁锚呢！那样我将很容易被拉上去并跟人类分开。

这是我的宿命，而我却没有先见之明。

若有谁不愿意在人间渴死，那他就一定要掌握从杯子里饮水；若有谁想在人类中维持干净，就一定要掌握用脏水洗涤自身的方法。

我常常这样安慰自己："大胆一些吧！兴奋一些吧！我这老去的心灵哟！苦难并没有光临在你身上，所以尽情享受你的快乐吧！"

但是，这是我的另一种人性的智慧：相比虚荣的人，我更能容忍高傲的人。

受到伤害的虚荣心难道不是所有悲伤的源头吗？但是，高傲在哪里受伤，哪里就会产生一种比高傲更强大的东西。

生活要想精彩，那它就必须得演得好；而要想演得好，它就需要很棒的演员。

我发现虚荣的人都是很好的演员：他们表演着，而且期待大众喜欢看他们的表演——他们所有的灵魂全在期待着这个。

他们展示自我，他们觉察自我；我喜欢在他们身边注视生命——这能够医好忧愁。

我能够容忍虚荣的人，因为他们是医好我低落情绪的医生，他们将我和人类捆绑在一起，就如同和一出戏剧捆绑在一起。

究竟谁能猜测出虚荣之人身上那份谦虚的深度呢！我赞许他们，对他们的谦虚深表同情。

他们能从你们身上学到对自我的信奉；他们把你们的目光当成食粮，他从你们的掌声中采食赞美。

当你们带着赞扬向他们扯谎，他一定会肯定你们的谎言：因为他们的内心深处也总是在叹息："我究竟算什么呢？"

假如真正的美德是不自知的，那么，虚荣的人一定不了解他身上的谦虚！

但是，我的第三种人性的智慧在于：我不能因你们的胆怯而停止对坏人的赏识。

我非常开心能见到温暖的阳光所孵育的奇迹：凶猛的老虎、棕榈树还有响尾蛇。

在人类之中也存在一种阳光带来的美好的孵育，在坏人中也存在很多奇异的事情。

真的，你们中最聪明的人在我看来也并不怎么聪明。我还发现人类的罪恶并没有我们想象的那么多。

我不时摇着头问道："你们这些响尾蛇为什么要咝咝作响呢？"

事实上，即使是罪恶也有未来！即便是人类也尚未找到最温和的南国。

现在，有多少东西被称作最邪恶的罪恶？可它其实只有十二尺的宽度、刚刚出生三个月而已！但是在未来的其一天，更庞大的巨龙将光临这个世界。

超人不能缺少他的巨龙，所以这巨龙要想跟超人相匹配，这世间就一定存在很温和的阳光照耀着的湿润的古老丛林！

你们的野猫一定会进化成凶猛的老虎，你们的毒蟾蜍一定会进化成鳄鱼：因为优秀的猎手必须有好的猎物。

事实上，你们这批善良正义的人！在你们身上的确有许多让人讥笑的地方，尤其是那些你们关于对"罪恶"事物的恐惧！

所以在你们的灵魂中，你们对于崇高的事物是感到陌生的，于你们而言，即便是超人也会因其仁慈而变得可怕！

你们这些聪明而有学问的人啊，你们将从智慧的光芒中离去，而超人则一丝不挂地在那里沐浴！

你们这些走进了我的视线的上等人啊！这正是我对你们的怀疑和窃笑，我猜你们会将我的超人称作恶魔！

啊，我讨厌那些最崇高最优异的人类们：我期待着从他们的"高处"飞升，飞得更高更远，奔向超人！

在我见到那最优异的人们一丝不挂的时候，某种恐惧冲击了我的灵魂：我的后背生出了翅膀，我要飞向那遥远的未来世界。

去更加遥远的未来，去更加遥远的南国。那里超越了艺术家的想象：那里，诸神皆因穿衣而感到羞耻！

但是，我的邻居们和我的朋友们，我希望见到你们衣着光鲜，令人尊敬，就如同那些"善良正义的人"一样。

我也会假装我自己位于你们之间——让我能够分不清你们和我自己：那就是我最后一种人性的智慧。

查拉图斯特拉如是说。

四十四、最寂静的时刻

我到底是怎么回事,我的朋友们?你们看到我被烦恼困惑,被驱赶向前,不情愿地顺从着,随时准备离开——唉,离开你们!

对啊,查拉图斯特拉必须重新归隐到他的孤单中去:但是,这一次,这头熊却是郁郁寡欢地回归到他的巢穴!

我到底是怎么了?是谁在给我下命令?——啊,我那愤怒的女主人希望我这样做,她曾对我这样说过。我曾告诉过你们她的名字吗?

昨天傍晚我的最寂静时刻跟我说话了:这就是我最害怕的女主人的名字。

事情是这样发生的——我一定要告诉你们这一切,使你们不至于对我这个猝然离去的人变得铁石心肠!

你们了解那熟睡的人的恐惧吗?

他全身恐惧到了极点,因为大地从他身下裂开,梦境开始了。

我用寓言故事的形式来对你们讲述这些。昨天,最寂静的时刻这片土地从我身下裂开:梦境开始了。

指示针转动着,我生命的钟表大口喘息着——我感受过这样的寂静,所以,我内心开始感到恐惧了。

之后,无声的语言向我讲话:"你了解它吗,查拉图斯特拉?"

听见这句细语,我惊慌地大喊起来,面色惨白。

之后,那个无声的语言又向我讲话:"你了解它,查拉图斯特拉,然而你并没有讲出过它!"

最终,我回答了,用一种挑衅的声音:"是的,我了解它,然而我这是不愿意去讲它!"

之后,那个无声的语言又对我道:"你不愿意吗,查拉图斯特拉？这是事实吗？请不要装出反抗的样子！"

我像一个孩子一般哭着并且发起抖来，说道："啊，实际上我是想讲出来的，但是我怎么才能办到呢？饶过我吧！这超过了我的能力范围！"

之后，那个无声的语言又对我道："这跟你有什么关系呢，查拉图斯特拉？讲出来吧，然后去受死！"

我答道："啊，把话讲出来吗？我是谁呢？我在等候着更优秀的人，我甚至都配不上因他而死。"

之后，那个无声的语言又对我道："真能怪你吗？于我而言你还不够谦卑。谦卑有着最强韧的皮囊。"

我答道："我谦卑的皮囊还有什么不能承受的！我住在我的高山脚下，我的山峰有多高？没有人曾告诉过我。但是我非常了解我的谷底。"

之后，那个无声的语言又对我道："哦，查拉图斯特拉，那不得已搬动山脉的人也不得已搬起了谷底与原野。"

所以我答道："到今天为止，我的学说还无法搬动山脉，我所讲的话还没有被人类全部接受。我的确走向了人类，但是我还没能抵达他们那里。"

之后，那个无声的语言又对我道："对这些你都知道些什么呢？露珠总是在深夜里最寂静的时刻落于小草上。"

我回复道："在我寻得并且踏上我自己的道路时，他们讥笑我，所以我的脚步肯定是颤抖的。他们这样对我道：'你之前忘掉了这条路，现在你竟然还忘掉了怎样走！'"

之后，那个无声的语言又对我道："他们的讥笑算什么呢？你是不再臣服他们的人，现在，你应该下达命令！

"你难道不了解吗？谁是世人最需要的人？谁是能统领伟业的人？

"成就伟业是艰难的，但是更艰难的事情是统领伟业。

"这是你无法饶恕的顽固：你拥有权力，然而你却不愿统治。"

所以我答道："我缺少发号施令所必需的怒吼。"

之后，那个无声的语言又在我耳边细语："最安静的言语总是携着狂风而来，鸽子的细步所携来的思维能统领天下。

"哦，查拉图斯特拉，你应当成为一个将要降临的影子：你会这样发号施令，并在发令时身先士卒。"

我回复说："我很羞愧。"

之后，那个无声的语言又对我道："你一定要变成小孩才能变得毫不羞愧。

"年少的自豪仍旧留存在你身上，近来你越来越年轻了，但是要想变成孩子，你就一定要超越自己的青春。"

所以我思考了很久时间，浑身颤抖着。但是，最终我讲出了我最初所说的话："我不愿意。"

接下来，一阵大笑在我身边爆发出来。唉，那大笑狠狠地撕裂了我的小腹，刺进了我的心脏！

之后，那个无声的语言最终对我道："哦，查拉图斯特拉，你的果实成熟了，但是比起你的果实，你却还没有成熟！

"所以，你必须重新归隐到你的孤单中去：因为你还应该变得更成熟点儿。"

又来了一阵大笑，接下来又消失了，此时我的四周变得安静起来，比之前还要安静得多。而我平躺在地上，汗流浃背。

"现在你们听到了这一切，知道我必须重新归隐到我的孤单中去的原因了吧？我推心置腹地对待你们，我的朋友们。

"我甚至连这些都告诉了你们，我这最缄默的人，我这最愿意保持缄默的人！

"啊，我的朋友们！我应该还有更多想对你们讲的！我应该还有更多想赠予你们的！为什么我没有讲述、没有赠予呢？难道我是个小气鬼吗？"

但是，在查拉图斯特拉讲完这些时，强烈的悲痛和即将离开朋友们的悲伤让他感到痛苦，所以他大声痛哭着。没有人知道如何安慰他，于是，在深夜他一个人踏上归途，远离了他的朋友们。

第三卷

四十五、漂泊的人

那时候快到午夜了,查拉图斯特拉急着赶路。他翻越海岛的山脊,以便他可以在清晨赶到对面的海岸。因为他想去那里坐船,那里有一个很好的船埠,外来的游船全都喜欢在那里停泊。那些游船搭载着很多人,那些期待离开幸福岛去漂洋渡海的人。

在查拉图斯特拉登山时,他边走边回想起自己从年少时期到现在的很多次孤单的漂泊,想起他曾攀爬过很多山脊、山谷和山峰。

"我是一个漂泊的人、一个攀登山峰的人,"他对他的内心这样道,"我不喜欢平原,我好像无法长期静默地坐着。

"并且,未来无论还会有怎样的命运和经历,其中一定还会存在一场漂泊以及对群山的攀登:最后,人能体验到的只有他自身。

"降临到我身上的机遇早已经逝去了。现在,还有什么好运会降临在我身上——那我从未拥有过的呢!

"它刚才回来了,回到我这里——我的那个自我,它曾长期地在外流浪,分散在万物与偶尔之间。

"还有一件事情我更明白:现在我立于我最后的高峰前,朝着那一直为我保留的东西。啊,我必须踏上我那最艰苦的旅途!啊,我开始了我最孤单的漂泊!

"但是,与我志同道合的人不会回避这样的时刻——这时刻对他说:'现在你只管踏上通往你伟大旅途的道路吧!顶峰和深渊,这些现在统统交错于一起了!'

"你踏上通往你伟大旅途的道路吧:时至今日,你最大的危机已经变成了你最后的庇护所!

"你踏上通往你伟大旅途的道路吧:你背后已再无退路了,这是你最大的勇气所在。

"你踏上通往你伟大旅途的道路吧:这里不再有人尾随你!你的脚印抹去了你身后的道路——那道路上写着:'不可能'。

"并且,假如没有任何阶梯能帮助你攀登,那么你一定要学会利用你大脑的聪明才智:不然你怎么能往上攀爬呢?

"超越你的才智,超越你的灵魂!现在你身上最柔软的部门一定变成了最坚硬的部分。

"那常常过分纵容自己的人,最终会因他的纵容而患病。赞美那些使人变得坚毅的所有吧!我并不赞美那样的领土——黄油与蜜糖在那里流淌!

"要想学会从自己这里眺望远方,那一定要懂得多多观察世界,把目光从自己身上移开——这种品质是每一个攀登山峰的人都必备的。

"但是,作为仁人志士,如果他的目光只纠缠于眼前的事物,那他怎么能见到超过现在这弹丸之地以外的更丰富的事物!

"但是你,哦,查拉图斯特拉,你乐于见到承载众生的这片土地和这片土地的背景:所以,你必须超越你自己,攀登,朝上攀登,直到使星辰都位于你的脚下!

"对啊!俯瞰我自己,甚至俯瞰星辰:那里才是我的顶峰,那里才是为我留存的最后的顶峰!"

查拉图斯特拉在攀登的时候这样对自己说,他用逆耳的忠言安抚他的内心:因为他的内心之前好像从来没有这样刺痛过。在他到达山脊的顶端时,瞧啊,又有一大片海洋于他眼前舒展。他安静地站着,长久地无言。然而,在这高处上面,寒夜澄澈,众星闪烁。

第三卷 | 157

"我明白了我的命运,"最后,他悲伤地说,"好!我准备好了。现在,我最终的孤单开始了。

"啊,我脚下这忧郁而哀伤的海洋啊!啊,这忧郁的夜晚的烦恼啊!啊,命运和海洋!现在我一定要下降到你们中去!

"面临我所站着的我的最高的山峰,面临我最漫长的漂泊,我必须先降落,降落的程度要比我之前曾上升的程度更甚。

"我要下降到更深刻的苦楚里,甚至抵达苦楚那最黑暗的激流里!我的命运这样期待着。好了!我准备好了。

"最高的山峰从哪里来?我也曾这样发问。随后我知道了,它来自海洋。

"证据就雕刻于他们的岩石上,雕刻在他们顶峰的岩壁上。最高的东西必然出自最低的东西,这样才能成就它的高度。"

查拉图斯特拉在冰冷的山脊上这样说。但是,在他走近大海,最终一个人站在断崖绝壁上的时候,他终于感受到了旅途带给他的疲劳以及前所未有的热切。

"'众生还在熟睡,'他说,'甚至大海也在熟睡。它的双眼慵懒地、惊奇地凝望着我。'

"但是它温柔地呼吸着——我感觉到了。我也感觉到它正在熟睡。它躺在硬邦邦的枕头上来回翻滚着。

"听吧!听吧!它在喃喃地抱怨着不幸的回忆!它在哀叹不幸的愿望!

"啊,我和你同样悲哀,你这忧郁的怪兽啊,我甚至因你而对我自己感到愤怒。

"啊,可惜我的双手还没有足够的力气!事实上,我非常愿意将你自噩梦中解救出来!"

在查拉图斯特拉这样说时,他亦含着忧郁与痛楚讥笑着他自己。

"为什么？查拉图斯特拉！"他道，"你竟然还想将慰藉之歌唱给海洋听吗？

"啊，你这宽厚的笨蛋，查拉图斯特拉，你这过于盲从的容易相信他人的人！但是你一向这样：你总是满含信心地靠近所有恐怖的东西！

"每一个怪兽你都喜欢去抚摸。只要能感受到一股温和的气息，只要能从脚掌上看到一丝绒毛，你都会立马高兴地去热爱它，去引诱它。

"爱是那最孤单者的险境，它热爱一切活着的东西！事实上，在这爱中，我那笨拙与谦虚是多么可笑！"

查拉图斯特拉这样道，同时再次开怀大笑。但是，接下来他想起了他所抛下的朋友们——仿佛他的思维侵犯了他们一般，他为自己的思维感到自责。所以，这大笑的人一下子又流起泪来——伴随着愤怒与渴望，查拉图斯特拉痛楚地抽泣着。

四十六、幻象和谜语

1

当船员们听说查拉图斯特拉正在这条船上，并且一个从幸福岛来的人也和他共同坐在这条船上时，这激起了他们极大的好奇心。但是查拉图斯特拉整整两天都静默无言。他显得非常悲伤、冷淡，似乎听不到周围的一切声响都。他既不理会人们的眼光，也不回答人们的提问。但是，在第二天黄昏，他重新打开了他的耳朵，虽然他还是一言不发：因为在这条自远方驶来，还会开往更遥远的地方去的游船上，有很多有关冒险的趣事可以听。查拉图斯特拉热爱一切去远方游历的人，他不愿意安逸地生活。瞧啊！在他仔细听着时，他的舌头慢慢能动了，他内心的冰块也破碎了。所以他首先这样道：

你们这些英勇探险的冒险家啊，你们这些在恐怖的海洋上巧妙驾驶帆船的人啊！

你们这些爱好猜谜的人，你们这些喜欢黄昏的人，你们的灵魂被笛声吸引到每一个危险的漩涡。

因为你们不愿用胆怯的双手顺着绳子向前摸索；但凡你们能够猜测到的东西，你们都绝不会去测算。

只有向你们我才能袒露我所见到的谜语——那是最孤单的人的幻象。

近来我忧郁地行走在暗灰色的夜晚中——忧郁并且严肃，咬紧双唇。于我而言，西下的不仅仅是太阳。

一条在乱石岗中向上延伸的道路，一条罪恶而凄凉的道路，花草和丛林全都失去了生机，一条山间小路，在我勇敢坚强的步伐下发出了嘎吱嘎吱的声音。

我无声地走在砂石上，砂石发出沙沙的蔑视的笑声；我踩着滑溜溜的砂石：我的脚步就这样朝上开拓着我的路途。

朝上——无视那朝下拉它、朝着深渊而去的灵魂，那笨重的灵魂，我的魔鬼与宿敌。

朝上——虽然那笨重的灵魂跨坐在我的身体上——它一半是矮子，一半是野鼠；它将铅汁滴入我的耳朵，将铅块一般的思维放入我的大脑。

"哦，查拉图斯特拉，"它对耳朵讥讽地细语着，它一个字一个字地吐着字节，"你这块智慧的石头！你将自己朝高处扔去，但是每一块被扔起的石头最后都会下落!

"哦,查拉图斯特拉,你这块智慧的石头,你这块小小的石头,你这个星辰的毁灭者!你将你自己扔得这样高——但是每一块被扔起的石头最后都会下落!

"哦,查拉图斯特拉,你以为你将你的石头抛得非常远——但是它总会坠落到你自己身上!"

之后,那小矮子沉默了,他沉默了很久。但是,那沉默重重地压着我;两人这样在一起确实比独自一个人时感到更加孤单!

我朝上,我朝上,我做梦,我思考——但是所有的这一切全都重重地压着我。我像一个患病的人一般,因糟糕的痛楚而深感疲惫,可刚要小憩一会儿,一个更加糟糕而惊悚的梦境又让我惊吓着醒来。

然而我身上有一个被我称为勇敢的东西:至今为止,它一直都是我任何失落和沮丧情绪的杀手。这勇敢令我安静地站立着,并且说:"矮子!有你就没有我!"

因为勇敢是最棒的杀戮者,勇敢善于进攻,在每一场进攻中都存在获胜的号角。

但是,人类是最勇猛的生物,他战胜了一切其他生物。伴随着获胜的号角,他战胜了一切痛楚;但是,人类的痛楚是最猛烈的痛楚。

勇敢也杀戮了深谷面前的昏厥:人类不总是面临深渊吗?四处张望,难道不是在瞧着深渊吗?

勇敢是最棒的杀戮者:勇敢也杀戮了同甘共苦。同甘共苦是最深的深渊:人类对人生的体察有多么深刻,他对劫难和痛苦的体察就有多么深刻。

但是,勇敢是最棒的杀戮者,勇敢善于进攻:他甚至杀戮了死亡自身,它说:"那就是生命吗?好!那重新来过吧!"

但是,在这演讲中,存在许多获胜的号角。若有谁愿意用耳朵去聆听，那就让他听吧！

2

"停下来，矮子！"我道，"有你就没有我！但是，我是咱们二人中更强大的，你不了解我深邃的思想！你永远无法了解和接受它！"

我猛然感到轻松了许多：因为那矮子自我的肩上蹦了下来，这猎奇的小妖怪！它坐在我面前的一个石块上。我们驻足的场所正好在一个岔路口上。

"瞧瞧这个岔路口吧！矮子！"我接着说道，"它有两个方向。两条路在这里交叉，直到今天也没有人走到过它的终点。

"这一条长路通向上方，它绵延着通向永恒。另一条长路通向下方，它绵延着通向另外一个永恒。

"它们相背又相接，就在这里，在这个岔路口，他们汇合在一起。那岔路口的名字上雕刻着'此时'。

"但是，假如有人顺着其中一条路不停地走下去，你想一下，矮子，你觉得这两条路会永远相背吗？"

"这一切全是谎话，"矮子呢喃着，带着轻视，"所有真理都是扭曲的，时间本身就是一个循环。"

"你这死气沉沉的灵魂啊！"我气愤地道，"不要想的这样肤浅！不然我就把你扔在你现在坐着的地方，别忘了，是我把你背到这里的，你这乏味的货色！"

"认真地看吧，"我接着道，"'此时'！从'此时'这岔路口开始，一条漫长的永恒之路朝后延伸而去：在我们身后，那是永恒。

"所有可以在其路程上奔跑的东西，不早就已经奔跑过了吗？所有可以发生的事物，不早就已经发生、结束并消失了吗？

"假如一切皆已过去，你又如何看待'此时'呢，矮子？这个岔路口不也会成为过去吗?

"难道万物不是用这种方式紧密地相连于一起吗?以致'此时'将所有未来的东西全都拖到它身后?进而——它自己也被拖到了身后?

"因为所有能在其路程上奔走的东西,也一定会在这条漫长的永恒之路上再次奔走!

"这只在月色里慢慢匍匐的蜘蛛,这月色本身,还有在这岔路口相互着悄悄话的你与我,这关于永恒事物的悄悄话——这一切不全都曾经发生过吗?

"难道我们不可以转头并奔跑在另一条伸展于我们眼前的道路吗,那漫长而奇怪的道路——难道我们真的不可以转头吗?"

我这样说着——用缓慢的温柔的语气。因为我惧怕我自身的思想和我思想背后的算计。这时,我猛然听见一条狗在边上狂叫。

"我曾听见过一条狗像这样狂叫吗?我开始回忆。是的!在我还是个小孩时,在我那遥远的童年。

"那时我听过一条狗这样狂叫。我也看见它毛发直竖并且仰起头来,它在最安静的午夜战栗着,甚至连狗也相信鬼魂的存在。

"这激发了我的怜悯之心。因为在那一刻,圆月东升,它死气沉沉地挂在屋顶上;那一刻,它安静地栖身于屋顶之上,就如同那是他私人的财产。

"所以那狗受惊了,因为狗以为看到了小偷和妖怪。在我又一次听见它如此狂叫时,它就又一次激发了我的怜悯之心。

"现在那个矮子在什么地方呢?还有那个岔路口?那只蜘蛛?那所有的悄悄话?我做梦了吧?我苏醒过来了吗?猛然间,我发现自己身处乱石堆中,我独自一人站立着,在最凄凉的月光下站立着。

"可是那里睡着一个人!就在那里!那狗蹦了起来,毛发直竖,当它看到我的到来,它又一次狂叫起来——我曾听过一只狗这样哀号着请求帮助吗?

"事实上,我所见到的是我从不曾见过的。我见到一个青年牧羊人在挣动,他无法呼吸,他颤抖着,一条笨重的黑蛇悬于他的嘴旁。

"我曾看过比这还令人呕吐而可怕的情景吗?他或许是睡着了?所以那条蛇就钻进了他的喉咙,狠狠地咬住了他的喉咙。

"我的手拉着那条蛇,用力地拉——不行!我无法将那条蛇从他的喉咙中拉出来。所以我大喊大叫起来:'咬啊!咬啊!咬去它的蛇头!咬啊!'我这样大喊大叫。我的恐惧,我的愤恨,我的厌恶,我的怜悯,我所有的善与恶全用同一个声音从我口中迸发出来。

"你们这些围绕在我身边的英雄!你们这些英勇探险的冒险家,你们这些在恐怖的海洋上巧妙驾驶帆船的人们!你们这些爱好猜谜的人!

"替我解开我那时见到的那个谜语吧,替我解释最孤单的人所看到的幻象吧!

"因为它是一个幻象和一种先兆——我那时在寓言中看见的是什么?谁是那在将来的某一天肯定会来的人呢?

"谁是那毒蛇钻入其喉咙的牧羊人呢?谁是能令一切最笨重、最暗黑的东西都想钻入其喉咙中的那个人呢?

"那牧羊人果然像我的叫喊所警示的那样咬了下去:他狠狠地咬了下去!然后他吐出了那条蛇的头并一跃而起。

"他不再是牧羊人,也不再是人类,他是个扭曲的存在,他在光芒的围绕中开怀大笑!这世上从来没有一个人曾像他那般大笑过!

"哦,我的朋友们,我听到过一个并不属于人类的笑声——现在一种以前从来没有过的渴望和热切煎熬着我。

"我对那种笑的渴求煎熬着我:哦,我怎么能继续苟活于世!我又怎么能现在就去死!"

查拉图斯特拉如是说。

四十七、违背意愿的快乐

内心带着这样的谜团和痛楚,查拉图斯特拉渡过了海洋。但是,在他离开幸福岛跟他的朋友们四天以后,他终于战胜了他的所有痛楚——他那胜利而坚定的脚掌再一次接纳了他的命运。所以,查拉图斯特拉开心地对自己的良心道:

我再一次变得孤单了,我也愿意这样,只身陪伴这圣洁的天国和那宽广的海洋,午后又一次降临在我身边。

在某个午后,我第一次寻觅到我的朋友们;也是在某个午后,我第二次寻觅到他们——在某个所有光线都变得宁静的时刻。

因为这天地间的所有快乐都在为自己寻找居所,它们全在寻找能放置自己那明亮的灵魂的东西,而这一切光明全都因快乐变得更加宁静了。

哦,我生命的午后!我的快乐也已经下降到谷底去寻觅一个居所,所以它寻找到了那些热情好客的灵魂。

哦,我生命的午后!就为了能够占有那个东西,我放弃了所有——那个我思想的鲜活花园,那个我最渴盼的清晨!

创造者曾经不停地寻觅朋友和他的理想之子:瞧啊,最终他才明白,他找不到他们,除非他自己可以事先将他们创造出来。

于是,我暂停我的劳动,我朝我的小孩们走过去,走入他们之中。为了他的小孩,查拉图斯特拉必须完善他自己。

在一个人的内心深处，他只热爱他的小孩和他的职业：哪里有高尚的自尊，哪里就有孕育生命的征兆。这是我的发现。

我的小孩在他们的第一个春季还是幼嫩的，他们互相之间贴得紧紧地站立着，共同在风里晃动着，这就是我的花园和我的最肥沃的土壤里长出来的树。

事实上，哪里有这种树木，哪里就是幸福岛！

但是在未来的某一天我要将他们拔出来，把每一棵树都单独种植起来，好让每棵树都能学会享受孤单、喜欢战斗和学会自省。

它应该重重叠叠地立在海边，就像一座不可战胜的鲜活的生命灯塔。

暴风狂卷着海洋，波涛拍打着山脚，每棵树都应该在那交替着全天守候，以寻求磨炼和肯定。

每一棵树都会被磨炼，以考验它跟我们是不是属于同一物种、是不是一个永久意志的主导、是不是即便在讲话时也很安静、是不是通过给予来索取。

用这样的方式，他在未来的某一天成为我的伙伴，一个跟查拉图斯特拉一起创造和庆祝的伙伴，一个将我的意志——使众生更完善的意志雕刻在我的石碑上的人。

为了它及其同类，我必须完善我自己。所以我现在避开我的快乐，我将我自己带到每一个不幸的眼前——以便实现我的最终磨炼和肯定。

事实上，是我该离去的时刻了。那漂泊者的暗影和最长久的沉闷，以及那最安静的时刻——全对我道："到了最紧急的时刻了！"

那句话自钥匙孔里吹向我，说："来吧！"那扇门对我猛地打开了，说："去吧！"

但是，我因对我的小孩的热爱而受缚：关于热爱的欲求给我设下了这个圈套——热爱的欲求让我变成了我的小孩的猎物，并且在他们中间失去自我。

欲求，现在这对于我而言就是失去自我。我曾拥有你们，我的小孩！在这拥有里，一切都应该是确定的、无欲无求的。

然而，我的热爱如阳光般拥抱着我身体，查拉图斯特拉于他自身的甜蜜里沉沦。但是这时，暗影和疑虑飞过我的身旁。

我现在渴求着冰霜和深冬的到来："哦，希望冰霜和深冬能够重新让我胀裂与粉碎！"我叹息道。这时，我身体上面长出了冷霜。

我的过去毁坏了它的坟墓，许多被埋葬的痛楚苏醒了：它们曾藏在尸袋中不停地熟睡着。

于是，一切先兆都对我呼喊着："是时候了！"但是我什么都听不到。直到最后，我的深渊终于移动了，我的思想吞噬了我。

啊，深邃的思想，那是我的思想！我什么时候才有力气来听你深挖而不是战栗呢？

在我听见你深挖的时候，我的心提到了嗓子眼！你的沉默仿佛要让我窒息，你这如深渊一般的沉默者啊！

我未曾涉险叫起你，我的措施曾经做得很充足，我曾走到哪里都将你带在身边！现在我还没有强壮到如狮子那般放肆与勇敢。

你的沉重令我感到恐惧，但是在未来的某一天，我会寻觅到能量，我会用狮子般的怒吼去叫起你！

假如我征服了我自己，那么我还要在更伟大的事业上征服自己。而这场征服会成为我已做得圆满的证据！

与此同时，我仍行驶在变幻莫测的海洋中。机遇讨好着我，这油腔滑调的机遇；我瞻前顾后，还是看不见终点。

我那最后决斗的时刻仍没有到来——或者，它正好想在此时到来？事实上，海洋和生命用它邪恶的美好环绕着我。

哦，我生命的午后！哦，日落前的快乐！哦，深海的港湾！哦，波涛汹涌中的安宁！我是多么不相信你们啊！

事实上，我不相信邪恶的美好！我如情人一般，不相信过于热情的笑容。

就如同充满嫉妒的情人将最爱的人从自己眼前推开——即使冷酷，中间却也包含了温情，我也这样将这快乐的时光从我眼前推开。

滚开吧，你这快乐时光！和你一同奔向我的是一种出人意料的快乐！可我正打算承担最强烈的痛楚——你的光临真是不合时宜！

滚开吧，你这快乐时光！你干脆和我的小孩们一起去寻找新的居所吧！赶快！在日落之前用我的快乐祝愿他们吧！

太阳西沉，夜幕已经降临。快离开我吧——我的快乐！

查拉图斯特拉如是说。他彻夜等待着他的不幸，但是他白白地等了一场。夜晚仍旧澄澈而宁静，而快乐却不断靠近他。但是，到了清晨，查拉图斯特拉开怀大笑，他讥讽道："快乐追逐着我，那是因为我并不追求女子，而快乐正是一个女子。"

四十八、日出以前

哦，我头顶的长空，你这圣洁的深远的长空！你这光芒的深渊！当我凝视着你，我因圣洁的渴求而战栗。

将我自己抛到你的高度——那就是我的深度！在你的圣洁中藏匿我自己——那就是我的纯真！

上帝隐藏起了他的美丽，你也这样隐藏起了你的星辰。你默默无言，就这样对我展示着你的智慧。

此刻你无声地从澎湃的海平面上朝我升起；你的热爱和谦逊给我粗暴的灵魂以启示。

因为你隐藏在你的优雅中朝我走来，因为你默默无言，向我展示你的聪慧。

哦，我怎么会没办法洞穿你灵魂中的谦虚啊！日出以前，你朝我这最孤单的人走来。

我们一直就是朋友：我们共享悲哀、恐惧还有这片土地，甚至连太阳也是我们所共享的。

我们相互之间不用说话，因为我们彼此已经熟悉得太彻底了——我们相互保持沉默，我们以微笑来交流。

你难道不是我的光明吗？你难道不是我见解的姊妹心灵吗？

我们共同学习所有的东西，我们共同学习如何超越自我，我们一起开朗地大笑。

在我们之下，压力试图与罪行一起，如细雨一般上升；我们用明亮的双眼隔着远远的距离开朗地向下嫣然一笑。

我孤独地漂泊着，我的灵魂借乘着暗夜在迷宫一样的道路上前行。我的灵魂为什么又饥又饿？我登上群山，在那群山的山峰上不停地追寻。假如那人并不是你，那又会是谁呢？

我一切的漂泊与攀登，只是为了一种需求，一种愚蠢之人的缓兵之计——我的全部意志都只想飞翔，它只想飞向你！

还有什么东西比那浮云和污染你的一切更让我痛恨呢？我甚至痛恨我所讨厌的一切，只因为它曾污染了你。

我痛恨浮云——那些鬼头鬼脑的捕猎的猫，他们从你我这里夺走了我们同享的东西——那广阔无边肯定和祝福。

我们所痛恨的是这些好事者和介入者——这浮云，这并不彻底的东西，它并没有学会从心灵深处发出祝福或者咒骂。

我宁愿坐于一个紧靠长空的澡盆中，我宁愿坐于一个深不见底的深渊里，也不愿见到你，你这被浮云玷污的明亮的长空！

我常常渴求以闪电般形状的金色丝线把他们缝结实，以便我能够在他们的肚子上打鼓——如响雷一般。

一个满含愤怒的鼓手，因为他们从我这里偷走了你的肯定和祝福！——你，我头顶的长空，这圣洁的长空，这深远的长空！你这光明的深渊啊！——因为他们从你那里偷走了我的肯定和祝福！

因为我宁愿占有喧哗、雷电和狂风，也不需要这反省；我也不喜欢疑神疑鬼的猫。在人类中我最讨厌那些疑神疑鬼的人，那些摇摆不定的人，那些踌躇迟疑的人。

"如果有人学不会祝福，那他就应该学会咒骂！"——这清晰的教诲自明朗的长空掉落于我身上，这颗明亮的星星甚至在暗黑中也高悬于我的长空。

但是，你这圣洁而明亮的长空啊！你这光芒的深渊啊！当你围绕着我，我就是一个祝福者与肯定者，我就会将我仁慈的祝福与肯定带进全部的深渊。

我变成了一个祝福者与肯定者。我曾长期奋斗，以便让我在未来的某一天可以伸出手去祝福。

但是这就是我的祝福：站在众生之上，成为其长空、其毡帐、其天钟，还有永远的依靠。就这样，祝福者也因此受到了祝福！

众生都在永恒的圣水盘中接受了洗礼，跨越了善与恶；但是善与恶本身也是神出鬼没的暗影、潮湿的苦难和浮云。

事实上，在我宣讲"在众生之上耸立着机智之天、纯真之天、偶然之天、放纵之天"时，这是一种祝福而非藐视。

"偶然的"——这是天底下最古老的名门，我将它还给众生；我将他们从目标的奴役之下解救出来。

在我宣讲"无论是在众生之上还是众生之间，都不存在'永恒的意志'"时，我将这自由自在和长天的庄严如一口天钟般放于众生之上。

在我宣讲"众生中，唯有'合理性'是永远不可能发生的"时，我用这放纵和蒙昧代替了永恒的意志。

一点点的理性，一个个智慧的萌芽，自一个星辰传播到另一个星辰之上——它们混杂在众生中：由于蒙昧的原因，智慧混杂在众生中！

一点点的智慧也会真的是可能存在的，但是，在众生中我发现了真正的祝福，那就是它们宁愿用偶然的脚步跳起舞来。

哦，我头顶的长空，你这圣洁的、崇高的长空啊！

现在，我认为这才是你的圣洁所在：这里没有永恒的理性的蜘蛛，也没有理性的蛛网。

因为你于我而言是一个替神圣的偶然而建造的舞场，因为你对我而言是一张诸神围坐的桌子，替神圣的骰子还有以骰子进行赌博的人而建造的！

但是，你害臊吗？难道我讲出了不该说的东西吗？我本来希望祝福你的，难道我亵渎了你吗？

难道是由于我们两人的交往让你感到害臊吗！——你是不是打算让我离开且不要声张，因为现在白日即将降临？

世界是深邃的——比白日所能探知的更加深邃。并非所有的东西都能够在白日前讲出来。但是白日终将会来临的，所以，就让我们在此分别吧！

哦，我头顶的长空啊，你这谦虚者！你这闪光者！哦，你，我日出以前的快乐！白日终将会来临的，就让我们在此分别吧！

查拉图斯特拉如是说。

四十九、萎缩的道德

1

在查拉图斯特拉重新上岸时,他并没有直接去他的群山与洞穴中,而是走了很长的路,发出了许多疑问,打探这些、了解那些,他对自己开玩笑道:"瞧啊,一条河流转了许多弯,它又回归它的发源处了!"他希望了解在他离开的这段时间内世间发生过什么事:人类是变得更伟大了,还是更渺小了呢?一次,在他见到一排全新的房屋时,他很诧异地说:

"这些房屋体现着什么呢?事实上,伟大的灵魂绝不会建造这样的房子并将它们当成自己的象征!

"也许是一个愚笨的孩子将它们从它的玩具箱中拿了出来吗?会有另一个孩子再次将它们装入箱子中去吗?

"这些房屋——人类能够在其中进出吗?它们看起来是为丝绸娃娃定做的,或者是建给贪吃的人的——为了方便与别人分享食物。"

查拉图斯特拉安静地站立着、思考着。最终,他伤心地道:"这里的一切都变得更加渺小了!

"我看到四处都是又低又矮的门户:像我这样的人还是能够从那里进入的,但是——必须得弯着腰!

"哦,我什么时候才会重新回到我的故乡,那时我不再需要弯着腰——不再需要在小人眼前弯着腰!"

查拉图斯特拉叹着气,凝视着远处。——但是,就在这一天,他进行了有关萎缩的道德的演说。

2

我穿行在这些大众中间并张开我的双眼:他们不愿意饶恕我,因为我不羡慕他们的道德。

他们打击我,因为我向他们宣讲:渺小的人只会拥有渺小的道德。我很难理解渺小的人存在的必要性!

我如一只位于一个生疏的农院中的公鸡,甚至连母鸡都来啄咬我,然而我并不因此而对母鸡怀有恨意。

我对待他们非常有礼貌,就如同对待渺小的一切一般;向渺小的人立起利刺,在我眼里是刺猬的聪明。

暮夜,他们围着火堆坐着,他们全都在讨论我——他们纷纷讨论我,然而并没有一个人为我着想!

这是我体验的一种全新的安静:他们的喧闹围着我,为我展开一张盖住我思维的披风。

他们彼此吵嚷:"这样黯淡的云彩想对我们做什么呢?希望它不要给我们携来什么传染病吧!"

近来,一个妇女捉住她那个正朝我跑来的小孩:"将小孩们拉走,"她叫道,"这种眼神会烧伤小孩们的心灵。"

他们跟我说话时会呛咳:他们觉得呛咳是一种抗争暴风的行为,他们对我幸福的咆哮难以想象!

"我们没有时间分给查拉图斯特拉。"他们如此回绝。但是那"没有时间"与分给查拉图斯特拉的时间又有什么价值呢?

即便他们同声颂扬我,我又怎能听着他们的颂扬进入梦乡呢?他们的颂扬于我而言是一捆带刺的枯枝:即便我摘下它,它也会刺伤我。

我还在他们中间学会了这些:颂扬的人表现出想要得到回报,然而,其实他希望得到的回报远比表现出来的要多得多!

问一下我的脚步,看它们喜不喜欢你们的颂扬和这诱惑的乐曲!事实上,我的脚既不想按那样的节奏跳舞,也不想安静地站着。

他们喜欢诱惑我、讨好我,以靠近渺小的道德;他们喜欢劝服我的脚步去踏上那小小的快乐的节奏。

我穿行在这些大众中间并张开我的双眼:他们曾经变小了,并且未来会越来越小——其原因正是他们那有关快乐和道德的教义。

他们在道德上也是温和善良的,因为他们希望得到安逸。唯有温和善良的道德才能和安逸相互包容。

是的,他们用自己的方式学习行走,他们向前方行走着,我称其为他们的踉跄。因而,他们成了所有风雨兼程的路人的路障。

他们许多人朝前方行走,却朝后方观看——他们拉伸着生硬的颈部,我喜欢碰见这样的人。

脚步与双眼不会扯谎,也不会互相戳穿谎言。但是,在渺小的人中间,仍存在很多谎言。

他们当中有一些人有自己的意志,可大部分人只会服从别人的意志。他们当中有一些人是真诚的,然而大部分人是蹩脚的演员。

他们中有一些人是无意识的演员,有一些人是不自愿的演员——真诚的人总是太少了,特别是真诚的演员。

这里缺少男人们,所以女人将自己变得男人一些。因为唯有那男人味充足的人,才可以在女人堆中解锁女性的特质。

我发现在他们之间,这样的虚伪是最恶劣的,更有甚者,发出命令的人也假装拥有服从的人的道德。

"我服从,你服从,我们共同服从。"统治者的虚伪也在这样吟诵着——多可悲呀!假如那最初的主人仅是那最初的仆人!

啊,我那双眼的猎奇心甚至能看到他们的虚伪;我洞察了他们那苍蝇般的快乐,他们绕着太阳照耀下的玻璃窗户嗡嗡地叫着。

在充满善良的地方，我见到这么多的软弱。在充满正直和同情的地方，我见到了这么多的软弱。

他们相互之间圆滑、正直而周全，就如同沙粒们之间那么的圆滑、正直而周全。

小心地拥有着一份小小的快乐——他们将那称作"谦逊"！与此同时，他们小心地窥探着一份全新的小小的快乐。

在他们内心里，他们最希望得到一种事物：那就是没人能危害到他们。因此他们总是与每一个人和平相处，并且乐善好施。

但是，那是怯弱，虽然它被称作"道德"。

在他们偶尔厉声讲话的时候，那些渺小的人，我只能听见他们沙哑的声音——每一股气息都让他们声音沙哑。

他们确实很精干，他们的道德拥有着精干的手指。但是他们缺少拳头：他们的手指不明白怎样握成拳头。

道德于他们而言便是让人变得谦虚与驯服。所以他们将狼变成了狗，将人类本身变成了最服从的兽类。

"我们将我们自己放在中心，"他们流着口水傻笑着向我如此道，"跟快死的角斗士与欢喜的猪一样的距离。"

但是，那是庸俗，虽然它被称作"节制"。

3

我穿行在这些大众中间并留下了很多话：但是他们既不了解如何接受，也不了解如何保存。

他们在惊讶：为什么我不是来声讨荒淫和罪恶的；事实上，我也并不是来警示小偷的！

他们在惊讶：为什么我不打算刺激并磨炼他们的智慧，仿佛他们之中那些自作聪明的家伙还不够多一般，那些人的响声在我耳朵边上蹭着，就如同石笔一般！

当我大叫："咒骂你们身上的所有怯弱的罪恶吧，它们喜欢哭泣、两手合十和跪拜。"所以他们喊叫着："查拉图斯特拉是无神论者。"

他们之中鼓吹顺从的人吵得尤其激烈——但是我却恰恰乐意对着他们的耳朵大叫："对啊！我叫查拉图斯特拉，是无神论者！"

那些鼓吹顺从的人！凡是存在疥疮与疾病的地方，他们都会如虱子一般爬行，只是我觉得它们令人作呕所以我才没有将它们捏死。

好吧！这是我对他们的耳朵所进行的施道：我是无神论者查拉图斯特拉，我曾如是说："谁比我更加不信神呢？我很乐意能够好好聆听一下他的教义。"

我是无神论者查拉图斯特拉：我在哪里可以觅得我的同伴呢？那些凡是把他们的"意志"给予他们自身，并且从他们自身夺去所有顺从的人都是我的同伴。

我是无神论者查拉图斯特拉！我在我的锅里烧制每个机遇。只有在它煮熟时，我才把它当成我的食品。

事实上，很多机遇骄傲地向我走来，但是我的意志会更骄傲地对它们讲话——所以，它们乞求着跪了下来。

他们乞求能够通过我觅得故乡与灵魂，并讨好地说："瞧，哦，查拉图斯特拉，唯有朋友才如此走向朋友啊！"

但是，假如没人听我讲话，那我为什么还要讲呢？所以我会对着全部的风将它大喊出来：

你们这些不断地变小的人，你们这些渺小的人！粉碎吧，你们这些贪图安逸的人！你们也会湮灭，湮灭在你们那许多小小的道德里，湮灭在你们那许多小小的错误里，湮灭在你们那许多小小的恭敬里！

过分软弱，过分服从：你们生长的土壤就是这样！然而，若让一棵树变得更高大，就必须将它的根系弯曲地缚在坚固的岩石上面！

你们所遗漏的，正在人类的未来之网上交织着；即使你们的缥缈也是一张蜘蛛网，以及一只依靠未来的鲜血生存的蜘蛛。

在你们获取时，就如同是在偷盗，你们这些小小的有道德的人；但是，即使在强盗之中，自信心也在讲着："只有在无法打劫时，才该去偷盗。"

"它是自愿来的"——这是某条顺从的教义。但是我对你们讲，你们这些贪图安逸的人："它是来替自己掠夺的，并且会不停地从你们这里掠夺得越来越多。"

啊，希望你们丢弃你们所有的半推半就，而将懒惰作为你们付诸实践的行动！

啊，希望你们明白我的话："去做你们希望做的任何一件事情——但是先要做到可以实施。

"爱邻人要像爱自己，但是首先要爱自己。

"怀着伟大的爱去热爱，怀着伟大的轻视去热爱！"无神论者查拉图斯特拉如是说。

但是，假如没人听我讲话，那我为什么还要讲呢？我来得还是有点早了。

在这些大众中间，我是我自身的驱动者，我是我自身黑暗道路上的报晓的鸡鸣。

然而，属于他们的时间来到了！同样的，属于我的时间来到了！他们每一分每一秒都在变得更渺小、更贫穷、更一无所获——这不幸的野草！这不幸的土壤！

事实上！很快他们就将要如干枯的草与草原一般出现在我眼前。他们讨厌他们自己，他们渴求火，而不是渴求水！

哦，电闪雷鸣的快乐的时刻！哦，正午前的神秘！在未来的某一天，我会用它们制造出奔跑的火，还有露着火舌的信使。

第三卷 | 177

在未来的某一天,它们将用火舌宣告:它走来了,它走近了,那个伟大的正午!

查拉图斯特拉如是说。

五十、在橄榄山之上

冬日,一个令人讨厌的客人,和我共同端坐于家中;我的两只手因其友善握手的摇动而变得难受。

我尊重他,那个令人讨厌的客人,但是我宁愿把他一个人留在这里,我宁愿从他身边逃离。只要逃得足够快,我就能够躲避他了。

用温暖的双脚与温暖的思想,我奔到那狂风停止的地点——来到我那橄榄山上对着太阳的地方。

在那里,我讥笑我那严肃的过客,并且还是喜欢他;因为他驱走了我满屋的苍蝇,平息了很多小小的噪音。

因为假使有一两只小虫子想发出嗡嗡的声音,他并不会忍耐;所以那些小巷子也被他搞得更冷清,所以晚上的月色也冷清得可怕。

他是一位冷淡的客人——然而我尊重他,我并不像那些软弱的人一样只信奉火热的火神。

即使牙齿冷得打战,那也比对火神的信奉更好——我的天性如此设定。我非常怨恨那一切热情的、火热的火神。

我所热爱的那个人,冬日比夏日更让我热爱。自从冬日来到我的房子中,我更擅长讥笑我的仇敌,我讥笑得更加恣意。

事实上,确实是恣意的,甚至在我爬到被窝里时,我那藏匿的快乐仍旧在开怀大笑和嬉闹着,甚至我那虚幻的梦境也在大笑。

我，是一个跪下的人吗？我这一辈子不曾在当权者面前跪下过。即使我倒下，我也是因为热爱而倒下的。所以我很喜欢睡在我冬天的床铺上。

一张寒酸的床铺比一张豪华的床铺更让我感到暖和，因为我珍惜我的贫困。在冬天，它是对我是最忠实的。

我用恶作剧开启每一天：我用冰冷的水洗浴，以讥笑寒冬。所以我那严肃的客人曾为此怨声载道。

我也喜欢以一支蜡烛去逗弄它，想让它能够令天空自昏暗的黎明中出现。

我在清晨是非常阴邪的：从井中提起水桶时发出咣当咣当的响声，骏马在阴暗的小巷中热情地嘶叫着——那时候我着急地等候，请求明朗的天空可以给我带来黎明，那长满白胡子的冬天的长空，那默不作声的冬季。

那冬天的长空，那甚至时常将太阳都捂死的无言的冬天的长空！

我是否自它那里掌握了那长久的明朗的沉默呢？或是它是否自我这里学到了些什么？或是我们各自发明了什么？

所有善事的起因千差万别，但所有的恶作剧都是为了快乐而存在，他们怎么会只出现一次呢！

长期的沉默也是一种带着善意的恶作剧，如冬天的长空，从那明朗而睁着大大的眼睛的脸上朝外东张西望。

就如它捂死了它的太阳，还有它坚韧不拔的太阳一般的意志：事实上，这种技术和这种冬日的闹剧我曾经学习得非常棒！

我最热爱的恶作剧的技术就是，我的沉默已经掌握了不因其沉默而显露它自身。

利用说话的嘈杂声和骰子的哗啦声，我骗过了那严厉的监督者；关于那所有严厉的监督者，我的意志和目标都应该躲避。

希望没有人能够看到我的心灵深处还有我最后的意志——为了这个目标，我创造了长久而明朗的沉默。

我发现很多精干的人，他们用面纱蒙住脸，并且把他们的水搅浑了，这样就没有人能够看到他们的内心深处。

但是，正巧朝他走来的是更精干的猜忌者与解惑者：从他们那里钓起了那隐藏得很棒的鱼儿！

然而，那清朗者、真诚者、透亮者——这些人于我来而言是最聪慧的沉默者：他们的内心是这样深邃而广大，甚至连最透明的水也无法一一将其显露。

你这白胡子的、沉默的、冬天的长空啊，你高悬于我头顶！哦，你是我灵魂与其恣意的圣洁的标记！

难道我不应该如那吞金子的人一般隐藏我自身——防止我的内心被解剖吗？

难道我不应该踩上高跷，防止他们忽略我的大长腿吗——那些围绕在我四周的所有的忌妒者和害人者？

那些肮脏的、萎靡的、干枯的、丑陋的心灵——他们的忌妒怎么会容忍我的快乐！

于是，我只对它们显示我高高山峰上的白雪与寒冷的冬天——而并非我那身戴全部阳光束带的山脉！

他们只听见我寒冬狂风的咆哮，而并不了解我也曾飞过温和的大海，正如那充满渴望的、深沉而微热的东南风。

他们也怜悯我身上发生的灾难和意外，但是我这样说："就让那意外向我冲过来吧，它天真烂漫得像个孩童！"

他们怎么会容忍我的快乐，如果我不在自己周围放上灾难、冬天的贫困、熊皮的帽子，还有漫山遍野的大雪！

——如果我自身不对他们的同情产生恻隐之心，那些忌妒者与害人者的同情!

——如果我自身不在他们眼前叹气,打着寒噤,无声地让我自己陷入他们的同情中!

这是来自我灵魂中的智慧而风趣的、善良的意志,它不隐藏它的寒冬和冰雪风暴,它也不隐藏它的冻疮。

对于一个人来说,孤单是来自因病虚弱的人的避难所;对于另一个人来说,孤单是对因病虚弱的人的逃避。

让他们感受到我来自寒冬的颤抖和叹气吧,我四周所有那些身处贫困中的斜眼盗贼们!在这样的叹气和颤抖中,我从他们那温暖的房子中逃离了。

让他们因我的冻伤而怜悯我并为我叹气吧:"在文化的冰天雪地中,他就快冻死了!"他们这样哀悼。

与此同时,我在我的橄榄山上用温暖的双脚四处奔走:在我那橄榄山上对着太阳的地方,我唱着歌,并且讥笑着所有的同情。

查拉图斯特拉这样唱着歌。

五十一、离开

慢吞吞地走过很多民族与很多城市,查拉图斯特拉绕道返回了他的群山和洞穴。瞧啊,他不知不觉来到了那个大城市的门前。但是,这里有一个口水乱喷的傻瓜,他张开双手,跃向他并且拦住他的道路。这就是被人们称作的"查拉图斯特拉的猴子"里的那个傻瓜,因为他曾从查拉图斯特拉那里学到了一些语言表现方式,所有他希望能从查拉图斯特拉的智慧宝藏中再借一些出来。这个傻瓜这样对查拉图斯特拉道：

"哦，查拉图斯特拉，这里是大城市：在这里你不仅会一无所获还会失去一切。

"为什么你想陷入这个沼泽呢？爱惜你的双脚吧！最好抛弃这个城门，然后掉头离开！

"这里是隐士的思想的地狱。在这里，伟大的思想全都会被活着煮到沸腾并被煮烂。

"在这里，一切伟大的道德全腐败了；在这里，仅存着白骨一般的感情在嘎吱嘎吱地发出声响！

"你难道没有闻到过灵魂的杀戮场和饭店的气味吗？这个城市难道没有蒸发着被杀戮的灵魂的烟雾吗？你难道没有看见灵魂如揉皱的抹布一般高高地挂着吗？他们竟然从这些布片里发明出了新闻与报纸！

"你难道没有听见灵魂在这里是怎样变成一个语言的玩具吗？它吐出了让人恶心的污言秽语的脏水！他们还从这些话语的脏水中发明出新闻与报纸。

"他们相互追猎却不知道该去往哪里！他们相互挑衅却没有任何原因！他们将他们镀金的铜件搞得发出叮叮当当的响声，他们将他们的金子搞得发出叮叮当当的响声。

"当他们变得冰冷，就向热水寻求温暖；当他们过热，就向冷酷的灵魂寻找清爽；他们全都因群众的言论而患上疾病并且饱受痛苦。

"所有荒淫与邪恶全在这里安居下来；但是这里也有很多能够随意取用的，或者已经被随意取用的道德。

"很多能够随意取用的道德有着很会写作的手指、坚韧的耐性、结实的臀部，这些道德善于装饰女性的臀部和乳房，并引以为豪。

"这里也有很多虔诚，还有在军队之神跟前的忠心。

"高贵的唾液和勋章从高处掉落,每一个没有奖章的胸脯都渴求着勋章的掉落。

"月亮上有宫阙,宫阙中有月亮的供品。乞求恩宠的人以及一切怀有行乞的道德的人,祈求来自那宫阙里的一切。

"'我服侍,你服侍,我们共同服侍。'一切被任用的道德向着王公贵族们如此祷告,为了求得那光荣的奖章最后能够戴在瘦弱的前胸上!

"然而,月亮还在围着这大地上的一切物体旋转:王公贵族们也如此围着那众生中对大地最忠诚的东西旋转——而那,就是那商贾的金子。

"战军之神并非金子之神;王公贵族们请放下它,商贾请不要失掉它!

"哦,查拉图斯特拉!请凭借你身上这一切光明的、强大而善良的东西,鄙弃这商贾之城并且掉头离开吧!

"这里一切的鲜血全都腐烂地、温热地、翻着泡沫在血脉里流淌:请鄙弃这座大城市吧,它是一切垃圾搅拌成块的穷地方!

"鄙弃这归属于受压迫的灵魂和软弱的胸部、归属于势利的双眼和黏稠的手指的城市吧。

"鄙弃这归属于粗鲁的人、死皮赖脸的人、用笔或舌头去教唆引诱的人、狂热妄想的人的城市吧。

"这一切都是残疾、声名狼藉、荒淫、不诚信、烂熟、病萎、疥疮、腐烂有毒的——鄙弃这个大城市并且掉头离开吧!"

到这儿,查拉图斯特拉阻止了这个口水乱喷的傻瓜,并且让他闭上了嘴:

"立刻闭嘴!"查拉图斯特拉叫道,"你的演说还有你这样的人早已令我感到作呕!

"为什么你在泥潭旁边生活了这么长时间,甚至连你自己都不得不变成一只青蛙或癞蛤蟆呢?

"在你这样学会吵闹和诅咒时,难道你的血管里没有一丝肮脏的、翻泡的、恶臭的鲜血在流淌吗?

"你为什么不去丛林中?你为什么不在土地上种植?难道海洋中没有葱郁的海岛吗?

"我看不起你的轻视;在你忠告我时,你为什么不忠告你自身呢?

"我的看不起与我的忠告的小鸟会展开翅膀从爱中飞翔而出——而并非从泥潭中飞翔而出!

"他们称你是我的猴子,你这口水乱喷的傻瓜,但是我称你是我的爱抱怨的猪——因为你爱抱怨,你甚至践踏了我对愚蠢的赞扬。

"那刚开始让你抱怨的原因是什么呢?因为没人奉承你,所以你独自在这垃圾边上,以便你能够有充足的理由用力抱怨。

"以便你能够有充足的理由用力报复!你这虚荣的傻瓜,报复就是你满嘴的抱怨,我完全看透了你!

"但是你的蠢话中伤了我,即便当你某些时候是对的时候!即便查拉图斯特拉的讲话得到了千百次的检验,你却总会糟蹋我的言论!"

查拉图斯特拉如是说。之后,他看着大城市并叹着气,陷入了沉默。最终,他这样道:

"我也讨厌这个大城市,不仅是因为这个傻瓜,还因为这座城市。我无法让这里变得更好,也无法让这里变得更糟。

"真是让人悲伤,这个大城市!我真希望它早已烧毁在火焰中!

"因为这样的火焰一定在伟大的正午之前到来,但是它有它自己的时机和运气。

"在分别的时候,我倒是想将这训示送给你,你这个傻瓜:但凡是一个人无法继续热爱的地方,他就应该立即离开!"

查拉图斯特拉如是说,并且离开了这傻瓜与这大城市。

五十二、叛教的人

1

啊,众生都已枯萎发灰地萎靡了,但是它们近来却青翠灿烂地耸立于这草坪上!所以我运输了多少希望的蜂蜜回我的蜂房中啊!

那些青春的内心曾经所有老化——即便并没有变老!只是变得疲劳了、平凡了、贪图享乐了——他们扬言:"我们再次变得虔诚了。"

近来,我曾看见他们跨着勇敢的步履于清晨奔跑:可是他们的知识之脚却感到疲倦了,现在他们甚至诋毁起他们清晨的勇猛!

事实上,他们许多人也曾如跳舞者一般手舞足蹈;我的智慧微笑着朝他们眨眼睛——所以,他们开始回忆曾经的自己。方才,我甚至看见他们弓着腰朝十字架爬去。

在光辉和自由四周,他们曾像飞蛾与青春的诗人一般振动着翅膀。当变得苍老一点,当变得冷漠一点,他们就变成了迷茫的人、啰唆的人,还有懦弱的男人。

他们感到灰心了吗,是因为孤独已如鲸鱼一般吞没了我?或是他们的耳朵大概是已渴望了很久想聆听我的冲锋号声与预警吗?

啊!那些人之中,只有少数人内心曾经维持着勇气和充盈的精神。在这样的人身上还保留着隐忍的灵魂,而余下的那些人皆是些胆小鬼。

余下的那些人：常常是绝大部分的人、平凡的人、多余的人、剩余的人——他们统统是胆小鬼！

跟我同类的人，也会在路途中碰到跟我相同的经历。所以他们最开始的伙伴一定是尸体与小丑。

但是，他的第二种伙伴——他们宁愿将自己称作他的门徒——会是活跃的一队人，充满着很多热爱、很多笨拙、很多无用的虔诚。

谁要在人世间属于我的同类，谁就不应该将他的心依附于那些门徒；谁了解灵魂肤浅懦弱的人，谁就不应该笃信那些春色和烂漫的芳草地！

假如他们还有其他能耐，那么他们也会愿意成为其他的样子。摇摆不定的人践踏了整个团体。树叶全都枯黄了，可这有什么好悲伤和叹息的呢！

就让它们离开并且凋落吧，哦，查拉图斯特拉，请不要悲伤和叹息！就让凉风将它们吹走吧！

在那落叶之间掀起凉风吧，哦，查拉图斯特拉，就让一切凋零的东西都尽快地远离你吧！

2

"我们再次变得虔诚了。"那些叛教者如此忏悔。他们中的一些人因为过于怯懦而害怕这样忏悔。

我凝视着他们的双眼——我在他们面前对着他们通红的脸颊讲道："你们又重新成为祷告的人了！"

祷告终究是耻辱的！当然并非所有人，只是关乎你、我和那尚存良知的人。对于你来说，祷告是耻辱的！

你非常了解这些，你们身上有一个怯懦的恶魔，他快乐地交叉着胳膊，将双手置于胸膛前，神色自若——这个怯懦的恶魔劝说你：

"上帝是存在的!"

所以你归属于畏惧光亮的那类人,光亮永远无法让其感到安宁。现在你必须每天都将你的头深深地插入暗淡和雾气之中!

事实上,你选择的时间非常好,因为夜晚的鸟儿刚好在这时飞出。所有惧怕光亮的人的时间到了,这黄昏时光和安闲时光来临了,尽管他们并没有忙里偷闲。

我听见并嗅到了它:它来了——他们外出狩猎的时光。事实上,这并不是一场捕捉走兽的疯狂狩猎,而是一场捕捉顺从的人、瘸腿的人、矫揉造作的人、轻声祷告的人的狩猎。

因为一场对毫无主见的笨蛋的狩猎:所有捕捉灵魂的陷阱已经被重新布置好!只需我拉开帘子,一只夜蛾就能飞来。

难道它和别的夜蛾潜伏在一起吗?在任何地方,我都能嗅到微小的躲藏着的小集团;哪里有密室,哪里就有新皈依的人,还有皈依人的气味。

他们相互靠在一起度过很多漫长的黑夜,并且道:"就让我们重新变成孩子吧,并且说一声'敬爱的上帝啊'——我们被虔诚的糖果贩子毁坏了嘴巴与肠胃。"

或许在很多漫长的黑夜中,他们全都盯着一只狡猾的、隐藏在十字架下的蜘蛛,那蜘蛛对它们的同类宣讲精明的教义:"在十字架下纺织对蜘蛛网大有裨益!"

或许他们手持钓竿全天坐于泥潭地,并因此觉得他们自身是博学的;但是无论谁在没有鱼的地方钓鱼,我都觉得他连浅薄都算不上!

或许,他们想向一位唱赞美诗的诗人去学习用圣洁快乐的格调去表演竖琴,那诗人很愿意用自己的演奏打动年轻姑娘的心坎,因为他们早已厌烦了那些老妪和她们的赞美。

或许,他们在博学的狂妄者那里学到了恐惧。他们在黑房子里等候着诸神的降临——然而他们自己的神志却彻底离开了！

或许，他们聆听了一种久远的漂泊的哭叫和幽怨的笛声，他自悲怆的风中学到了音调的悲怆；现在他如风一般吹着笛子，以悲怆的乐曲传递忧郁。

他们中的一些人变成了守夜人：他们了解怎样吹起号角，知道在夜间四处游荡并唤醒那些熟睡很久的古老的事物。

昨晚，我于花园墙旁听见了关于古老事物的五句话：它们出自这个老迈的、悲哀的、枯槁的守夜人。

"对一个父亲来说，他对他自身的小孩照料不周：人类的父亲在这方面干得不错！"

"他太过年迈了！他现在根本顾不上照顾他的孩子们了。"另一个守夜人回复道。

"那么他有小孩吗？没人能证实这点，除了他自己！很久以来我都热切期盼着他能证实一下他自己。"

"证实？就好像他曾经证实过什么东西一样！证实于他而言非常困难，他很重视人们对他的信奉。"

"唉！唉！信奉拯救了他——人们对他的信奉。那是老者的道路，它也同样是我们的道路！"

这两个年迈的、害怕光明的守夜人就这样相互谈论，他们悲伤地吹起了他们的号声：这就是昨晚在围墙那里产生发生的事件。

但是，我却捧腹大笑，我的内心撕裂开，它听天由命地落在了隔膜上面。

事实上，这的确能杀死我——在我看见醉酒的驴时，在我听见守夜人这样猜测着上帝时，我因为大笑而无法呼吸。

这样的猜测不是早就已经过去了吗？现在还有什么能够叫醒这熟睡的、怕光的、老迈的事物呢？

一切古老的诸神早已经消失了很长时间——他们并没有惨淡地死去——那只是众人的想象！反之，他们是在大笑中死去的！

在这件事发生时，一位神灵说出了这样的话："只有一个神！除我之外你不能再有其他的神！"

留着衰老而凶狠的胡须，一个忌妒之神就这样忘却了他自身。

所以，其余全部的神统统大笑起来，他们在他们珍贵的座椅上摇摆着，而且惊叫道："存在那么多神却没有主宰的神，难道这不正是神道吗？"

让所有的耳朵全都听见。

查拉图斯特拉就这样在他所热爱的城镇讨论着，这城镇名叫"斑牛"。从这里出发，只需要两天的路程他就能重新回归他的洞穴与他的动物们身边；他的灵魂由于他的近乡情而感到更加欢快。

五十三、返回家乡

哦，孤独啊！我的家乡，我的孤独！我在荒僻的远处生活了很长时间，以致当我回到你这里时都满含泪水！

你时而以手指警告我，就如妈妈的警告一般；你时而向我微笑，就如妈妈的微笑一般，现在，就这样说吧："那曾经如一阵飓风一般从我这里仓促远去的人是谁呀？"

谁在分别时大叫："我和孤独在一起待的时间太久了，我甚至已经放弃了沉默！"你现在肯定已经学会了吧？

哦，查拉图斯特拉，所有的这一切我全都了解：你这标新立异的人，你在许多人之中比和我在一起更加孤独！

孤独是一回事，落寞是另一种事——这些你如今已经学会了吧！你在人群中永远是狂野而陌生的。

甚至在他们热爱你的时候，你也是狂野而陌生的。因为无论如何他们都希望被宠爱地看待！

但是，在这里，你待在你自己的家里；在这里，你可以讲出所有想讲的话，可以表露一切念头；在这里，没有会因羞愧而隐藏起来的任何情感。

在这里，世间万物都会亲密地来听你讲话并讨好你，因为他们希望骑在你的后背上驰骋。而你在这里也能骑上一切寓言奔向一切的真理。

在这里，你能够直接地、开诚布公地向世间万物讲话：事实上，在有人能跟世间万物直接交流，这在他们耳朵中听起来仿佛就是赞美。

但是，孤独是另一回事。因为，你是否记得，哦，查拉图斯特拉？当你的小鸟在头顶惊叫，当你立于丛林中瞻前顾后，当你站在一具尸体边上茫然若失的时候——

当在你讲"让我的动物引领我吧！我待在人类中间比待在动物中间更加凶险"，那就是落寞！

你是否记得，哦，查拉图斯特拉？当你待在你的海岛上，就像在空桶中倒入酒水，就像在饥渴的人中间进行赠送和配发。

等到你最终一个人口中干渴地坐在喝醉了酒的人中间，整夜哀叫"难道领受不比赠予更加快乐吗？而偷窃不比领受更加快乐吗"，那就是落寞！

你是否记得，哦，查拉图斯特拉？当你那最安静的时刻降临并且鞭策你超越自我，当它用阴险声音在你的耳边低语道"说话吧，毁灭吧"，当它让你对一切的等待和沉默感到厌倦，并使你那本就微弱的勇气消失，那就是落寞！

啊，孤独啊！孤独，我的故土，你对我讲话的音色是何等的快乐而温和啊！

我们没有彼此防范，我们没有彼此埋怨；我们真诚地对待彼此，一起走向坦荡的大门。

这里的一切对你而言都是非常明朗而澄澈的，甚至光阴在这里也会用更轻松的步伐奔走。在暗夜里，时光的沉重感比在明亮中更重。

在这里，所有的语言和语言的魔盒都向我打开；在这里，世间万物都想变成语言；在这里，世间万物都想向我学习怎样讲话。

但是，在山下面——所有的语言都是徒劳的！在那里，忘却与离开才是最棒的智慧：那是我已经明白了的道理！

要想领悟人类的一切，就必须要能掌控这一切。但是我的手掌过于洁净，无法那么做。

我甚至不喜欢跟他们共同呼吸同一片空气。唉！不幸的是，我依旧在他们的吵闹和污浊气息中待了那么久！

哦，我四周那被祝福的宁静啊！哦，我四周那纯净的气味啊！这宁静就像从一个深远的胸膛中汲取的纯洁的呼吸！它是如何仔细地聆听着啊，这被祝福的宁静！

但是，在山下面，那里讲述着一切，那里的一切都被误解。假如有人以钟声宣传他的智慧，那市场中的商贩也会用其铜钱的叮当响声将它吞噬！

在那里，所有的一切都讲着话，然而没有人了解怎样去理解它。所有的一切都掉到水中，然而没有任何东西掉到深井中。

在那里，所有的一切都讲着话，然而再也没有任何东西能获得成功和实现理想。所有的一切都吵闹着，但是谁能安静地待在窝里孵蛋呢？

在那里，所有的一切都讲着话，所有的一切都被说服了。那在昨日于时光本身和其牙齿而言太过坚硬的事物，今天早已被嚼烂咬碎并含在人们的嘴里。

在那里，所有的一切都讲着话，所有的一切都被揭露了。那过去曾被称作灵魂深处的奥秘和隐私的东西，今天全都属于大街上吹号角的人，还有一些昆虫。

哦，吵闹的人类，你们这奇异的东西！你们这黑暗巷子中的喧闹！如今你又在我的背后了——我最大的危险全都潜伏于我的背后！

我最大的危险向来潜伏于纵容和怜悯之中，人类一切的吵闹都想要被纵容和忍受。

携着被压抑的真理，携着智障者的双手和愚蠢的念头，说着略带同情之心的谎话——我曾经这样生存在人类之中。

我乔装打扮着待在人类之中，诱导我自己让我觉得我能够容忍他们，并高兴地对我自己道："你这个笨蛋，你并不了解人类！"

当一个人生存于人类之中，他就不会了解人类。人类中间存在过多的肤浅——那高瞻远瞩的双眼在那里能做什么呢？

我曾经是笨人，当他们歪曲无解我时，我纵容他们胜过纵容我自己，我甚至时常因这种纵容而打击我自己。

被毒蝇啃咬全身，如石块一般被阴险的水滴侵蚀：我就这样待在人类之中，仍旧告诉我自己："所有渺小的东西都因其渺小而显得可怜！"

我还发现，那些自诩善良的人是最狠毒的苍蝇；他们会啃咬一切无辜的人，他们会利用一切去扯谎；这样，他们怎么会公平正直地对待我呢！

那生存在善良的人之中的人们——怜悯之心教会了他扯谎。怜悯为一切自由的灵魂制造了令人窒息的大气。因为善良的人的愚昧是深不可测的。

我曾在那里学会隐藏起我自己和我的财产,因为我发现每个人的灵魂都是困乏的。这是我带着同情的谎话,我了解每一个人。

我在每个人的身上见到并嗅到的,于他而言都是非常丰富的,那里有太多的精神!

他们那些倔强的圣贤:我称他们智慧,而非倔强——我学会了转弯抹角。

挖墓人为他们自身开掘出病症,在陈旧的废物下面隐藏着有毒的空气。人不应该搅动泥潭,人应该生存于高高的山上。

我重新用快乐的鼻子呼吸着高山上的自由空气。我的鼻孔从一切人类吵闹者的臭气中解脱出来!

凛冽的山风挑逗着我,就如同畅饮发泡的美酒一般,我的灵魂打着喷嚏——打着喷嚏并大声地自我祝福着:"祝你康健!"

查拉图斯特拉如是说。

五十四、三类恶事

1

在我的梦境里,在我最近的一个晨梦里,我立在一个海角上——仿佛置身于世界之外;我手里拿着一架天平,给这个世界称重。

唉,真可悲,那粉红色的清晨来得太早了,她照耀着我让我苏醒,这个忌妒的家伙!她一直忌妒我清晨梦境中的光辉。

在梦境中,我发现这世界是这样的:能够被拥有时间的人丈量,能够被优秀的称重的人测定重量,能够被强壮的翅膀飞抵,能够被圣洁的猜谜者猜出。

我的梦，一个勇敢的船员，一半是舟，一半是狂风，像蝴蝶般沉默，像猎鹰般暴躁。它今天怎么有闲情逸致来给这天下称重啊！

我的智慧也许曾偷偷地对它讲起过吗，我那微笑的、彻底苏醒的白天的智慧，它讥笑一切"无尽的世界"，因为它说："哪里存在能量，哪里就会产生数字这位主宰：因为它拥有着更强大的能量。"

我的梦从容地注视着这个有限的世界，不喜新，也不厌旧，不胆小怕事，也不低声下气。

正如一个又大又圆的苹果将它自己奉献到我手中，一只熟透了的金黄的苹果，它有柔软的、天鹅绒一样的皮肤——世界就这样将它自己奉献到我眼前。

正如一棵树朝我低头，一棵生机勃勃的、意志坚强的树，它将自己弯曲折叠，以为疲劳的游子提供带靠背的椅子与放脚的凳子——世界就这样耸立在我的海角上。

正如纤细的手掌捧着一个宝匣对着我——宝匣为招待那谦虚崇敬的双眼而打开着——世界就这样将它自己奉献到我眼前。

它并不是足够将人类给它的爱吓跑的谜语，它并不是足够让人类的聪慧自此熟睡的解决方法。于我而言，世界上人们所认为的恶事其实也是善事，它其实是一种合情合理的善事。

我非常感谢我的清晨的梦境，让我在今天这个破晓时刻就这样为世界称重！这个内心的安慰者就如一件合情合理的善事向我走来。

我在白日也愿意做相同的事情，效仿它最优秀的地方，现在，我会将三件最差的东西放到天平上，用最公平的方式为它们称重。

那教人祝福的人也教人咒骂。那三件在天上最受咒骂的东西是什么呢？我会将它们放到天平上。

荒淫，慕权，还有自私：这三种事物从古至今都最受咒骂，它们有着最差的名声——我会用最公平的方式为它们称重。

对了！这里是我的海角，那里是海洋——它朝我这里翻滚着波浪前来，毛发松散而顺和，这个年老的、忠厚的、我所热爱着的百头怪狗！

对了！在这里，我会手拿着天平高高地立于波涛汹涌的海洋上面：我还将选取一个见证人——你，这棵孤单的树，你，我所热爱着的芳香馥郁的、庞大弯曲的树！

在什么桥上，现代人可以朝过去的人走去呢？面临什么样的压迫可以使高个儿的人向矮个儿的人屈服呢？哪种号令可以使最高大者也仍旧朝上生长呢？

现在，天平稳稳地平衡而静止着。我已经在其中投入三个沉重的疑问，并将三个沉重的回答放在天平的另一边。

2

荒淫：对一切披头散发敌视肉体的人来说，它是尖刺与火刑柱；而且，它被一切彼岸论者咒骂为"尘世"，因为它讥笑并戏弄一切颠倒是非的布道者。

荒淫：于乌合之众而言，它是炙烤他们的火；于一切被虫蛀过的木头而言，于一切腐烂的破布而言，它是充满着热量的火炉。

荒淫：于解放的灵魂而言，它是纯真而自由的，它是乐土，是未来对当下源源不断的感谢。

荒淫：它对老朽的人而言是一种毒物；但是，于狮子一样的意志而言，它却是伟大的兴奋剂，是需要虔诚储存的酒中精品。

荒淫：它是一种更高的快乐和最伟大希望的崇高的标志性快乐。因为很多人被授予了婚姻，并且被授予了高于婚姻本身的东西。

很多夫妻彼此陌生，比陌生男女之间更为陌生，又有谁彻底了解男人和女人之间存在多大的陌生感啊!

荒淫:然而,我会在我的思维四周筑上篱笆,以保护我的话语,防止卑贱的猪狗闯入我的花圃!

慕权:它是鞭挞最毒辣者的烧着了的皮鞭;这是为最残忍的人留下的残忍酷刑;这是焚烧身体的幽暗火焰。

慕权:它是依附于最虚伪的民族身体上的阴险牛蝇;它是一切不坚定的道德的嘲笑者;它骑于一切马背之上,嘲笑一切不坚定的道德。

慕权:它是损坏并捣毁一切腐烂空虚者的地震;它是白色墓地挖掘着的、轰隆作响的、处罚性的损坏者;它是光亮的斥责者——青涩的答案边上的标记。

慕权:在它的注视下,人类爬着、蜷曲着、劳累着,变成比蛇与猪还要卑贱的动物——直到最终他们发出轻蔑的叫声。

慕权:这是极大地鼓吹轻视的恐怖老师,它对城市与他人咆哮:"去你的!"直到最终一个声音从他们之中喊出:"去我的!"

慕权:然而它引诱人去攀登到圣洁者与孤单者那里去了,提升到足够的高度,它闪烁着,正像那将紫色的极乐在世界的天堂中涂满的爱。

慕权:在高高的山峰期待朝权势低头时,谁还愿意将其称作豪情呢!事实上,在这种期待和降级中已经不存在任何的疾病和贪欲了!

那落寞的高高的山峰不会永久地维持孤单和骄傲;那山脉会走往山谷,山风也会吹往平原。

哦,有谁可以为这种期待找到准确的称呼和高贵的名字呢!"赠予的道德"——查拉图斯特拉曾经这样替这无法起名的东西起名。

然后,发生了这样的事情——事实上,它是第一次发生!他用语言祝福了自私,那合宜的、健全的自私,它从强壮的灵魂中喷发出来。

从强壮的灵魂中来，到承载着尊贵灵魂的高大肉体中，那俏丽的、充满胜利的、活泼的肉体，围着它的一切全都成了一面镜子。

那服从的、开明的肉体，那跳舞的人，其标记和举例是那取悦自我的灵魂。这样的肉体和灵魂的取悦自我将它自身称为"道德"。

依靠着它善恶的言论，这种自我取悦才可以用来保护自己，正如依靠着圣洁的森林一般，它依靠着其快乐的名义，从它自己身上驱赶了所有的卑贱之物。

它从其自己身上远远驱赶走所有软弱的东西，它说："软弱，那就是邪恶！"在它看来，那常常忧虑者、叹气者、埋怨者，还有那计较最微小的利益者，都是卑贱之物。

它也蔑视一切苦中作乐的智慧。事实上，在黑暗中确实有盛放的智慧，一种在夜晚暗影笼罩下的智慧，它时常叹气："一切都是虚无的！"

羞涩的猜疑被它看作是低贱的，另外，每一个期待誓言而不想动手去实现的人，还有一切猜疑心过重的智慧，都被它看作是低贱的。因为这就是软弱灵魂的本性。

它更觉得那些曲意逢迎的人，那动辄躺下就范、谦恭服从的人是低贱的。那服从的、卑躬屈膝的、虔诚的，还有曲意逢迎的智慧也是卑贱的。

它彻彻底底地痛恨并且嫌弃那绝不会自我还击的人，那吞下带毒的口水还有恶毒眼光的人，那过分平和的人，那容忍所有的人，那对所有感到满足的人，因为那是奴性的表现。无论是在上帝还是神圣的唾弃，无论是在人类还是在人类的愚蠢面前卑躬屈膝，这一切的奴性全都令人厌恶！

一切污秽的下贱者——那拘谨的、被压抑的灵魂，还有那虚假的顺服姿态，它用宽大而软弱的嘴去接吻，它都称其为作恶。

虚假的聪明这样称呼奴仆们、年老衰朽的人所伪装的智慧；尤其是所有奸诈的、假装有智慧的、狡猾的教士的愚蠢！

但是，这假装的聪明，一切教士、轻视者，那些心灵归属于女人和低贱本能的人——哦，它们究竟是怎样乱用了自私啊！

可是，正是对自私的滥用才让那希望转化为道德！"自私"——他们用这样合适的托词来代表他们这些懦弱的胆小鬼和霸道的蜘蛛的希望！

然而对于这一切而言，现在走来了白昼、变化、正义之剑、伟大的正午：那时，很多事情会被揭露出来！

那宣传健康而圣洁的自我，还有那快乐的自私的人，事实上，他，这预言家，也讲出了他所了解的："瞧啊，它到来了，它走近了，那伟大的午时！"

查拉图斯特拉如是说。

五十五、繁重的灵魂

1

我的咽喉和舌头——是归于大众的：我过于庸俗地、真诚地对着文人雅士说话。我的话语对不入流的作家和善于卖弄辞藻的人来说特别奇怪。

我的手——是一个傻瓜的手：所有的桌子与墙壁，还有所有替傻瓜的乱写乱画而给予的地方都变得很糟糕。

我的脚——是千里马的脚：我用其踢踩并奔跑于木头、泥土、石头的上面，在原野里放肆奔跑，因为奔跑的幸福而无比快乐。

我的胃——的确是苍鹰的胃吧？因为它偏好羔羊的肉，不管怎样，它理当是一只凶猛大鸟的胃。

将纯真的事物作为其食物，准备好并且按捺不住地想要飞起，飞走——那是我现在的本能：那其中怎么会没有凶猛大鸟的本性呢！

我尤其仇视那繁重的灵魂，这是凶猛大鸟的本能——事实上，是拼死地仇视，极度地仇视，本能地仇视！哦，我的仇意有什么地方没有飞临过？有什么地方没有迷惘过？

对此，我能够唱一支歌——我想去唱它：虽然我一个人在一间空空的房子中，我只能将它唱给我自身的耳朵。

是的，时间还存在其他的歌者，于他们而言，唯有拥挤着人的房间才可以让其声音更悠扬、动作更迷人、眼光更传神、内心更清明——但我并不是那样的人。

2

未来某一天，有谁教会人类飞翔，谁就会撤除地上的一切标记；于他而言，一切的标记会自己飞上天空；他会再一次给这片土地起名——称其为"轻快之体"。

鸵鸟奔驰起来比最快的骏马更加快速，但是它也信赖地把它的脑袋插入泥土：那些还无法飞翔的人类也这样。

这片土地和生命于他而言是繁重的，而繁重的灵魂期待如此！但是，如一只鸟一样的轻快的人一定热爱自己——我这样教导别人。

当然，并非依靠着老弱病残者的热爱，因为他们即使对自己的热爱也散发臭味！

人一定要学会热爱自己——我这样教导——用一种健康的热爱来

爱自己，只有这样，人们才能够容忍和自己的相伴，才不至于疏远放纵。

这种疏远放纵将自己命名为"博爱"，从古至今，陪同着这样的话前来的是最严重的谎话与虚伪，那些于任何人皆为包袱的人最擅长使用。

事实上，学会热爱自己并不仅仅是给现在与将来设定的戒律。反之，它是一切艺术中最雅致、最奇妙、最后的有耐心的艺术。

在一切宝藏中，所有的财富都被它的主人巧妙地隐藏起来，只有人们自己开采出来的财富才是自己的——这正是繁重灵魂的初衷。

当我们还在摇篮中，我们就被配发了繁重的言语与价值，"善"还有"恶"——这种礼品这样自称着。由于它的原因，我们的存在才被谅解与饶恕。

所以，人类准许孩子来到这里，并严禁他们过早地热爱自己——这就是繁重灵魂的初衷。

而我们真诚地容忍着那些配发给我们的、置于坚强的肩膀上的沉重负担，并翻山越岭！当我们挥汗如雨，人们就会对我们道："是啊，这就是生命无法承受的负担！"

但是人类自身才是唯一无法承受的负担！其中的缘故是他肩膀上承载了过多身体以外的东西。如骆驼一般，他跪下，让他自身出色地承担起了重负。

特别是那心中虔诚的强健的承重之人。他在自己身上承载了过多身外的繁重话语与价值——所以生命在它的认识中是一片沙漠！

事实上！很多我们自己的事物也无法担负！许多人类体内的东西就如牡蛎一般——令人厌恶、油腻而且无法被掌握。

所以，人们需要一个别致的外表——它携着雅致的粉饰。但是人们也必须了解这种技巧：拥有一个外表，一个精美的面貌，还有见地中的盲从！

还有，人类之中存在很多欺诈，很多外表是贫困与卑贱的，而且这样的外表太多了。许多被隐藏的仁慈和权势从来没有被揭示过；最精致的美食偏偏找不到食用者！

只有女人明白这些：偏多一分嫌胖，偏少一分嫌瘦——哦，多少运气在于一丝一毫之间啊！

人类很难被发现，而最困难的却是发现自己；灵魂时常对心灵扯谎，这正是繁重的灵魂的初衷。

可是，那发现了自己的人讲道：这就是我的善和恶。为此，他对着野鼠与矮子沉默，因为它们道："一切都是善，一切都是恶。"

事实上，我不喜欢那些声称众生都善良的人，我不喜欢那些声称这个世界都善良的人。那些人我称他们是彻头彻尾的满足者。

彻头彻尾的满足，它了解怎样品鉴众生——但那并非最棒的品鉴！我尊敬那固执的、批驳的舌头和胃，它曾经学会了讲"我"，还有"是"和"否"。

但是，去品味并吸收所有的东西——那是真正的猪的本能！唯有驴子才懂得这样，还有那些和驴子一样的人！

蜡黄和大红——我的品位这样渴望——它将鲜血和一切色彩混在一起。但是，那将他的房子刷成白色的人，对我展示了一个被刷成白色的心灵。

有人喜欢行尸走肉，有人喜欢鬼魂，这两者都对血和肉带有仇意——哦，这二者都是如此让我恶心！因为我热爱鲜血。

我无法居住在或者停留于那每个人都唾弃的地方——我宁愿住在强盗和做假证的人之间，那是我的品位，因为没人将金钱挂在嘴边。

但是更加让我讨厌的，是所有卑躬屈膝的人；那是我所看到的人类中间最让人讨厌的生物，我称其为"寄生虫"——它们不愿去爱，却想依靠爱生存。

那些只有一种选择的人，我称其为可怜人。他们要么成为罪恶的猛兽，要么成为罪恶猛兽的驯兽师。我无法在这样的人之间建起我的房子。

我还将那些必须等候的人称作可怜人。他们让我恶心，所有那些收税人和商贩、君王、地主和店主，都不符合我的品位。

事实上，我也了解等待，并完全学会了等待——然而只是等候我自身。不管怎样，我学会了直立与步行、跑步和跃起、攀登和舞蹈。

但这是我的说教：谁想要在未来的某一天可以飞翔，谁就一定要先学会直立与步行、跑步和跃起、攀登和舞蹈。因为飞翔不是一蹴而就的！

依靠着一根绳梯，我学会了攀爬着到达很多窗户，依靠着灵活的双腿，我登上了高层的船杆。于我而言，坐在知识的高高的船杆上真是好运。

如火焰一般在高层的船杆闪亮着：我相信那仅是一点微小的光亮，可于漂泊的船员和罹难的人而言，它却是一种强大的告慰！

经历很多的路程和很多的脚步，我接近了我的真理。为了能够登上那高地，我攀爬了不止一架梯子，我在那里向远处尽览景物，舒展情怀。

但是我不愿意向人问路——那总是背离我的品位！我宁愿探寻并体验那道路本身。

我的全部旅途正是探寻和体验——事实上，人们必须学会解答这种探寻！然而，那正是我的品位。

这即使并不是很好的品位，却也并不是很差的品位，然而这是我的品位，因此我不会有羞惭之心，也不需要为其保密。

"这就是我的道路，你们的道路在哪里呢？"我这样回答那些向我打听"路"的人。因为这路它根本就不存在。

查拉图斯特拉如是说。

五十六、新旧碑文

1

我在这里等候着,我四周是残破的旧碑文,也有书写了一半的新碑文。我的时刻什么时候到来呢?

——我下降的时候,我衰落的时候:我会重新向人类走去。

我现在在等候那一刻:开始一定有先兆指示我那是我的时刻——那就是,伴着群鸽欢笑的狮子。

与此同时,我如闲人一般和我自身谈话。没有人告诉我什么新鲜事,因此我将我自己的经历说给我自己听。

2

当我向人类走去时,我发现他们栖身于一种久远的迷狂状态中:他们所有人都觉得他们很久之前已了解了什么对人类是好的,什么对人类是坏的。

在他们看来,一切和道德相关的演说都是一种久远而让人讨厌的事情;那想要安眠的人在休息之前都会讨论"善"和"恶"。

我教育说,暂且没有人了解什么是善恶,除非那造物主!这番话惊醒了熟睡中的人。

——但是,正是他创造了人类的目标,并给这片土地和其将来赋予了意义。唯有他才能树立那所有的善恶。

我叮嘱他们掀翻他们古老的讲坛，还有那古老的执迷之处；我叮嘱他们讥笑他们伟大的道德家、他们的门徒、他们的诗人，还有他们的救世主。

我叮嘱他们讥笑他们忧郁的智者，还有每一个如一个黑色的稻草人一般戒备地坐在生命大树之上的人。

我坐在他们的墓地旁，甚至就在腐败的尸体和秃鹫边上——我讥笑他们的所有过往还有那些过往衰败的辉煌与荣耀。

事实上，我就像那苦行僧般的传教士与傻瓜，我恼羞成怒，诅咒他们一切的伟大和渺小。哦，他们的极端善良是这样渺小啊！哦，他们的极端罪恶也是这样渺小啊！我这样开怀大笑着。

我那出生于群山之上的智慧，它的渴求就这样在我身上纵情呼喊并开怀大笑；这个疯狂的智慧，事实上，这就是我那展翅将飞的渴求和欲望。

它常携着我起飞、升空、飞离，在欢笑中间越飞越高；所以我如一支箭一般带着陶醉的喜悦颤动着翅膀翱翔：

——飞进那不曾梦到过的远处，飞进那连画家都无法想象的温和的南方，飞向那跳着舞的诸神视一切衣物为羞辱的地方。

我会如诗人一般用比喻与隐语结巴地讲话：事实上，我替我仍旧不得已作为一个诗人而羞惭！

在那里，一切都变成了诸神的舞蹈和诸神的嬉戏，世界去掉了捆绑，扔掉了缰绳，跑向了自己。

就如一种诸神彼此之间的自我解救和自我寻觅，就如诸神彼此之间快乐的相互抵触、相互交谈与相互关爱。

那里的一切时间于我而言都是一种对瞬间的讥笑，那里的必要之物是自由本身，它和自由快乐地玩耍着。

在那里，我还重新发现了我的恶魔与强敌，也就是那繁重的灵魂，还有一切它所发明的东西：束缚与法律，必然与结果，目标与意志，善与恶。

在那里，某种东西必然存在，好让舞者舞于其上，超越它所能触及的地方。难道那不是理所当然的吗？为了矫捷和美丽，野鼠和愚蠢的矮子需要存在。

3

在那里，我还在路上捡起了"超人"这个名词，而且我发现人是一定要被超越的事物。

人是一座桥梁而并非一个目标，为它的正午和夜晚感到快乐的人，将它作为朝着全新的粉红色清晨发展的道路。

查拉图斯特拉关于伟大午时的话语，还有其他一切那些高悬于人类头顶的事物，就像紫色晚霞。

事实上，我也让他们观看新的星体，伴着全新的夜晚，在云朵、白日和暗夜之上，我舒展大笑的声音像一张五彩穹庐。

我传授给他们我全部的诗情画意和激情澎湃：人类当中那些残片、谜团，还有恐怖的偶然，全集中并且拼凑成一体。

作为拼凑者、解谜者、偶然的挽救者，我教育他们去创造未来，我教育他们通过创造去救赎。

想救赎人类的过去，想改变一切"事已至此"，直到意志最终说："然而我就是这样设计的！我想要这样设计！"

我称它是救赎，我教导他们称它是救赎。

现在我等候着我的救赎，此后我会最后一次向他们走去。

我将要重新向人类走去：在他们当中，我的太阳将要落下；离开之前，我将送给他们我精心选取的金色饰品！

第三卷 | 205

我在太阳落下时了解了这些——那富足之物，它将它的金光扔进海洋！

所以，甚至是最贫穷的渔人也用金桨划船！我曾经见到过这些，并且每次看到的时候都热泪盈眶。

查拉图斯特拉也会如太阳一般落下。现在他正在这里等候着，他四周是残破的旧碑文，也有书写了一半的新碑文。

4

看看吧，这是一个新碑文。但是那要和我共同抬着它去山谷、那血肉相连的兄弟们在什么地方呢？

我的大爱向最遥远的人这样下令：请不要宽容你的邻居！人类是一定会被超越的事物。

这世间有很多种超越的路途和方式，你去瞧吧！只有小丑会觉得："人类也能够被蹦过去。"

甚至你们的邻居也能够超越你们。这是一种权利，如果你们能够夺取，那就不应当答应受他人施舍！

你所付出的没有人可以再为你付出。瞧啊，并没有回报！

凡是无法号令自身的人，就应当顺从于别人。很多人可以号令自身，却仍旧很难做到自我顺从！

5

崇高灵魂的种族这样希望：他们不愿意白白得到什么，特别是生命。

只有平民大众才想免费得到生命。但是，我们其他人，生命把其自身送给了我们——我们一直在思考我们可以用什么当作最佳的回礼！

事实上，这是一个伟大的箴言，它说道："生命所承诺提供给我们的，正是我们替生命保住的！"

人不愿享乐——当他没有做出任何贡献时。甚至，这样的人根本就不应该巴望享乐！

因为，肆意享受和纯真无辜是最让人羞涩的东西。这两者均不乐意被寻求。人可以占有它们，人却更愿意去寻找罪过与痛楚！

6

哦，我的朋友们，走在最前面的人总是会殉难。但是，现在，我们正是走在最前面的人！

我们所有人都在神秘的祭坛上流着鲜血，我们所有人都因敬重古老的神像而遭到燃烧和炙烤。

我们中最年轻的人还算年轻：这刺激了那古老的胃口。我们的肉质嫩滑，我们的表皮正如羔羊的表皮——我们怎么能够不让久远神像的祭司们兴奋！

那久远神像的祭司，他仍旧栖身在我们自己中间，他炙烤我们的最优秀的人并把他做成盛宴。啊，我的朋友，走在最前面的人怎么才能不成为祭品呢！

但是我们的族裔也这样期待着。然而我热爱那些不希望保留自己的人，我用我所有的爱热爱着那沉沦的人，因为他们正在走向超越。

7

非常少的人可以做到真实！而可以做到的人，却不愿意这样做！但是，极少数的善人可以做到这一点。

哦，那些善人！善人从来不讨论真理。对于灵魂，这样的善是一类病症。那些善人，他们的心灵赞同，他们的灵魂顺服：但是，那顺服者，他并没有倾听自身！

一切被善人叫作罪恶的东西，必然会聚积起来促成一个真理的诞生。哦，我的朋友们，你们是否有充足的罪恶来推动这个真理？

大胆的探险，长期的疑问，残忍的否决，斩钉截铁的厌倦——这些积在一起是如此稀少！但是，真理正是从这类种子中诞生的！

从古至今，一切知识都是在这一邪恶的意识中产生的！砸碎吧，砸碎吧，你们这些仁人志士啊，帮我砸碎那旧碑文吧！

8

当水面上有竖起的木桩时，当过道和围栏跨越河流之上时，事实上，就没人相信那些说"所有的一切都在流动变化中"的人了。

然而，即便是傻瓜也会批驳他。"你说什么？"傻瓜道，"所有的一切都在流动化变中？竖起的木桩与围栏可是静止于河流之上呀！"

"在河流之上，一切都是静止的，事物的所有价值，桥梁和架子，所有的'善'与'恶'：这些全是静止的！"

但是，来了，那冷酷的冬日，那河水的制服者，那时，甚至最有智慧的人也学会了猜忌，事实上，那时就不只是有傻瓜在说："难道所有的一切不是都是静止的吗？"

"一切的本质都是静止的"——这是一个适宜冬天的教义，对于草木不生的冬季来说，这是个好消息，对于冬眠者和围炉烤火的人来说，这是强大的安抚。

"一切的本质都是静止的"——但是，融化白雪的风所宣讲的，却与之相反！

那融化白雪的风是一头公牛，一头不会耕地的公牛，一头暴躁的公牛，一个破坏者，它用其愤怒的犄角冲碎了冰块！而那坚硬的冰块却又冲坏了浮桥！

哦，我的朋友，难道现在的一切没有处在流动变化之中吗？难道一切过道和围栏没有都已经掉下水里了吗？谁还要执着于"善"和"恶"呢？

"我们是多么不幸！我们又是多么幸福！融化白雪的风刮起来了！"就这样穿过街头巷尾的宣讲吧，我的朋友们！

9

世间有一种古老的臆想——名字叫作善和恶。从古至今，善和恶一直在先知与占卜者的四周转动着。

人们曾经相信先知与占卜者，所以人们肯定，"一切皆是命运：你应该这样，因为你必须这样！"

后来，人们又不信赖一切先知与占卜者了，所以人们肯定，"一切皆是自由：你可以这样，因为你愿意这样！"

哦！我的朋友们，从古至今和星球和未来相关仅存在过幻世，并没有学问；所以，从古至今，关于善和恶的一切，也只是臆想，其中并没有真正的知识！

10

"你不应该打劫！你不应该谋杀！"——这样的训诫过去曾被叫看作是崇高的。人在它们跟前跪地磕头，脱下靴子，顶礼膜拜。

但是我问你们："这世间哪里还存在过比这崇高的训诫更凶恶的抢夺和谋杀呢？"

"难道不是在所有生命中尽皆存在抢夺和谋杀吗？将这叫作崇高训诫，难道不是让真理本身遭到了谋杀吗？"

难道那被叫作崇高的却又驳斥并且阻止求生的训诫不是一种宣扬死亡的说教吗？哦！我的朋友们，砸碎吧，砸碎吧，帮我砸碎那旧碑文吧！

11

　　这是我对一切往昔的怜悯：我看见它被抛弃了——被抛弃在每一个新时代的怜恤、灵魂还有疯癫之间，这个时代将所有往昔都重新诠释为它自己的桥梁！

　　一个伟大的统治者要崛起，一个狡黠的奇才，他可以用其准许与不准许去强迫和束缚所有往昔，最终它会变成他的一座桥梁、一个先兆、一个信使，还有一只报晓的雄鸡。

　　但是这是另一种危机，也是我的另一种怜悯——凡是贱民，他的思想都只会追溯到他的祖宗那一代——一旦到了他的祖宗那一代，时光就停滞不前了。

　　于是，所有往昔全被抛弃。因为或许在未来的某一天贱民会成为统治者，他会将整个时代都溺死在浅水中。

　　所以，哦，我的朋友们！一种全新的高贵是必需的，它会成为所有贱民和统治者的反抗者，而且会在新碑文上而再次雕刻上"高贵"一词。

　　所以，许多高贵的人需要一种全新的高贵，也许，像我曾经用寓言讲出的："那就是神性：存在诸神，却无上帝！"

12

　　哦！我的朋友们，我将你们圣洁化并给你们指出了一类全新的高贵：你们应该变成未来的创造者，培养者和耕种者。

　　事实上，我并不是想给你们指出一种能够用钱买到的高贵，就像商人一般用黄金买到高贵；因为所有有价格的事物全都没什么价值。

　　从明天起，让你们的光荣变成并非你们从哪里来，而是你们往哪里去吧！那试图超越你们的——你们的意志和你们的双脚——让它们变成你们全新的光荣吧！

事实上，你们的光荣并非你们也曾伺候过某位王子——王子现在又算是什么——也并非你们也曾是王子的屏障，就为了让他的地位变得更加稳固。

并非你们的家族也曾在宫殿中身居高位，也并非你们也曾学会了奢华的装扮，如一只火烈鸟一般，在浅水中长久地站立。

因为直立是大臣必须习得的本领，所有的大臣都认为：被准许坐下——那是属于死后才能得到的赐福！

甚至也并非一种被叫作高尚的灵魂，虽然它引领你们的祖宗走入了我并不颂扬的应许之地！因为在那里生长着所有林木中最糟糕的树——那十字架所在的地方——在那片土地上并无什么可以颂扬的！

事实上，无论这种"神圣的灵魂"在哪里引领它的骑兵，在这战争里冲锋陷阵的，始终是山羊和雌鹅，还有那歪头笨脑的人！

哦！我的朋友们，你们的高贵要不恋过往，勇敢向前！你们应该从父母的土地还有先祖的土地被赶出来！

你们应该热爱你们后代的土地：把这种热爱作为你们全新的高贵吧——在那遥远的尚未被发现的地方！因为它，我叮嘱你们扬帆起航，寻觅又寻觅！

在你们的后代身上，你们应当纠正你们是你们父辈的小孩的错误认知，你们应当这样救赎全部的往昔！我把这全新的碑文悬于你们头顶上方！

13

"人为什么活着？一切都是虚无的！活着——就是浪费精力；活着——那是即便点燃自身也无法得到温暖。"

这种古老的陈词滥调仍旧被当成"智慧"而传播着；但是，由于它年代久远，而且还发出了霉变的气味，所以它更加受到尊重。甚至霉变也被崇高化了。

孩子们可能会这样说,他们躲避火苗是因为火苗曾经灼伤过他们!在智慧的古书中存在很多稚气。

对于那曾"鞭打稻草人"的人,他们有什么权利责骂这种鞭打的行为呢?关于这种笨蛋,人们会让他闭上嘴巴!

这种人坐在桌前,身上一无所有,甚至连饥饿感都没有——所以他们咒骂:"一切都是虚无的!"

但是,我的朋友们,酒足饭饱果然并不是虚无者所擅长的!砸碎吧,替我砸碎那永不知足的旧碑文吧!

14

"于洁净的人而言,一切皆是洁净的"——大众这样说。但是,我朝你们道:"于猪而言,一切都如猪一般可鄙!"

所以空想家与低头者劝告说(他们的灵魂也是卑微的):"世界本身正是一只污秽的怪兽。"

因为他们都有不洁净的灵魂;尤其是那样人——他们没有安宁和休息,只是自背后窥探着这世界——这群彼岸论者!

虽然这话听起来让人不开心,但我还是朝着那些人面对面道:世界就像人一样,在它身上也存在一个背面——这是确定无疑的!

在这个世界中存在很多肮脏,这是确定无疑的!但是世界并不因此就是一只污秽的怪兽!

在这个世界中存在很多智慧,这是确定无疑的!即便世界中存在的很多东西发出了腐臭——可憎恶本身就能长出翅膀,创造出事先感知源泉的能量!

即便在最卓越的事情中,仍旧存在一些令人讨厌的东西;最非凡者仍旧是一种必须被超越的事物!

哦！我的朋友们，在这个世界中存在很多智慧，在这个世界中存在很多肮脏！

15

我听到虔诚的彼岸论者对着他们的良知讲了这样的话，并且，确实没有任何的罪恶和欺骗——虽然在这个世界里再没什么比这更加狡诈、更加罪恶的事物了。

"就让这世界变成他本身的样子吧！一个指头也别再动它！"

"放任那些人去打砸抢烧吧，别再阻止他们了！这样他们就能学会鄙弃这个世界了。"

"而你们有自己的理由——你们觉得你们应该捂死它。因为它是这个世界中的一种理性——如此你们就能学会鄙弃这个世界了。"

砸碎吧，哦！我的朋友们，砸碎虔诚者的那些旧碑文！将这些毁谤天下人的言论砸成粉末！

16

"那学识渊博的人忘记了一切强烈的理想"——现在，大众在漆黑的小巷里彼此低声说着这样的话。

"智慧让人疲劳，这不值得。你不该有追求"——我觉察这张新的碑文甚至高悬于广场上。

替我砸碎吧，哦！我的朋友们，也砸碎那新碑文！厌世的人、死亡的劝说者还有狱吏把它挂了上来。因为瞧啊，它也是一种教人做奴隶的教义。

因为他们学得的是很差的东西，而不是很好的东西。无论学什么，他们都学得太早也太快。因为他们学的是很差的东西，所以他们的胃遭到了损害。

他们那受到损害的胃，就是他们的灵魂：它劝告别人去死！确实，我的朋友们，灵魂正是一个胃！

生命是一口幸福的井，但是于那胃口不好的人而言，这是他们的痛苦之源，一切泉水皆是带毒的。

追求知识，那是存在狮子般意志的人的快乐！但是那疲惫不堪的人，他自身只是"受他人指使"的，所有的浪花都在作弄着他。

这常常是软弱者的本能，他们在追寻自我的道路上失去了自我。最终他们疲惫地发问："我们最初为什么行走于这条路上呢？一切都是毫无价值的。"

他们的耳朵乐于听到这些："一切都毫无价值，这不值得。你不该有追求！"但是，那是教人做奴隶的教义。

哦！我的朋友们，查拉图斯特拉将一阵清爽的飓风吹往在赶路中感到厌倦的人，他会让很多鼻子打喷嚏！

我的自由的气息甚至穿过墙壁吹进来，吹入监狱，吹进被禁锢的灵魂！

意志携来解脱，因为意志就是创造。我这样教育着。你们只应该为了创造去学习！

你们也只应该向我了解那学习方式，那是优秀的学习方式！让那些带了耳朵的人去听吧！

17

那里停泊着船只——它即将朝哪里驶去？或许是驶入庞大的虚无之中——但是谁愿意进入这个"或许"里呢？

你们中无人希望走入死亡之船！那么你们怎么会变成厌世者呢！

厌世者！你们甚至并没有自这片土地上撤离！我察觉你们依旧渴求这片土地，你们依旧热爱着这片土地！

你们的嘴巴并不是没有理由地垂下——一个微小的尘世希望还放置在那上面！而且在你们眼里——难道没有漂流着一朵无法被忘却的尘世祝福的云朵吗？

这片土地上存在很多优秀的创造，一些是实用的，一些是能产生快乐的。因此，这片土地是美好的。

这片土地上存在很多如此美好的创造，它们正如女人的乳房：既是实用的，同时又是让人快乐的。

但是，你们这些厌世者啊！你们这些土地上的懒虫！你们应该被抽打！应该用鞭子让你的手脚重新奋发起来。

因为假如你们并非病患，并非这片土地上的衰老生命，那么你们就一定是奸诈的懒人——可能是馋嘴的人，可能是鬼鬼祟祟的荒淫的猫。假如你们不愿意重新幸福地驰骋，那么你们就应该死去！

人们不应该尝试成为无可救药的人的医师，他们应该死去！查拉图斯特拉这样引导。

但是，写一个结尾比创作一首全新的诗需要更多的勇气：这点，所有的医师和诗人全都十分明了。

18

哦！我的朋友们，有些碑文是由讨厌所组成，有些碑文是由懒怠所组成的，有些碑文是由腐烂所组成的。纵然它们言语相似，但它们却希望得到不同的阐释。

瞧这不断衰落的人吧！他距离他的目的地仅有一步之遥了。但是因为疲倦，他倒在了尘埃里！这个勇者！

因为疲倦，他不愿继续往前走一步——这个勇者！他打着哈欠，对这道路，对这大地，对这目标，甚至对他自己感到厌倦。

现在，太阳炙烤着他，狗们用舌头舔着他的汗珠，但是他固执地躺倒在尘土之中,宁愿就这样衰老腐朽下去。

距离他的目的地只有一步之遥,却想衰老腐朽!确实,你们只能不得已地拖着他的头发将他拉入天堂去——这个勇者!

你们最好仍旧让他躺倒在他所躺的地方,那么睡意也许就会来到他身边,那睡意,那携着清凉的蒙蒙细雨的抚慰者。

让他躺着,直至他自己苏醒,直至他自己驱走了一切疲劳,还有疲劳所带给他的经验教训!

我的朋友们,你们一定要驱逐开他旁边的狗和不务正业的懒人,还有那一切聚集过来的有毒的虫子。

所有"受过教育"的有毒的虫子,它们享受着每一位好汉的血与汗!

19

我围着我自己造了一个圆和一个神圣的界限;山势越高,与我共同攀登的人就越少。但是我建立了一个永恒圣洁的山系。

但是,无论你们愿意和我一起攀登到什么地方,哦!我的朋友们,请小心不要将任何寄生虫带上来!

寄生虫,那是一种爬虫,一种四肢着地的蜷曲的爬虫,它会努力用你身上的衰弱与悲痛的伤口将自身养胖。

这就是它的把戏,它看透了攀升的灵魂在什么地方会疲倦,在你的担心和与沮丧之中,在你敏感的谦虚中,它建立了它那令人讨厌的窠巢。

凡强健者衰弱的地方、高贵者柔和的地方——它就在那里建立它那令人讨厌的窠巢。寄生虫生存在高贵者的小伤口处。

什么是所有现存的物种中最高贵的,什么是最低下的?寄生虫是最低下的物种,但是那最高贵的人却喂养了好多的寄生虫。

因为，那最高贵的人有最长的梯子，可以下降到最深处，那里怎么可能没有寄生虫呢？

最博学的灵魂，能够驰骋、背离、浪荡在自身的最深处；最必不可少的灵魂，为了幸福而愿意将自己扔于偶然之中。

存在的灵魂，跃入变化之中；占有的灵魂，尝试达成欲望和渴求的途径。

灵魂远离自身，又在最广阔的轮回中回归自身；最有智慧的灵魂，愚昧对它讲着最甘甜的语言引诱着它。

最爱自己的灵魂，在它身上，众生都存在其顺境和逆境，潮涨和潮落——哦，最高尚的灵魂怎么才能避免遭到最卑劣的寄生虫的依附呢？

20

哦！我的朋友们，难道我是冷酷的吗？但是我还是要说："但凡倒下的，应该再推它一把！"

当下的一切一旦倒下，都会变得腐朽；谁还愿意保留它！但是我——我还想要推它一把！

你们了解将石块推下险峻深渊的快乐吗？那些现代人啊，瞧瞧他们是怎样滚进自己的深渊里的吧！

我是伟大演奏家的一支开场曲，哦！我的朋友们！是一个表率！请以我做表率吧！

对于那些你们不愿意教其如何飞翔的人，我请求你们教他如何更快地倒下吧！

21

我热爱勇者，但是仅靠这些还不足以做一个侠客——人还必须要明白在什么地方使用侠客之道!

坚持沉默并离去,这常常需要很大的勇气,只有这样人们才能够将自己留给更值得应对的仇敌!

你们只应该痛恨仇敌,而不应该轻视仇敌。你们应该为拥有那样的仇敌而感到自豪。我已经这样教导过你们了。

想着将自己留给更值得应对的仇敌,哦!我的朋友们,所以你们必须远离很多其他仇敌——特别是很多贱民,他们在你们耳朵旁吵闹着发出噪音,他们谈论着关于大众和民族的一切。

洗擦你们的双眼,看明白他们的赞成和抵制吧!那里存在很多是非对错:那旁观者看了难免愤怒。

在那里旁观和在那里群殴其实是一回事。所以,回到丛林中去吧,在那里放置你们的剑并让它熟睡吧!

走你们自己的路上!放任那大众和民族走他们自己的路——那是一条漆黑的道路,事实上,那上面没有一点闪光的希望!

放任商贩去统治那里吧,在那里,一切闪光的都是商贩们的金子。君王的时期已一去不返:现在,自命为大众的人已不配再有君王。

瞧瞧这些大众是怎样做得如商贩一般的吧:他们从垃圾堆中为自己捡起蝇头小利!

他们彼此设套,彼此利用——他们称这为"好的友情"。哦!那远久的时代应该受到祝福,因为,那时候一个民族向其自身道:"我希望当上所有民族的统治者!"

所以,我的朋友们,最优秀的人应该统治世界,最优秀的人也要愿意统治世界!哪里的教义和这不一样,哪里就缺少最优秀的人。

22

假如他们得到免费的面包,唉!他们还在哭什么呢!维持生命才是他们真正的消遣,他们的生活应该是很困苦的!

他们是抢食的野兽,在他们的"工作"中甚至皆存在抢夺,在他们的"收益"中甚至皆存在欺骗!所以他们会面临困难!所以,他们的生活应该是很困苦的!

他们应该成为更厉害的抢食的野兽,精干的、聪慧的、与人类更接近的——因为人类是最厉害的抢食的野兽。

人类也曾抢夺了所有动物的优点,这就是为什么在所有动物中人类活得最困苦。

唯有鸟类仍旧飞翔于人类头顶。假如人类也学会了飞行,唉!那他的贪婪会飞到怎样的高度呢!

23

我希望男人与女人都能这样:一个,适用于作战;另一个,适用于生儿育女。而这两者全都适合用头和脚跳舞。

假如不曾跳过一支舞,那生活于我们而言就虚度了。假如不能给人以欢笑,那每一个真理就皆是谬误!

24

你们在缔结婚姻时要做好准备,小心别让它成为一件坏事!你们太急躁了,因此接下就必然是婚姻的破碎!

而婚姻破碎比起在婚姻中屈从与妥协要好些!一个女人这样向我道:"是的,是我毁坏了婚姻,然而是婚姻先毁坏了我!"

我也曾察觉怨偶是最具报复性的,他们让每个人都不能再独行,让两个人都受苦受难。

为了这个原因，我希望真诚的人们向对方道："我们相互热爱，让我们给我们的爱情保鲜吧！否则我们的誓言岂不是一个错误？"

"给我们一个指定期限，让我们试婚，以让我们了解我们是否适合那长久的婚姻！毕竟，结婚终究是一件大事。"

我这样劝说所有诚实的人。假如我用不同的方式劝说与诉说，那我对超人的热爱，对全部来者的热爱又算什么呢？

另外，哦！我的朋友们，你们不但要自我繁殖，还要向上提升——希望婚姻的花园能帮到你！

25

那在古老的源泉中成长起来的智者，瞧啊，他终将会去寻找未来的泉水与全新的泉水。

哦！我的朋友们，不久之后将会有全新的民族出现，全新的泉水会奔流到新的深渊里去。

因为地震阻塞了很多水井，这造成来了很多人的干渴，但是它也开发了内部的能量和奥秘。

地震开发出新的泉水。在古老民族的颠覆里，新的泉水汹涌而出。

无论谁高声喊道："瞧啊，这里有一股替很多焦渴的人准备的水井，一颗替很多渴求者准备的心灵，一个替很多工具准备的意志。"在他四周就能聚集起一个民族，换句话说，聚集起很多充满渴望的人。

谁能够发号施令，谁就一定也擅长服从——那是一种实验！啊，在那长期的追寻、纠结、挫败、研习，还有一再实践中的尝试啊！

我如此教导你们：人类社会，这是一种实践，一种长期的追寻，但是它追寻的是一个发号施令的统治者！

我的朋友们！这是一种实践，而并非"契约"！摧毁吧，我请求你们，摧毁懦弱者与中间派这类词语吧！

26

哦！我的朋友们！对全人类的未来而言，最大的风险暗藏于谁身上呢？难道它并非在善良正直的人身上吗？

心存这样感觉的人说："我们已曾明白何为善良和正直，我们也拥有它。而那些还在寻求它的人是多么可怜啊！"

但凡罪恶的人能带来的损害，善良的人也一样能带来，甚至带来更严重的损害！

但凡这世界的诋毁者能带来的损害，善良的人也一样能带来，甚至带来更严重的损害！

哦！我的朋友们，也曾有人窥探过善良正直的人的心灵，他道："他们全是法利赛人（《圣经》中的伪善者）。"然而大众并不理解这话。

善良正直的人本身就无法理解，他们的灵魂被关押在他们的良知中。善良者的笨拙是深不可测的智慧。

但是，这是真理：善良的人一定是法利赛人——他们别无选择！

善良的人一定会将那创造了他自己的道德的人钉死于十字架上！那就是真理！

但是，还有一个人，是他发现了他们的国度——善良正直的人的国度、灵魂和土地，正是他在问："他们最憎恨谁呢？"

那创造者，是他们最憎恨的，是他毁坏了碑文和旧的价值，那毁坏者——他们将他称为犯罪者。

因为善良的人无法创造，他们一直是结束的开端。

他们将那在新碑上缮写新价值的人钉死于十字架上，他们为了自己而葬送了未来——他们把全人类的未来全钉死于十字架上！

善良的人——他们一直是结束的开端。

27

哦！我的朋友们，你们也明白这话吗？还有我也曾讲过的关于"末等人"的言论？

哦！我的朋友们！对全人类的未来而言，最大的风险暗藏于谁身上呢？难道它并非在善良正直的人身上吗？

毁坏吧，我请求你们，毁坏那善良和正直吧！——哦！我的朋友们，你们也明白这话吗？

28

你们从我这里逃走了吗？你们恐惧了吗？你们因这话而发抖了吗？

哦！我的朋友们，我叮嘱你们毁坏善良和善良的碑文，那时我才能让人类登上船只并驶向他的远海。

现在，降临在他身上的只有极大的恐惧、远景、疾病恶心和眩晕。

善良的人承诺给你们的是子虚乌有的海岸线和子虚乌有的平安；你们在善良之人的谎话中出生并且以此为生。一切都被善良的人极端地歪曲了。

但是那发现了"人类国度"的人，也发现了"人类未来"的国度。现在，你们应该成为我勇猛而冷静的船员！

尽快学会保持自我，我的朋友们，学会保持自我！海洋掀起风浪：很多人都在盼望着你将他们捞起。

海洋掀起风浪，一切都在海中。好啦！奋发起来吧！你们这些成熟的水手们！

让我们尽力将我们的船舵调转到那边去，那里有我们的孩子们的国度！那边，比海洋更加澎湃汹涌的是我们那满怀巨大期望的飓风！

29

"为什么如此刚硬呢?"某一天木炭向钻石道:"我们难道不是亲戚吗?"

为什么如此柔软呢?哦!我的朋友们,我这样问你们:"难道你们不是我的朋友们吗?"

为什么如此柔软,如此依从,如此臣服呢?为什么你们内心存在这么多否认和舍弃呢?为什么你们的眼神中缺少绝不屈服的色彩呢?

假如你们不愿意成为承担使命的人和心如铁石的人,那在未来的某一天你们怎么能和我一同征战呢?

假如你们的刚硬不能被分割和击碎,那在未来的某一天你们怎么能和我一同创造呢?

因为创造者是刚硬的,对你而言这一定是一种快乐:你将你的手按压在千载重荷上,就像按压在石蜡上。

这一定是一种快乐:誊写在千载重荷的意志之上就像誊写在青铜之上——不过它们比青铜更加刚硬,比青铜更加昂贵,唯有最昂贵的才是最完全而刚硬的。

这个新碑文,哦!我的朋友们,我把它悬挂在你们头顶之上:变得刚硬吧!

30

哦!你,我的意志!你,所有窘境的转折,你正是我所需要的人!快来守护我,让我免去一切渺小的获胜吧!

你,我灵魂的命运,我称之为宿命!你在我的内部!你超越了我!请守护我并让我迎接一种伟大的命运吧!

我的意志,为了你的最后的伟大,请保留它吧——这样你才能毫不留情地获胜!啊,谁又没有臣服于自己获胜呢?

啊，谁的双眼没有在这令人沉醉的傍晚变得模糊？啊，谁的双脚没有在获胜中踉跄并忘记如何站立！

希望我在未来的某一天能在午时变得完美与成熟：如矿石一般完美而成熟，如孕育闪电的黑云，如胀满的乳房。

为我自己以及我最隐秘的意志而做好准备：化为一张渴望箭的弓，化为一支渴望射向靶子的箭。

一个靶子，它在午时变得完美而成熟，被具有毁灭性的太阳之箭照射、洞穿、祝福。

一个太阳本身，一个坚韧的太阳的意志，准备在获胜中灭亡！

哦！意志，你，所有窘境的转折，你是我迫切的需要！为了迎接一种伟大的命运，请守护我吧！

查拉图斯特拉如是说。

五十七、康复的人

1

一天清晨，就在查拉图斯特拉返回山洞后，查拉图斯特拉如一个疯子一般自他的床榻上腾空而起，以一种恐怖的声音嗥叫着，可他的举止却像一个躺在床上不愿起来的人。查拉图斯特拉就这样喊叫着，甚至连他的动物们都惊慌地聚集过来，周围山洞、巢穴中的一切动物全逃走了——它们当中长着翅膀的飞翔着离去，长着腿脚的蹦跳着离去。查拉图斯特拉讲出了这么一席话：

起来吧，深奥的思维，从深处起来！我是你的雄鸡与拂晓，你这熟睡的爬虫啊，起来！起来！我的大喊大叫会很快叫醒你！

打开束缚你耳朵的锁链吧：听吧！因为我希望听你讲话！起来！起来！这里有足以让最寂静的坟墓侧耳细听的响雷！

从你的眼睛里拭去睡意、暗淡和冲动！也用你的双眼来倾听我吧：我的声音甚至对那些先天的盲人而言都是一剂良药。

一朝你苏醒了，那么你就应该永久维持着清醒。这并非我的习性——将老祖母从她们的梦境里叫醒，然后又叮嘱她们继续睡！

你惊起了，拉伸着自己，你喘气了吗？起来！起来！不要喘气，你应该跟我讲话！查拉图斯特拉在召唤你，查拉图斯特拉这个无神论者！

我，查拉图斯特拉，生命的辩护者、苦难的辩护者、轮回的辩护者——我在召唤你，我最深奥的思维！

快乐啊！你来了——我听到你的声音了！我的深渊讲话了，我已把我的深渊暴露于光明中了！

快乐啊！到这里来！将你的手给我！哈！就这样吧！哈哈！可恶！可恶！可恶——我多么悲哀啊！

2

但是，还没有等查拉图斯特拉讲完这么多话，他就倒下了，像一个死人一样很久都一动不动。

但是，当他重新苏醒时，他脸色惨白而浑身发抖，他就这样持续地躺着，好久都滴水不进。这种情况保持了七天，但是他的动物们全都不分昼夜地守着他——除了他的鹰要飞出去找来食物。它把抓取和抢夺的食物全都放置于查拉图斯特拉的床板上：所以最终查拉图斯特拉就躺卧在了黄色和红色的浆果、葡萄、红苹果、香甜的甘草还有松果中间。他脚旁还放置着两只羔羊，那是鹰自牧羊人那里斗智斗勇地抢来的。

最终，七天之后，查拉图斯特拉从床上坐起来，他手中托着一只红苹果，闻了闻它并发现它味道喜人。所以，他的动物们觉得跟他讲话的时间到了。

"哦！查拉图斯特拉，"它们道，"到今天你已双眼紧闭地睡了七天，你难道不打算再次站起来吗？

"走出你的山洞吧，世界如一个花园一般在等候着你。轻风带着浓厚的香气寻找着你，所有的溪水都想要跟着你畅流。

"众生全在渴求着你，因为你一个人待了七天——走出你的山洞吧！众生都愿意成为你的医师！

"也许你获得了一种全新的学问吧，一种痛楚的、感伤的学问？你如发酵的面团一般睡着，你的精神升华、飘荡，越过了一切的界限。"

"哦！我的动物们，"查拉图斯特拉回复道，"接着讲话吧，讲给我听！听你们讲话使我感到振奋：于我而言，有语言的地方就是如同花园一般的世界。

"这是多么动人啊：那里有词语与腔调。词语与腔调难道不是两个被永久地隔开之物之间的彩虹和桥梁吗？

"不同的灵魂归属不同的世界，每个灵魂于其他灵魂而言都是一个彼岸世界。

"在最相像的事物之间，假象说着最欢快的谎言，因为最小的鸿沟才是最难以跨越的。

"关于我——我的身体之外怎么会存在另一个我呢？根本就不存在我的身体之外的我！在听着音乐时，我们将这忘却了；我们的忘却是多么令人欣喜啊！

"难道人类不是因为赋予了这些事物名字和声音才感到振奋吗？

谈话，它是一种美好的笨拙，人类依此在众生之上舞蹈。

"所有演讲和所有谎话是多么可爱啊！我们的热爱伴着音乐在五光十色的雨后彩虹上舞蹈。"

"哦！查拉图斯特拉，"所以他的动物们道，"于那些如我们一般思考的人而言，万物都在跳舞。他们来了，伸出手，欢笑着，逃离着——如此循环。

"众生皆在前进，众生皆在回归；存在的车轮在永恒地旋转。众生皆在死去，众生皆重新盛开；存在的时光在永恒地奔跑。

"众生皆在分裂，众生皆在再次聚拢；存在永恒地为自己建设着相同的房子。众生皆在分别，众生皆在再次彼此相拥；存在的圆圈在永远地维持着对自身的忠诚。

"存在在每一刻的起始，在每一'此处'四周旋转着'彼处'的球体。中心无处不在。永恒的道路曲折蜿蜒。"

"哦！你们这些话多的人和手风琴！"查拉图斯特拉回复说，而且又一次大笑了，"你们哪里明白在这七天中发生了多少事情。

"那怪兽是如何爬入我的咽喉并且让我无法呼吸的！但是我咬断了它的头并且把它吐向远处。

"然而你们——你们将它编写成了一支琴曲了吗？但是，现在我躺在这里，仍旧因那咬与吐的动作而疲惫不堪，仍旧因我自己的被解救而心神不宁。

"而你们对这所有都漠不关心吗？哦！我的动物们，难道你们也是冷酷的？难道你们也如人类一般喜欢看我痛苦吗？人类是最冷酷的动物。

"观看悲剧、斗牛、十字架刑罚，对人类而言是这片土地上古往今来最令人高兴的事；在他创造他的地狱时，瞧吧，那就是他在这片土地上的天堂。

"当那崇高的人大喊大叫时,那渺小的人就立刻朝那边飞跑过去,他的舌头因为贪欲而伸了出来。但是,他将这称为他的'同情'。

"渺小的人,尤其是诗人——他们是多么擅长用文字来责备生命!听听他说话吧,然而请不要忘记听那责备中所包含的快乐!

"这种生命的责备者——生命用双眼的一瞥打败了他们。'你热爱我吗?'这自大者道,'等下,我现在还没有工夫理你。'

"人类也是对他自己最冷酷的动物。在一切自命名为'罪犯''十字架的背负者'还有'忏悔者'的人身上,请不要疏忽了他们的怨恨和斥责里的欲望。

"而我自身——我也会因此成为人类的斥责者吗?啊,我的动物,这是到目前为止我唯一学会的:于人类而言,他极端的恶相对于他极端的善是不可或缺的。

"对最崇高的创造者而言,极端的恶是他极端的善的力量,是最崇高创造者最刚硬的石块;人类必须变得更好或者更坏。

"并不是因为我曾被捆绑在这个酷刑柱上我才明白人类是坏的,而是从未有人像我这样喊过:

"'啊,人类的极端的恶竟是这样渺小!啊,人类的极端的善竟是这样渺小!'

"对人类的极端厌恶——它掐住了我并且爬入了我的咽喉。正如先知所预言过的:'一切都一样,都毫无价值,知识让人窒息。'

"在漫长的夜晚中,一种极度的疲倦、极度酣醉的悲哀,歪歪斜斜地向我走来,它打着哈欠说话了。

"'你所讨厌的人类,渺小的人类,他们永恒地轮回着。'我的悲哀这样打着哈欠,拖着自己的脚无法入眠。

"人类的土地在我眼中变成了山穴,它的乳房塌陷了,所有的生物在我眼中全变成了人类的灰尘、骨头还有霉变的往昔。

"我的悲叹坐在一切人类的墓地上,再也无法直立:我的悲叹和怀疑整天吵闹、抽泣、咬牙切齿、抱怨。

"'啊,人类永久地轮回着!渺小的人类永久地轮回着!'

"我也曾见过他们俩一丝不挂,最崇高的人和最渺小的人:他们俩太雷同了,他们俩都太有人性了,即使是最崇高的人!

"他们俩都太渺小了,即使是最崇高的人!这就是我对人类的厌恶!甚至最渺小的人也永久地轮回着!那就是我对一切存在的厌恶!

"啊,厌恶!厌恶!厌恶!"查拉图斯特拉这样讲着,叹气并发抖着,因为他想起了他的病症。所以,他的动物们阻止他接着讲下去。

"不要再讲下去了,你这大病初愈的人!"他的动物们这样答复他,"出门吧,去那个如花园一般等候着你的世界里去吧。

"出门吧,去玫瑰花、蜜蜂还有鸽群里去吧!但是,尤其要去唱歌的小鸟那里去,去从它们那里学习歌唱!

"因为歌唱是为大病初愈的人准备的;健康的人才能够讲话。如果健康的人也想唱歌,那么他们想唱的一定是和大病初愈的人不一样的歌。"

"哦!你们这帮话多者和手风琴,请住口!"查拉图斯特拉答复说,并且对他的动物们笑着,"你们怎么会知道在这七天之内我替自己创造了怎样的慰藉!

"我必须重新歌唱——我替自己创造了这样的慰藉和痊愈方式。你们也希望从其中编出另外一支琴歌来吗?"

"不要再讲下去了,"他的动物们再一次答复,"你这大病初愈的人,还是替你自己准备一把全新的琴吧!

"因为,瞧啊,哦!查拉图斯特拉!要想唱你的新歌,必须有新琴。

"歌唱并激情澎湃吧,哦!查拉图斯特拉,用新的乐曲治好你的心灵吧:这样你才可以承担起你那崇高的尚无人经历过的命运!

"因为你的动物们特别清楚,哦!查拉图斯特拉,你是什么而且一定会变成什么人:瞧,你是那永恒轮回的劝说者——那就是你现在的命运!

"你一定是第一个宣讲这个教义的人——这崇高的命运怎么能不成为你最大的风险和病症呢!

"瞧,我们明白你所教导的:众生都在永恒地轮回,我们自身也一样,我们也曾存在太多次,众生也一样。

"你教导说:这世间存在一种变化的大纪年,一种大纪年的奇观。它必须如沙漏一般不时地再次倒转,以利于沙子再次流下来、流出来。

"所以,一切时光皆是相似的,所以我们自身在最崇高的地方和最渺小的地方也都相似,在每个大纪年,在最崇高的地方和最渺小的地方,我们如出一辙。

"哦!查拉图斯特拉,假如你当下要去死,瞧,我们也理解那时候你会如何对自身说话——但是你的动物们央求你暂时别死!

"你将要讲话,并镇静自若,感到快乐与轻松,因为一种巨大的负担和忧愁将从你身上放下,你这个最隐忍的人!

"'当下我就要死去并泯灭,'你将道,'马上灰飞烟灭。灵魂和身体必须死去。

"然而,我所纠缠于其中因果的丝网在轮回——它会重新创造我!我自己就归属于这永恒轮回的定律。

"我会再一次到来,和这个太阳同在,和这个星球同在,和这只鹰同在,和这条蛇同在——并非回归一种全新的生命,或许是更美好的生命,或许是类似的生命。

"我永远地再次回归到这完全相同的生命中,到达它最崇高的地方和最渺小的地方,再次用众生都在永恒地轮回来教导人类。

"再次讲出这片土地和人类的伟大午时的话语,再次对人类宣传超人。

"我讲完了我的话,我幻灭于我的言论:我永恒的命运如此要求——我作为宣传者而领死!

"现在已经是低落者祝福自身的时刻了。就这样——查拉图斯特拉的低落终结了。"

动物们讲完这些话,无言地等候着,以便查拉图斯特拉能够对它们讲点什么。然而查拉图斯特拉并不曾注意到它们的沉默。反而,他如一个正在沉睡的人一般闭上眼睛安静地躺着,虽然他并没有入眠——因为他当下正在和他的灵魂交谈。但是,那蛇和鹰,在它们发现他如此沉默着时,出自对他四周的伟大宁静的尊敬,小心谨慎地退去了。

五十八、大渴求

哦!我的灵魂啊,我教导你像说"曾经"和"从前"那样说"今天",教导你估量每一个"这里""那里"和"远方",并在其上用你自己的节奏跳舞。

哦!我的灵魂啊,我将你自很多旮旯中解放出来了,我掸去了你身上的灰尘、蜘蛛和暗淡。

哦!我的灵魂啊,我洗去你身上微不足道的耻辱和鄙陋的性情,并劝服你一丝不挂地立于太阳眼前。

我用那名为"灵魂"的暴风卷过了你那澎湃的海洋，海上所有的黑云全被我驱走，我甚至杀死了那名为"罪恶"的绞杀者。

哦！我的灵魂啊，我给予你权势，让你能够如飓风一般说"不"，让你能够如广阔的长空一般说"对"：你如光一般保持宁静，现在正跨越着否认的暴风。

哦！我的灵魂，我归还你超越一切创造物和非创造物的自由；谁能如你一般了解那未来的贪婪？

哦！我的灵魂，我教会你蔑视，它不会像虫蛀啃咬，它是崇高的、长情的蔑视，凡是它最蔑视的地方，恰恰是它爱得最深沉的地方。

哦！我的灵魂，我教导你如此劝告，以利于你能够劝服这片土地偏向于你：就如太阳，它劝服了大海偏向它的高地。

哦！我的灵魂，我自你的身上摘下了一切屈从、卑躬屈膝和盲从。我亲自为你起名——"转机"和"命运"。

哦！我的灵魂，我给予你全新的名称和五颜六色的玩具，我将你称作"命运""轮回的轮回""时间的主弦"和"天钟"。

哦！我的灵魂，我将一切智慧赠予你，让你能畅饮一切新酿的酒和一切无法追忆的古老智慧的猛酒。

哦！我的灵魂，我在你身上注入了每一缕阳光、每一个夜晚、每一个静谧和每一个渴求——你就如一株葡萄藤般为我成长起来。

哦！我的灵魂，现在你繁茂地站立着，就如一株葡萄藤结满了一串串紫金色的葡萄。

你那满溢的幸福因过多的剩余而有所期待，却又因你的期待而感到惭愧。

哦！我的灵魂，再也没有任何地方会有一个灵魂能比你更加专情，更加周全，更加辽阔！未来和过去在哪里能比在你这里更加密切和息息相关？

哦！我的灵魂，我给予你一切，我因你而变得两手空空。但是，现在！现在你对我浅笑着而又满腹惆怅地说："我们中的哪一个更应该致谢呢？"

难道赠予的人不应该由于接受的人的接受而致谢吗？赠予难道不是一种必须吗？接受难道不是一种同情吗？

哦！我的灵魂，我明白你忧郁的笑容：你的丰裕现在展开了它渴求的手心！

你的丰裕跨过汹涌的海洋而远望、搜索和等候，你那丰裕的渴求遥望着你浅笑着的眼里的天国！

事实上，哦！我的灵魂！谁能看见你的笑容而不激动地落泪呢？天使们也会因你笑容里丰裕的宽宏大量而激动地落泪的。

你的宽宏大量过于丰裕，它从不怨恨和抽泣。但是，哦！我的灵魂，你的笑容渴求着泪水，你抖动的嘴唇着渴求啜泣。

"难道所有的抽泣不都是怨恨吗？而所有的怨恨，不都是责备？"你这样对你自己道。所以，哦！我的灵魂，你宁愿浅笑也不愿意宣泄你的伤怀。

你不愿意在汹涌的泪水中倾注你有关圆满的悲哀，还有有关葡萄藤对剪下葡萄的人及其采摘剪刀的渴求的悲哀。

但是，你不愿意抽泣，你不愿意倾吐你紫色的忧郁，所以你就不得不歌唱，哦！我的灵魂！瞧，我自己微笑了，我对你预示以下这些：

你不得不歌唱，直到所有的海洋全变得宁静，来倾听你的渴求。

直到这片宁静而充满渴求的海洋之上有小舟泛动，那金色的奇观，环绕它的金色光芒，一切的善、恶，还有那奇异的东西全在手舞足蹈。

还存在很多大大小小的生物，以及有着轻快的美脚的生物，它们能够奔跑在那紫罗兰色的小路上。

这自由的小船奔向金色奇观，奔向它的主人，然而，这剪葡萄的人正拿着他的剪刀等待着。

哦！我的灵魂，这没有名字的人，你这伟大的解救者——只有未来的音乐才可以帮你寻得名字，事实上，你也曾呼吸着未来音乐的香气。

你已容光焕发地进入梦乡，你已因干渴而喝完了所有的深邃的安抚之泉，你的忧郁已在未来歌篮的快乐中安息！

哦！我的灵魂，现在我给予你一切，甚至包含我最后的一切。我因你而变得两手空空——我叮嘱你歌唱，瞧啊，这就是我所能给予你的最后的礼物！

我叮嘱你歌唱，现在请你说吧，说吧，我们中的哪一个更应该致谢呢？——但是，最好还是向我歌唱吧，歌唱，哦！我的灵魂！让我对你致谢吧！

查拉图斯特拉如是说。

五十九、第二首跳舞的歌

1

近来我凝视着你的双眼，哦！生命，我看见金光在你黑夜一样的眼睛里闪耀——我的心因快乐而停止跳动了。

我看见一只金黄色的小舟在漆黑的水面闪着光，一条浸泡着海水的、不停闪光的、金黄色的小舟!

你向我驶来,你向我抛来含笑的、探寻的、热情洋溢的一眼。

你只用你的小手将拨浪鼓转响了两次,我的双脚就因跳舞的激动而震荡起来。

我的脚后跟高踮着,我的脚尖聆听着,它们应该明白你的:难道跳舞之人的耳朵不是生长在他的脚尖上吗!

我朝你跳过去,你从我蹦跳的地方逃离,你逃离时那飘逸的稠密卷发朝我挥手致意!

我从你身边跳开,远离你那长蛇一样的卷发,于是你侧身立在那里,眼中填满了仁爱。

你用你扭曲的眼神教会我扭曲地前行;

在扭曲的道路上,我的双脚学会了狡猾!

你在近处会让我害怕,你在远处会让我开心,你的逃跑诱惑着我,你的追寻囚禁着我。 我经受着苦难,但是为了你,我有什么不愿意承担!

你的冷漠让人火热,你的憎恨让人迷失,你的离去让人羁绊,你的讥笑让人哀伤。

谁会不憎恨你呢,你这伟大的管束者,纠缠者,诱惑者,追寻者,察觉者!谁会不热爱你呢,你这天真的、没有耐心的、轻快如风的、有着孩子般眼神的罪犯!

你现在要带我去哪里呢,你这个模范和假小子?你现在又作弄我后逃跑了,你这讨厌的可人的姑娘!我一边跳舞一边跟在你后面,我甚至一个人追寻着你那依稀可见的脚印。你在哪里呢?给我你的手!或者只是给我一根手指吧!这里是山洞和森林,我们可能会迷失方向——停下来!请留步!你没看见猫头鹰与蝙蝠在展翅乱飞吗?

你这个蝙蝠!你这个猫头鹰!你想作弄我吗?我们在哪里?你从

狗那里学会了这样的狗叫与狂嗥？

你那小小的洁白的牙齿甜蜜地啃咬着我；你罪恶的眼睛看着我的身体——从你那弯曲的小鬃毛下面！

这是穿行于木石上的舞蹈：我是猎人——你愿意做我的猎狗还是做我的羚羊？

现在，陪伴我吧！快速地跳动吧！现在，跳动！现在，跳动——哎哟！我因跳得太急而摔倒了！

哦，你这专制的人，你看见我倒下并乞求照料！我喜欢和你漫步——在某一个比这里更加可爱的地方！

在热爱的路途上，穿过斑斓的、安静的、厚重的灌木丛！或许顺着那湖畔，会发现那里有金鱼正在水中嬉戏！

你现在感到疲劳吗？那边是绵羊与晚霞。那牧羊人的短笛难道不是在甜美地引人入眠吗？

你这么疲劳吗？我背上你去那里吧。让你的胳膊垂下来吧！你口渴了——我原来有点喝的东西，然而你的嘴却不愿意饮用它！

哦，这邪恶的、灵敏的、柔软的蛇还有暗中的女巫！你去了哪里？但是我能感觉到，因为你双手的触摸，我脸上产生了两个瘙痒的斑块！

事实上，我讨厌这个地方，讨厌你这个软弱的牧人。你这个牧羊人，假如到现在为止一直是我在为你唱歌，那么，现在，你应该朝我呼喊！

你应该随着我鞭子的节拍而跳舞和呼喊！我不会忘记我的鞭子吧？不，永远不会！

2

所以生命合上她那精妙的耳朵这样回复我：

"哦！查拉图斯特拉！请不要将你的长鞭搞得发出如此恐怖的啪啪的声音！你非常了解：噪音会杀死思想——我刚刚才得到了一点点精妙的思想。

"我们的确是两个'不善也不恶'的平凡人。我们在善与恶的彼岸发现了我们的小岛与我们的芳草地——只有我们两人！所以我们一定要彼此友善！

"如果我们无法相互真诚地爱着对方，那么我们是不是就一定要相互忌恨呢？

"我对你非常友善——常常过于友善，你知道，这是因为我羡慕你的智慧。啊，智慧，你这个古老而猖獗的笨蛋！

"假如你的智慧在未来的某一天远离了你，啊！那时候我的热爱也会快速地远离你。"

所以，生命若有所思地朝后看，到处看，接下来温和地道："哦！查拉图斯特拉，你对我还不够诚实！

"你对我的热爱并非像你所讲的那样深沉，我知道你在考虑着快点远离我。

"有一个古老而沉重的、轰隆作响的时钟，它在黑夜中轰鸣，声音直抵你的山洞。

"当你在子夜听见这个时钟报时，你就会想到这是在十二点和一点中间。

"你就这么想，哦！查拉图斯特拉，我知道你在考虑着快点远离我！"

"是的，"我稍微迟疑了一下，答复道，"然而你也知道……"我对着她的耳朵讲了一些话，对着她那杂乱的、金色的、枯黄的卷发。

"你知道那些吗，哦！查拉图斯特拉？那些没有别人知道的。"

于是，我们凝视着对方，望着那清凉的傍晚笼罩下的芳草地，相对泪千行。而就在此刻，生命在我眼中比我之前拥有过的所有智慧更显可爱。

查拉图斯特拉如是说。

3

一点！

哦！人类啊！小心！

两点！

子夜的声音，它究竟讲了什么？

三点！

我昏睡了过去！

四点！

在最深沉的梦乡里，我苏醒并开始恳求——

五点！

世界深沉！

六点！

它比白昼更加深沉。

七点！

深沉是它的哀伤——

八点！

快乐——比哀伤更加深沉——

九点！

哀伤说道：走吧！离开吧！

十点！

然而，所有快乐却都渴盼着永恒——

十一点！

渴盼深沉、博识的永恒！

十二点！

六十、七个印记

1

如果我是一个先知，拥有占卜的精神，漂泊在两片海洋中间的陡峭山脉之上，一如一片黑云漂泊在往昔和未来中间——与沉闷的平原为敌，与一切疲倦为敌。

在它漆黑的怀抱里准备好了雷电，准备好了赎救的火花。它说"是的"，它笑着说"是的"。它准备好了迎接闪电的救赎之光。

但是，那被闪电填满着的它是快乐的！事实上，它一定如深沉的风暴一般永恒地挂于高高的山上，在未来的某一天将未来的光辉引燃！

哦！我怎么会不痴迷于永恒，以及那婚姻的指环——那轮回的指环呢？

我还没有觅得我想要与之生育儿女的那个女子，除非她为我所爱，这个女子，我爱你，哦！永远！

因为我爱你，哦！永远！

2

如果我的愤懑炸开了坟墓，移去了界碑，将洒落的旧碑文推进了险峻的深渊；

如果我的讥讽将霉变的话吹散在风里，如果我像一把扫帚一般扫落十字架上的蜘蛛，如我像一阵洁净的风吹进陈腐的停尸房；

如果我开心地坐在埋葬古代诸神的地方，坐在古老的厌世者的纪念碑边上，祝福着世界，喜欢着世界。

因为，即便是教堂与诸神的坟墓我也热爱，只需天堂用其圣洁的眼睛穿过它们倒塌的房顶；我就像野草与红罂粟一般开心地坐在倒塌的教堂上面。

哦！我怎么会不痴迷于永恒，以及那婚姻的指环——那轮回的指环呢？

我还没有觅得我想要与之生育儿女的那个女子，除非她为我所爱，这个女子，我爱你，哦！永远！

因为我爱你，哦！永远！

3

如果一阵轻风朝我吹来，那归属于创造者的轻风，那归属于能驱使机遇跳跃的轻风；

如果我用那充满创造性的雷电的笑声开怀大笑，接踵而至的是行为的巨雷，顺从而谦卑；

如果我在这片土地的圣桌上和诸神玩骰子，使这片土地震荡并开裂，喷射出流火；

因为这片土地就是圣桌，它因为全新的创造性的学说和诸神的骰子而战栗。

哦！我怎么会不痴迷于永恒，以及那婚姻的指环——那轮回的指环呢？

我还没有觅得我想要与之生育儿女的那个女子，除非她为我所爱，这个女子，我爱你，哦！永远！

因为我爱你,哦!永远!

4

如果我在混杂着香料、甜果和泡沫的碗里畅饮了一番,在那碗里,一切都获得了非常棒的融合;

如果我的手将最遥远的人和最近的人混合在一起,将火混进灵魂中间,将开心混进悲哀中间,将最坏的人混进最善良的人中间;

如果我自身是一粒救赎的盐巴,能够让一切在甜果的碗里融合得非常棒;

因为这粒盐巴将善与恶融合;即便最罪恶的事物也存在价值,也可成为香料,成为最后泛滥的泡沫。

哦!我怎么会不痴迷于永恒,以及那婚姻的指环——那轮回的指环呢?

我还没有觅得我想要与之生育儿女的那个女子,除非她为我所爱,这个女子,我爱你,哦!永远!

因为我爱你,哦!永远!

5

如果我热爱海洋,以及所有如海洋一般的东西,而且在它反抗我时,我对它更加热爱:

如果我身上存在探寻的乐趣,它促使风帆开往还没有被人发现的世界,如果我的乐趣中存在航海家般的乐趣:

如果我开心地大喊:"海岸线消失了,现在,那最后的链条自我身上脱落了。

"漫无边际的大海在我四周怒吼,空间和时间在远处对我闪耀——行了!振奋起来吧!老迈的灵魂!"

哦！我怎么会不痴迷于永恒，以及那婚姻的指环——那轮回的指环呢？

我还没有觅得我想要与之生育儿女的那个女子，除非她为我所爱，这个女子，我爱你，哦！永远！

因为我爱你，哦！永远！

6

如果我的道德变成一种舞蹈者的道德，如果我常常双脚跃入流光珍宝一般的欣喜若狂中；

如果我的罪恶变成一种欢笑中的罪恶，于玫瑰河堤和百合篱笆中定居：

因为一切罪恶全是在大笑中呈现的，然而它被它自身的快乐圣洁化了，得到了赦免。

如果这正是我的开端和结局：一切重的东西统统变得更轻，一切身体统统变成舞蹈者，一切灵魂统统变成飞翔的鸟。事实上，这正是我的开端和结局！

哦！我怎么会不痴迷于永恒，以及那婚姻的指环——那轮回的指环呢？

我还没有觅得我想要与之生育儿女的那个女子，除非她为我所爱，这个女子，我爱你，哦！永远！

因为我爱你，哦！永远！

7

如果我在头顶布置一个宁静的天堂，并用我自己的翅膀飞入我自己的天堂；

如果我在光明且神秘的远方调皮地漫游，如果我拥有了我那自由自在的鸟的智慧；

但是，鸟的智慧这样对我道："瞧啊，既无上方亦无下方！自由自在地飞舞吧，往外，往后，你这轻快的人！歌唱吧！不要再讲话！

"难道一切话语不全是替深重的人而准备的吗？难道一切话语不全是在对轻快的人扯谎吗？歌唱吧！不要再讲话！"

哦！我怎么会不痴迷于永恒，以及那婚姻的指环——那轮回的指环呢？

我还没有觅得我想要与之生育儿女的那个女子，除非她为我所爱，这个女子，我爱你，哦！永远！

因为我爱你，哦！永远！

第四卷

六十一、蜂蜜的祭品

又有很多时光从查拉图斯特拉的灵魂之上流逝,他却浑然不觉,但是,他的头发已经变白了。某一天,他坐在他山洞前的一块石头上面,安静地凝视着远处——那里能够越过迂回曲折的深谷瞭望海洋,这时候他的动物们心神不宁地围绕着他,最终,它们在他眼前停住了。

"哦!查拉图斯特拉,"它们说,"你难道是在瞭望你的幸福吗?"

"我的幸福算什么呢!"他回复,"我很久不曾为幸福努力了,我努力总是在为我的事业努力。"

"哦!查拉图斯特拉,"动物们再一次道,"你讲这些话时就如同一个拥有着过多幸福的人一般。你难道不是正睡在天蓝色的幸福之湖中吗?"

"你们这些话多的人,"查拉图斯特拉微笑着回答,"你们这个比喻选得非常好啊!但是你们也明白,我的幸福是繁重的,不像水面的浪花——它压制着我,不会离开我,就如受热化掉的沥青。"

所以,他的动物们又心神不宁地围绕着他,再一次立于他眼前。

"哦!查拉图斯特拉,"它们道,"正是由于这个原因,你一直在变得更蜡黄、更暗黑——虽然你的头发看起来花白而淡黄!瞧啊,你端坐于你的沥青里!"

"你们在讲什么呀,我的动物们?"查拉图斯特拉边笑边说,"事实上,在我讲沥青时,我确实不以为然。在我身上发生的事,就像成熟的果子一样不可避免。恰是我血管中的蜂蜜让我的鲜血更加浓稠,并让我的灵魂更加宁静。"

"真的是这样吗?哦!查拉图斯特拉,"他的动物们回答说,并且靠得他更近了,"但是,你今天不想爬上高高的山峰吗?今天空气清新,你能够见到比之前更辽阔的世界。"

"好的,我的动物们,"他回答,"你们的提议太妙了,正合我意。今天我将登上高高的山峰!但是,一定要在那里准备好蜂蜜,黄色的、白色的、优质的、清凉而鲜活的金色蜂房的蜂蜜。因为,你们要明白,在高地,我会将蜂蜜作为祭品献给神祇。"

但是,当查拉图斯特拉高高地立在峰顶之上,他就将那陪他一同前去的动物们打发回去了。当他发现自己孑然一身时,他发自肺腑地笑了起来,他四处张望,并这样道:

"我讲到祭拜还有将蜂蜜作为祭品,那只是一种讲话的技巧,而且确实是一种实用的谎言!现在,在这高地,我能比在洞穴里和在隐士们所喂养的动物们眼前更加随心所欲地讲话了。

"我拿什么祭拜啊?我挥霍了我所接受的一切,我是一个长着一千只挥霍的手的家伙:我怎么可以将这叫作祭拜!

"在我渴望蜂蜜时,我只是渴望诱饵和甜蜜的胶质,对于它,甚至连吼叫的狗熊、奇异阴沉的恶鸟也全要流下口水。

"最棒的诱饵,正像猎户与渔人所寻找的一般。因为,假如对粗野的猎户而言它像一座阴暗的动物丛林、一个捕猎的乐泉,那在我眼里它就像一片深不见底的富足的海洋;

"一片全是五彩斑斓的鱼与蟹的海洋,甚至诸神也会渴望它,也会不由得想化成那其中的一个渔人——世界就这样孕育着漂亮的众生!

"尤其是人类的世界,人类的海洋——向着它,我扔出了我金色的鱼竿,而且说:开放吧,你这人类的深渊!

"开放吧,将你的鱼儿与闪闪发光的海蟹送给我!现在,我将用我最棒的诱饵来诱惑最健壮人类的鱼儿!

"我将我的幸福掷入一切遥远宽广的地方,在日出、正午和日落中间,来瞧瞧是不是将有很多人类的鱼儿学会咬食和纠缠我的幸福。

"最后,咬住我深藏在其中的锐利鱼钩,它们不得不上升到和我同样的高度。那深渊中隐藏的五彩斑斓的人鱼,终将掉在最罪恶的人类手中。

"为了这些,我自心中——从一开始就在拉拽,拉啊,往上拉,往上拉。一个拉拽的人,一个教练,一个教育者,他也曾劝告自己:'成为你应该成为的样子吧!'

"希望人类现在就能上升至我的高度,因为我到现在还在等候那个信号,让它告诉我那是我应该下山的时间了。到现在,我还没有下山,但我一定要那样做,到人类中间去。

"所以我在这里等候,狡黠地在高山之上等候,既不着急,也不不耐烦,我像一个甚至早已忘记了耐心的人,因为我已不再有'耐心'。

"因为我的命运给予我时间:他或许已经忘掉了我?或许它正坐于一块大石块背后捕捉苍蝇?

"事实上,我被给予了永恒的命运,因为它并不驱逐鞭策我,而是给我留出时间来感受幸福与悲哀,所以,我今天攀登到这座高山上来钓鱼。

"曾经有人在高山上面钓鱼吗?即便我在这里的所欲所求是蠢笨的,那也比在山下好些,在那里,我会因为等候而变得呆滞、脸色发黄。

"一个因为等候而心烦意乱的火冒三丈的人,一阵来自群山的圣洁飓风,一个暴躁的人,向着下面的山谷大叫:'听我说话,不然我

会用上帝的鞭子抽打你!'

"我不会因此而憎恨这种暴躁的人,他们只让我感到好笑!他们当下一定很焦急,那些喧闹的大鼓,它们要么发言,要么沉默!

"但是,我和我的命运——我们不批评'当下',也不批评'永不':我们有耐心与时间,在未来的某一天,它一定会降临,而且再也不会离去。

"什么东西在未来的某一天一定会降临,而且再也不会离去?是我们伟大的哈扎拉,那也正是我们伟大的、遥远的人类国度,世世代代的由查拉图斯特拉统治的国度。

"这'遥远'有多远?它和我有什么关系?然而,即使这样,它于我而言依旧确凿无疑——我依靠着双脚平安地站立在这片土地上。

"站在这片永恒的土地上,站在坚硬的岩石上,站在这峻峭的、坚硬的、永恒的山脉上,全部的风全朝这里吹过来,就如吹往风云变幻的地方,它发问:'在哪里?从哪里来?到哪里去?'

"我在这里开怀大笑!你自高山上抛下了亮闪闪的嘲笑!用你的闪亮去为我诱惑最优质的人类的鱼儿吧!

"海洋之中所有属于我的东西,众生之中属于我和赞同我的东西——替我将它们钓出来吧,将它们带到我这里来。我等候的正是它们,我这最罪恶的渔人。

"出来吧!出来吧!我的鱼钩!进去吧,进入水底吧,你,我那幸福的鱼饵!淌下你最甘甜的露水,你,我的蜜糖!扎吧,我的钩子,扎入一切漆黑忧郁的肚皮中去!

"小心,小心,我的双眼!多少海洋环抱着我,多么生气勃勃的人类的未来!在我头顶上方是那片绯红的宁静!多么明朗的宁静!"

六十二、痛苦的呼喊

第二天，查拉图斯特拉重新坐在他的山洞前面的石头上，而他的动物们就在外面的世界里四处游玩，将新鲜的食品拿回来——也有新鲜的蜂蜜，由于查拉图斯特拉因为上一次祭拜用光了过去储存的蜂蜜。但是，查拉图斯特拉这样坐着，手里抓着一支棍子，顺着他在地上的暗影描绘，若有所思——事实上！并非在思考他自己和他的暗影。他突然受了惊吓般地震颤了一下并往后退去：因为他看到他自己的暗影边上还有另一个暗影。他急忙站起来四处张望，瞧啊，他边上立着一位先知。他曾在饭桌上给这位先知提供食物。这位过于疲劳的宣传者曾教育说："一切都一样，都毫无价值，知识让人窒息。"然而，从那个时候开始，他的容貌就已发生变化。在查拉图斯特拉注视着他的双眼时，他的内心又一次因受惊而震颤了：那张脸上闪过了很多不好的预示和暗淡的光辉。

那位先知已经感觉到了查拉图斯特拉的内心，他以手拂拭着自己的面孔，仿佛想抹去那记忆一般；查拉图斯特拉也做着同样的动作。他们两人都这样沉默了一阵，让自己平静下来，随后他们兴奋起来，他们相互握了手，表明他们希望再一次了解对方。

"欢迎来到这里，"查拉图斯特拉道，"你这过于疲劳的先知，你没有白做一回和我同桌吃饭的朋友。今天也和我一起用餐吧，请原谅一位快乐的老者想和你并坐在一起吧！"

"一位快乐的老者吗？"先知问道，摇着头说，"但是，无论你是谁，无论你会成为谁，哦！查拉图斯特拉，你已在这高地待了太长时间了。用不了多久，你的小船将再也不会停泊于干涸的河岸！"

"我现在是停泊在干涸的河岸上吗？"查拉图斯特拉笑着说。

"波浪围着你的高山，"先知回复，"波浪翻滚着越升越高，那是巨大的痛苦和忧伤的波浪：它们很快就要把你的小船拖起并且将你也卷入其中。"查拉图斯特拉沉默着，并且感到很惊讶。

"难道你仍旧什么都没有听见吗？"先知接着道，"它难道不是从它的深渊汹涌咆哮而来吗？"查拉图斯特拉继续沉默倾听。

接下来，查拉图斯特拉听见一声细长细长的呼喊，那是自深渊中传来的。没有一个深渊想要保留它，所以它凄惨地叫着。

"你这个邪恶的宣传者，"查拉图斯特拉最终道，"那是一种痛苦的呼喊，是人类的呼喊，它或许来自一片暗淡的海洋。但是人类的痛苦和我有什么关系！我还没有犯下最后的恶行，你知道它的名字是什么吗？"

"可怜啊！"先知回答，他向上举着他的两只手，"哦！查拉图斯特拉，我来到你这里就是想要诱惑你犯下最后的恶行。"

还没有等这句话讲完，那呼喊就重新响了起来，比之前持续的时间更长，更毛骨悚然——也更接近他们了。

"你听见了没有？哦！查拉图斯特拉，你听见了没有？"先知高声叫道，"那呼喊是和你相关的，它在召唤你：出来吧，出来吧，出来吧；到时间了，到了最关键的时刻了！"

查拉图斯特拉沉默、疑惑并踌躇，最终，他就如一个心神不定的人发问："那召唤我的是什么人？"

"你自然知道它，"预言者热情地回答，"你为什么要愚弄你自己呢？是上等人在召唤你！"

"上等人？"查拉图斯特拉叫道，心惊胆战，"他想做什么？他想做什么？上等人！他在想这里做什么？"他大汗淋漓。

但是，那先知并不理会查拉图斯特拉的恐惧，而是向着下面倾听，倾听。最终，那里安静了很久以后，他才转过头来，看见查拉图斯特拉战栗着站在那里。

"哦！查拉图斯特拉，"他讲话了，用悲哀的音调，"你站在那里，并不像一个被快乐搞得晕头转向的人：你一定要跳起舞来，免得晕过去！

"但是，虽然你想在我眼前跳起舞来，跳出你完整的舞步，可没人会对你说：'瞧，那最后一个快乐的人在这里跳起舞来了呢！'

"那攀登至这高处来追寻自己的人，必然是徒劳的。确实，他能找到山洞，还有山洞之后的山洞，那供躲藏者藏身的地方。然而，他寻不着幸福的矿石、藏宝的密室、全新的金矿。

"幸福——人们怎么会在这类活死人和深居简出的人之间寻得幸福呢！我是否必须要漂洋过海地去幸福岛上追寻那最后的幸福呢？

"但是一切都一样，都毫无价值，一切追寻都无济于事，甚至再也不会有幸福岛！"

预言者这样感叹。但是，伴着他最后的一声感叹，查拉图斯特拉重新变得醒悟和确定，就如同一个刚刚自深渊中走出并立即走入光明里的人一般。"不！不！不！"他摸着他的胡子用坚决的声音呼喊道，"对这一点，我了解得更清楚！还是有幸福岛的！就此沉默吧，你这个叹气的忧郁的口袋！

"别再撒泼了，你这上午带雨的乌云！我难道不是也曾站在这里被你的悲楚淋湿——像只落水狗一般吗？

"现在，我将抖擞精神从你那里逃离，以让我再次变得干燥。所以，希望你不要怪我！我于你而言是否没有礼貌呢？但是这正是我的礼貌。

"然而，对于上等人，哦！我要立刻去那些丛林里寻找他，他的呼喊是自那里传来的——或许他正在那里被猛兽包围吧。

"他身处我的领地，在这里，他不应遭受任何伤害！事实上，我四周就存在很多猛兽。"

边说这些话,查拉图斯特拉边转头出发。

所以,先知道:"哦!查拉图斯特拉,你是个流氓!

"我早知道你想逃离我!你宁可跑入丛林中去为那猛兽设置陷阱!

"但是,这么干于你有什么益处呢?夜晚,你会重新见到我,我将坐在你的山洞里,平和而沉着地等着你,就如一块木桩一般等着你!"

"那就这样吧!"查拉图斯特拉一边离开一边转头喊了一声,"在我的山洞中,所有属于我的东西全都属于你,我的贵客!

"但是,你将会在那里发现蜂蜜,对了!将它舔完吧,你这只狂嗥的熊,让你的灵魂变得香甜一些吧!因为到了夜晚我们都想灵魂丰满并喜悦!

"让灵魂丰满并喜悦,因为这一天已经快要结束了!然而,你应该和着我的歌跳起舞来,就像我那跳舞的狗熊一样。

"你不相信这些吗?你在摇头吗?好吧!振奋起来吧,你这老狗熊!但是,我也是一位先知。"

查拉图斯特拉如是说。

六十三、和国王谈话

1

查拉图斯特拉在群山与丛林中行走了将近一个小时,就在这时,他看见一支怪异的队列。就在他正在往下走的路上过来两个国王——头顶皇冠与紫色的束带,如火烈鸟一样五彩斑斓,他们驱使着前方一头承重的驴子。"这些国王想要在我的领地上做什么呢?"查拉图斯特拉内心惊讶不已,他一下子躲进一个矮树丛里。但是,在国王们走近他时,他小声嘟囔着,就像一个自言自语的人:"怪了!怪了!这如何调和呢?我看见两个国王——却只有一头驴!"

这两个国王停了下来,他们笑着上前,向那声音传来的地方瞧过去,接下来又相互看了看。"我们两人也有这么想过,"右边的国王道,"但是我们没有说出口。"

但是,左边的那个国王一边耸肩一边回复说:"那或许是一个牧羊人,又或许是一个于石头和丛林中活了太久的隐者。因为深居简出,他也因此失去了礼貌。"

"礼貌?"另一个国王生气并尖酸刻薄地答道,"我们逃到这个偏远的地方来干什么?难道不是因为想躲开'礼貌'和'上流社会'吗?

"事实上,居住于隐者与牧羊人之间,也比和我们那些镶金的、虚假的、被过度美化的流氓们在一起更好些——虽然它自命为'上流社会'。

"虽然它自命为'贵族'。但是,那里所有的一切皆是虚假和腐败的,特别是血液——这都归功于那多年的老毛病和看不好病的医生。

"现在,在我看最好与最可爱的还是健康的农民,粗犷,机巧,顽强,他们是现在最高贵的民族。

"农民是当今最优秀的人,并且农民的民族应该成为统治者!然而,这是流氓们的国家——我再也不准许有什么事物压迫在我身上。但是,流氓们——那几乎是一锅大杂烩。

"流氓们,大杂烩,所有的智者、诈骗犯、正人君子、犹太人,全都混在一起——还有一切从挪亚方舟里出去的走兽。

"礼貌!于我们而言,一切皆是虚假与腐烂的。没有人了解怎样去表示敬重——我刚刚从那里逃离。他们是让人反胃的粗鲁的狗,他们替棕榈树叶镀上了金子。

"这种厌恶让我透不过气来,让我们国王本身也变得伪善,我们不得不用前人留下的老旧脱色的繁荣来掩饰和伪装,并将它们展示给最愚笨的人、最奸诈的人,以及现在一切那些以权谋私的人。

"我们并非最上流的人——却仍旧不得已而代表他们。对于这样的欺骗,我们终于感到疲劳和厌倦了。

"我们远离了贱民,所有那些哭叫不止的人、舞文弄墨的华丽苍蝇、商贩的铜臭、焦虑的好胜之心和浑浊的气味——呸,生活于贱民之间真让人厌烦。

"呸,庇护贱民之中所谓的最上流的人!啊,厌恶!厌恶!厌恶!现在我们国王还算什么呢!"

"你那多年的老毛病又犯了,"左边那个国王这时道,"你的厌恶控制了你,我不幸的兄弟。但是,你要明白,有人正在听我们谈话。"

查拉图斯特拉原本一直在竖起耳朵、睁大眼睛听他们的谈话。听到这里,他马上从他躲藏的地方跃了出来,向那两个国王走去,并这样开口:

"那聆听你们的人,那有意聆听你们的人,名叫查拉图斯特拉。

"我正是查拉图斯特拉。我也曾说过:'现在我们国王还算什么呢!'请原谅我吧,听到你们向对方说:'现在我们国王还算什么呢',我非常开心。

"但是,这里是我的领地与势力范围:你们在我的领地寻找什么呢?但是,也许你们在你们的道路上已经寻得了我所想找的人,换句话说,那'上等人'。"

国王们听见这话,捶着自己的前胸众口一词道:

"我们被发现了!

"你用你语言的剑剖开了我们内心深沉的昏暗。你看透了我们的悲惨,因为,瞧啊!我们正走在追寻上等人的道路上。

"虽然我们是国王,可那上等人比我们还要伟大。我们赶这只驴子去他那里进献给他,因为最伟大的人也应该是这片土地的最高统治者。

"如果这片土地的统治者并非最伟大的人,那在一切人类的命运中将再也没有什么比这更加让人心痛。那么,所有的一切就变得虚假,扭曲,而且荒唐。

"如果他们是那最下等的人,比人更加具有兽性,那贱民的价值就不断升高,最终,贱民的道德甚至会说:'瞧啊,唯有我才是唯一的道德!'"

"我刚刚听见什么了?"查拉图斯特拉答道,"这正是国王的智慧啊!我被迷住了。事实上,我此刻灵光一闪想为这创作一首诗歌。

"虽然它也许并不是一首让每个人都喜爱的诗歌。我已经很久没有考虑过替长长的耳朵的驴考虑了。好吧!现在就开始吧!

(但是,这时候,正巧那头驴子也开始说话,它清晰而狠毒地道:是——啊!)

从前,我猜那是我们圣主诞生的日子。

无酒去饮,女巫这样叹息:

"万物在沉沦!

"沉沦!沉沦!世界从未沉沦得这样低贱!

"罗马已沦为妓院,

"罗马的恺撒沦为一只走兽

而上帝——已沦为犹太人!"

2

听见查拉图斯特拉的这首诗歌,国王们非常高兴。右边的那个国王道:"哦!查拉图斯特拉,我们外出遇见了你,这是多么幸运的事啊!

"你的仇敌们曾给我们瞧你在他们镜中的模样:那中间显示的是你有一张恶魔般的面带嘲弄的奇怪面孔,所以我们都畏惧你。

"但是,您这样做有什么用呢?你不停地用你的箴言一次次地扎痛我们的内心与耳朵。所以我们最后说道:他长成什么模样又有什么关系呢!

"我们必须得聆听他的教导:'你们应该将和平作为新战争的一种方式去热爱——热爱片刻的和平胜于长期的和平。'

"从没有人说过这种好战的话:'何为正义?英勇就是正义。是正义的战争让每一个理由变得崇高了。'

"哦!查拉图斯特拉,我们前人的血液在我们的血管里涌动,它为这样的话语而兴奋:它正如春天对着古老的酒桶倾诉的声音。

"在很多剑像赤练蛇一般四处游走时,我们的先人就变得珍爱生命了。所有和平的阳光在他们看来全是萎靡而冷漠的,长期的安定让他们感到耻辱。

"他们会怎样感叹啊,我们的先人,当他们看见墙上悬着的闪亮的、干枯的利剑!他们如利剑一般渴盼战争。因为利剑渴盼染血,并因为激动而放出光芒。"

在国王们这样热烈地讨论着他们先人的幸福时,查拉图斯特拉突然产生了一种想讥笑他们的欲望,他想讥笑他们的热情——因为他们在他面前看上去就是十分和气的国王,容貌举止都十分高雅的国王。然而他压抑了自己。"好了!"他道,"这条路通往那边,那里是查拉图斯特拉的山洞；马上将会有一个漫长的夜晚！但是，现在，有一个痛苦的呼喊声在召唤我快点离你们而去。

"假如国王们愿意到山洞里坐等，那会让我的山洞陋室增辉。然而，没错，你们将会等候很长时间！

"好了！那有什么！还有什么地方会比在宫廷里更能学会等待呢？国王们向来具备这样的美德——它现在难道不就是被叫作'等候的本领'吗？"

查拉图斯特拉如是说。

六十四、水蛭

查拉图斯特拉思考着不断向前走，下坡，穿越丛林，穿越泥潭；但是，正像每一个正在思考一些难题的人一样，查拉图斯特拉不小心踩到了躺在地上的一个人。所以，瞧啊，那人立刻痛苦地号叫了一声。两句咒骂和二十句辱骂一股脑儿地喷向查拉图斯特拉，所以查拉图斯特拉在害怕中抡起了他的拐杖，攻击了那个被踩的人。但是，接下来，查拉图斯特拉恢复了平静，他在心里讥笑着他适才所干的蠢事。

"请原谅我，"他向被踩的人道——那人已经愤怒地坐了起来，"请原谅我，先听我讲一个寓言吧：

"一个漂泊的人在一条无人的大路上畅想着遥远的事情，他不经意踩到了一条睡着的狗，那狗正在阳光下躺着：

"就像两个吓得快死的人，他们那时全受到惊吓并彼此对骂着，像是不共戴天的仇敌——这样的事情也在发生在我们身上。

"但是！但是！他们差一点就可以互相安慰、互相关爱了呀。那只狗与那个孤独的人，难道他们不都是孤独者吗？"

"无论你是谁，"那个被踩的人说——他还在生气，"你不仅用你的脚侮辱了我，还用你的寓言侮辱我！

"瞧啊！难道我是一条狗吗？"

这个坐着的人站了起来，将他的赤膊从泥巴里抽了出来。因为最开始他是爬于地面上的，就如那趴下来观察猎物的人一般，很难让人看到。

"你这是怎么了？"查拉图斯特拉慌乱地喊着，因为他看见很多血从那一丝不挂的手臂上流出，"是什么伤害了你？一条凶兽咬到了你吗，你这可怜的人？"

那流血的人笑了，仍旧很气愤："这跟你有什么关系！"说完，他准备离开。"我在这里定居了，这是我的领地。谁想问我，就让他问吧，但是，于一个笨蛋而言，我无话可说。"

"你错了，"查拉图斯特拉抓紧他，同情地说，"你错了。这里并非你的领地，而是我的领地，在这里，没人会被伤害。

"你想怎么叫我就怎么叫吧，我是我必须成为的那个人。我称我自己为查拉图斯特拉。

"好了！那上面就是通往查拉图斯特拉的山洞的道路，并不太远。你难道不愿意去我家里治好你的伤口吗？

"可怜的人啊，你的日子过得真倒霉：第一，一只走兽咬了你，第二，一个人踩了你！"

但是，在被踩的人听见查拉图斯特拉的名字时，他脸色变了。"我能怎么办！"他高声叫起来，"在我的一生中，还有谁会关注我？除了这个名为查拉图斯特拉的人，还有那个以吸血为生的动物——水蛭？

"因为水蛭的原因，我就如一个渔人一般躺倒在这泥潭中，我展开的胳膊被咬了数十次。然而，这里有一个更擅长吸血的水蛭在啮吸我的鲜血，那就是查拉图斯特拉你本人！

"哦！幸福呀！哦！奇妙呀！我真该歌颂那诱惑我到达这泥潭的日子！歌颂那最杰出的、最生机勃勃的吸血者，它现在依旧活着；歌颂那拥有伟大良知的水蛭——查拉图斯特拉！"那被踩踏者这样道，查拉图斯特拉因他的语气与可亲的气度而感到开心。

"你是谁？"查拉图斯特拉发问，并和他握着手，"我们中间存在很多误会需要澄清和解释，但是，依我看，拨云见日的时光已经迎来黎明了。"

"我是有良知的人，"那被踩的人答道，"在灵魂方面，很难说还有谁的作风比我更加严苛、更加周密，除非是那个我向其学到这一切的人——查拉图斯特拉本人。

"什么都不知道比一知半解要好！宁愿做一个坚持己见的笨蛋，也比做人云亦云的智者要好！我喜欢寻根究底。

"它是伟大的还是渺小的，这有什么关系呢？它被叫为泥潭还是长空，这有什么关系呢？巴掌大的一块根底于我而言已经足够了，只要它是这片土地上真实的根底！

"巴掌大的一块根底，那上面人足以站一个人。在追求真知的过程中，没有什么知识是伟大的，也没有什么知识是渺小的。"

"看来你或许是研究水蛭方面的大师了？"查拉图斯特拉问道，"你对水蛭的探索已经很深入了，你这有良知的人？"

"哦，查拉图斯特拉，"被踩的人回答，"那是一件很宏伟的事业，我怎么敢去涉足呢？

"但是，有一个东西我是熟悉的，那就是水蛭的大脑——那是我的研究领域！

"它也是一个领域！但是，请原谅我，我的自豪在这里获得了展示，因为在这个领域无人能跟我比肩。所以我道：'这是我的领土。'

"我探索这个东西已经很长时间了，水蛭的大脑，所以，在这里，滑溜的真理再也无法从我手中滑走了！这里是我的领土！

"因为这个原因，我将其他一切都抛弃了；因为这个原因，其他一切于我而言全变得无足轻重；紧挨着我的学问的，是我漆黑的无知。

"我灵魂的良知号召我这么做：我应该只了解一件事，而对其他的事一无所知——它们于我而言是可恶的，所有一知半解的灵魂，所有那些混混沌沌的人、云山雾罩的人、异想天开的人。

"在我的诚实丧失时，我变得莽撞了，并且也甘愿莽撞。但是，在我希望寻求知识时，我也希望变得诚实——变得严苛，周密，无情。

"哦！查拉图斯特拉，因为你也曾讲过：'灵魂是铭刻在生命中的生命'——它让我笃信你的教义。事实上，我依靠自己的鲜血提高了自己的学问！"

"正如证据所展示的那样，"查拉图斯特拉打断他的讲话，因为鲜血还在从那有良知的人那裸露的胳膊上流下，那里仍然有十只水蛭在啃吸着，"哦！你这个奇怪的家伙，这个特别的证据教给了我不少东西啊——这证据也就是你自己！但是，或许，我真该将一切教义全倒进你严格的耳朵里！

"好了！我们就在这里分开吧！但是我很愿意再次见到你。那上面就是通往查拉图斯特拉的山洞的道路，你今夜应该成为我家里的贵宾！

"查拉图斯特拉用脚踩踏了你，我愿意为你治疗：我确实是这么想的。可是，刚刚有一个痛苦的呼喊声在召唤我快点离你们而去。"

查拉图斯特拉如是说。

六十五、老巫师

1

在查拉图斯特拉拐过一座峭壁时，他发现在同一条道路上，就在他身后不远处，一个人如疯子一般在欢蹦乱跳，最终跌倒在地。"停下！"查拉图斯特拉在心里说，"他一定就是那上等人，那恐怖的悲伤的号角就是从他嘴里传出的，我要去看一下我能否给他提供一些帮助。"但是，当他跑到那个人跌倒的地方时，他见到一个眼神呆滞的战栗着的老者。虽然查拉图斯特拉尽力去扶他起来、帮助他再次站起来，可一切都是徒劳的。那可怜的人看上去似乎还没有发现有人走到了自己身旁，恰恰相反，他始终挥舞着双手朝四周观望，如同一个离群索居的、被抛弃的人。但是，最终，经过一阵战栗、抽搐和蜷曲，他开始这样哀号：

谁能过来温暖我，有谁还在爱着我？
赐予我温暖的手掌！
赐予我火热的煤炉！
跌倒，趴地，战栗，
就如同那垂死而冰冷的人，双脚被人捂暖！
战栗，啊，因无名的热疾而战栗，
因入骨、寒冷的雪剑而发抖，
被你追逐啊，我的思想！
不可讲！不可看！你这猛烈的恐慌！
你，躲在黑云中的猎人呦！

现在我被你的雷电击中，

你作弄的眼睛在幽暗中盯着我！

我这样横陈于地，

折弯，蜷缩，抽搐，

遭受一切永恒的痛苦，

并遭遇猛击，

被你，最残忍的猎人，

你，与众不同的神，

攻击得更猛烈吧！

再一次攻击！

插过并扯破我的心吧！

这磨难暗示着什么？

用其破碎的拙箭？

你为什么在这里看着，

对人类的痛楚从不厌烦，

用落井下石的、如电的圣洁眼光？

你不愿杀戮吗，

只想给予磨难，磨难？

为什么折磨我，

你这落井下石的无名的神？

哈哈！

你悄悄走近

在子夜的漆黑时光？

你想如何？

说！

你堵住我，逼迫我，

哈哈！你离我太近了！

你倾听我喘气，

你窃听我的心跳，

你这永恒的忌妒者！

为什么，请问，你为什么永恒地忌妒？

快滚！快滚！

为什么想要这梯子？

难道你想进来？

到我心中的暗室？

到我自己秘密的思想的暗室？

无耻的人！你这无名的人！你这贼！

你偷盗是为什么？

你倾听是为什么？

你折磨是为什么？

你这折磨者！

你——屠夫之神！

大概，我会如獒犬一般，

在你眼前翻滚？

讨好、发疯、狂暴地，

咬你摇尾乞怜？

一切都是徒劳的！

朝前鞭策！

极端残忍地鞭策！

我并非狗，我只是你的猎物，

你这最残忍的猎手！

你因你的俘虏而自豪，

你这躲在黑云中的盗贼……

最终,说吧!

你这被闪电覆盖的人!你这无名的人!说!

你这道路的埋伏者,你希望从我这里获得什么?

你希望获得什么,无名的神?

什么?

赎金?

多少赎金?

乞望多些吧——我的高傲叮嘱你!

痛快点儿吧——我的另一种高傲叮嘱你!

哈哈!哈哈!

我——你要的是我吗?

我的所有?

哈哈!哈哈!

折磨我,你真是个傻瓜,

磨难就能摧毁我的高傲吗?

给我爱吧——

谁能过来温暖我,有谁还在爱着我?

赐予我温暖的手掌!

赐予我火热的煤炉!

赐予我这最孤单的坚冰!

啊!七层坚冰,

让我渴望敌人,

屈服于我吧,

最冷酷的敌人,

把你自己给我!

走了!

他真的逃走了,

我最后的、唯一的同伴,

我最伟大的仇敌,

我生疏的——

我那屠夫之神!

不!

你回来!

带着你所有的折磨!

回到我这最后的孤单者中,

哦,你回来!

我全部的热泪就像流河,

涌向你!

我心中最后一点灵魂之火,

为你点燃!

哦,你回来!

我无名的神!我的痛楚!

我最后的幸福!

2

但是,听到这里,查拉图斯特拉再也无法控制自己,他举起他的拐杖尽力抽打着这个哀号者。"闭嘴,"他发出一阵狂笑,向他大喊,"闭嘴,你这个戏子!你这个造假钱的人!你这个彻头彻尾的诈骗犯!我很了解你!

"我会尽快帮你焐脚的,你这个邪恶的巫师:我非常明白该怎么做——怎么让你这样的人暖和起来!"

"饶了我吧，"老者讲着，从地上跳起，"不要继续打我了，哦！查拉图斯特拉！我这样做只是在找乐子！

"这样的事情正是我的把戏。在我这样做时，我只是希望考察你一下。事实上，你非常聪明地看破了我！

"然而，你的表现很不错，你是严厉的，聪明的，查拉图斯特拉！你用你的'真理'严厉地打击我，你的棍子在我这里打出了真理！"

"不要再讨好我了，"查拉图斯特拉答道，他皱着眉头仍旧很激动，"你这个彻头彻尾的戏子！你是虚伪的人，你为什么要讨论真理！

"你这孔雀之王，你这虚荣之海。你于我眼前呈示着什么呢？你这邪恶的巫师，当你以这样的形式哀号，我又该信赖谁呢？

"灵魂的忏悔者，"老人道，"正是他——那就是我所呈现的，也是你自己曾创造的词语。

"那最后让自己的灵魂反对自己的诗人和巫师，那最后被自己邪恶的知识和坏心肠所冻死的变形者。

"承认了吧，哦！查拉图斯特拉，要想识破我的诡计和谎话，你还差得远呢！当你用两只手捧着我的头时，你就会相信我的不幸。

"我也曾听到你感叹'我们对他爱得太少了，爱得太少了'。我能把你骗得这样深，我的邪恶让我感到非常开心。"

"你或许骗过比我更加聪明的人，"查拉图斯特拉严厉地说道，"我不能小心地去提防骗子，我不能对骗子的诈骗做出任何防备，我的意志希望如此。

"但是，你一定欺骗过别人，我很了解你！你说的话总是有两重、三重、四重甚至五重的含义！即使你当下所坦诚的一切，在我看来也是真假参半的！

"你这个虚假阴险的造假钱的人,你怎么可以这样做!即使你一丝不挂地站在你的医生眼前,你也想要将你的疾病掩饰一番。

"所以,当你说'我这样做只是在找乐子'时,你不过是在我眼前掩饰你的谎言。你的话中也不乏一些严谨的地方,那就是,你在一定程度上确实是个灵魂的忏悔者!

"我看透了你,你迷惑住了全世界。然而,你还没有替自己制造一种谎言和迷惑人的把戏,所以,你不会再对你自己产生兴趣!

"你将收获的厌恶当作你的真理。在你身上再也没有任何一句话是诚实可信的,然而你的嘴巴却还保持着真诚。也就是说,你对你自己感到厌恶。"

"你究竟是什么人!"老巫师以挑衅的口气大叫,"你怎么敢这样和我说话——和这当今世上最伟大的人?"一道绿色的火光自他眼中对查拉图斯特拉喷去。然而,很快他的态度又变了,他悲哀地道:

"哦!查拉图斯特拉,我讨厌它了,我厌恶我的花招,我并不伟大,我为什么要假装!然而,你一定非常清楚,我正在寻求伟大!

"我希望自己看起来就像一个伟大的人,并且我也说服了很多人相信这一点。但是,这个谎言超出了我的能力。我因为这个而感到心力交瘁。

"哦!查拉图斯特拉,我说的一切全是谎话。但是我心力交瘁了,真的!"

"这让你感到光荣,"查拉图斯特拉阴沉地道,他斜着眼看向地上,"你对伟大的渴求让你感到光荣,然而这也恰好暴露了你自己,你并不伟大。

"你这个邪恶的老巫师,你讨厌你自己,并且说'我并不伟大',那是你身上我所敬重的最好、最真实的东西:

"在这一点上,我将你当成灵魂的忏悔者来尊重,虽然只是一瞬间，但在那一刻你是真诚的。

"但是，请告诉我，你在我的丛林与山石之间追寻着什么呢？假如你躺在地上只是为了挡住我的去路，那么，你是想试探我什么呢？

"你是想试探我什么呢？"查拉图斯特拉这样道，他的双眼亮晶晶的。然而，老巫师沉默了一会儿，之后他说："难道我试探过你吗？不，我只是在寻觅而已。

"哦！查拉图斯特拉，我在寻觅一个真实的人，一个正义的人，一个纯洁的人，一个不和稀泥的人，一个诚实的人，一个智者，一个学识渊博的人，一个伟大的人！

"你难道不明白吗，哦！查拉图斯特拉？我在寻觅查拉图斯特拉。"

这话让他们两人陷入了沉默。查拉图斯特拉陷入了深深的思考之中，他合上了双眼。不久，他又清醒过来了，他握着巫师的手，礼貌地说：

"好了！这条路通往那边，那里是查拉图斯特拉的山洞。在那里，你能够寻觅到你想寻觅的人。

"并且，向我的动物们发问，听听我的鹰和蛇的意见，它们会帮你寻觅到那个人的。但是，我的山洞是非常大的。

"不过，我自己还不曾见到过什么伟大的人。那伟大的人，即便是现在最敏感的目光也无法感知。因为这里是贱民的国度。

"我见到许多人双臂伸展并自吹自擂，人们见了会大喊道：'瞧啊，一个伟大的人！'但是，所有这些大喊又有何用呢？最终还是要泄气的。

"蛤蟆的肚子鼓得太大，最终胀得爆炸了，所以空气泄了出来。用针扎破胀大的肚子，我管这叫'找乐子'。听清楚一些吧，你们这些孩子们！

"现在是贱民们的天下，谁还能分清什么是伟大的、什么是渺小的？谁还能成功地寻觅到伟大？只有笨蛋，只有笨蛋能够做到。

"你在追寻伟大的人吗？你这奇怪的笨蛋！到底是谁教你这些的？现在是做这些事情的时候吗？哦，你这个阴险的追寻者，你为什么要试探我？"

查拉图斯特拉如是说。他内心颇感安慰，于是笑着重新踏上旅途了。

六十六、失业者

但是，查拉图斯特拉刚从巫师那里离开不久，他又见到一个人坐在他必经之路的路边，那是一个高个子、皮肤黝黑的人，他面容疲惫而苍白，这让查拉图斯特拉很不喜欢。"倒霉啊，"查拉图斯特拉内心道，"那里坐着一个假装很痛苦的人，我猜他跟那个巫师是一伙的。他在我的领地上想些干什么呢？

"什么？我刚从一个巫师那里离开，怎么又来了另一个巫师挡在我的必经之路上？

"一个使用巫术的巫师，一个蒙受上帝恩赐的爱幻想的神秘人，一个被神圣化了的愤世嫉俗者，让他们都见鬼去吧！

"但是魔鬼从来不会待在最适合他们待的地方：它总是来得很晚，这个该死的矮子和跛子！"

查拉图斯特拉就这样在心内暴躁地咒骂着，并且思考着怎样将目光避开，以便从这个黑人边上偷偷走掉。然而，瞧啊，事实与愿望总是相反的，因为在同一时间，那个坐着的人已发现他了。

就如同一个得到了一个意外之喜的人，那个人一下子跳了起来，径直走向查拉图斯特拉。

"无论你是什么人,你这赶路人,"他说,"请帮帮我这个迷路的人吧,我这个追寻者,我这个很容易受到伤害的老者!

"在这里,这片大地于我是生疏的,我还听见了猛兽的吼叫声,而那保护我的人早已不复存在了。

"我在追寻那个最后的虔诚者,一个圣徒与隐者,他一个人生活在这片丛林中,还不曾听闻那举世皆知的事情。"

"那举世皆知的事情是什么呢?"查拉图斯特拉发问,"是不是那个曾令整个世界都信奉的上帝如今已不复存在了?"

"你说对了,"老人伤心地回复,"我曾服侍那古老的上帝,一直到他生命的最后时刻。但是,现在我退役了,我虽然没有了主子,但是我还是无法获得自由。住了追忆往事,我再也不会开心。

"所以我爬上这些高高的山峰,以方便我在最后能够替我自己重新设计一场庆典——一场由诚挚的记忆和圣洁的祷告组成的庆典,就像老教皇与神父那样。因为我是最后一位教皇!

"但是,现在,他也已经死去了,那人类中最虔诚的人,那丛林中的圣徒,他经常用歌声与低语去赞扬上帝。

"我寻得了他的草屋,却再也无法寻得他本人。但是我在那里发现了两只狼,那两只狼因为他的死亡而哀号着,因为所有的动物都敬爱他。所以我很快离开了。

"难道我就这样白白地来一次这丛林和群山中间?所以我决定去寻找另一个人,那最虔诚的无神论者。我决定去寻找查拉图斯特拉!"

白发老人这样道,并且以热烈的眼神注视着站在他眼前的人。查拉图斯特拉却握住老教皇的手,带着敬仰长久地凝望着他。

"瞧啊!你这可亲的人,"查拉图斯特拉说,"这是一只多么精美修长的手啊！这是一只曾对众人赐予福利的手。但是，现在它紧紧地握住它所追寻的人——握住我——查拉图斯特拉的手。

"这就是我，无神论者查拉图斯特拉，"查拉图斯特拉接着说，"谁比我更加不敬畏神明呢？我期待聆听他的教义。"

查拉图斯特拉如是说，用他的目光洞穿了老教皇的思想与内心。最终，老教皇说话了：

"那最爱他并且对他最痴迷的人，如今彻底失去了他。

"瞧啊，现在在我们中间，我难道不恰恰是最不敬畏神明的人吗？但是谁会因此而高兴呢！"

在一阵深深的沉默之后，查拉图斯特拉心神不宁地发问："你一直服侍他到最后一刻？你知道他是怎样死去的吗？他们所说的是真的吗——是怜悯掐死了他。

"他看到基督被绞杀在十字架上，他再也无法容忍——他对人类的热爱变成了他的地狱，并且最终造成了他的死亡？"

老教皇却没有回答，只是胆怯地看着别处，神态痛苦而忧郁。

"让他死去吧。"经过长久的思考以后，查拉图斯特拉道，在此期间他一直直视着老人的双眼。

"让他死去吧，他已经死去了。虽然你只是在赞扬一个死人，但这却让人十分钦佩。但是，你和我都很了解他是什么样的人，以及他走过的那些奇特的道路。"

"让我在三只眼睛前讲讲吧，"老教皇兴奋地道（他的一只眼睛瞎掉了），"有关圣洁的上帝的事，我比查拉图斯特拉本人更加理性——本来就是这样。

"我用我的热爱服侍了他很多年，我的意志追随着他的意志。但，一个优秀的仆人了解一切事情，甚至包括那些他的主人特意隐藏起来的秘密。

"他是一个喜欢隐瞒的上帝,全身上下隐藏着很多秘密。事实上,他连生孩子都是偷偷摸摸的。'荒淫'二字写在他的忠心之门上。

"任何将他称颂为爱之神的人,都没有真正地把爱本身看得特别重要。难道那位神灵不希望成为审判者吗?但是热爱之人却不求回报与奖励。

"那位来自东方的神,在他年轻时,他非常暴躁而且内心充斥着复仇的欲望,他亲手为他热爱的圣徒建造了一座地狱。

"然而,最终他变得年迈、温和、成熟而富有同情心了。他好像是一位爷爷而并非父亲,但他最像一位步履蹒跚的老奶奶。他虚弱地坐在火炉旁的角落里,对着自己那疲软乏力的两条腿发愁。他厌恶世界、厌恶意志,最后在某一天被他过度的同情压迫得无法呼吸。"

"你这个老教皇,"查拉图斯特拉此时打断了他,"这一切是你亲眼看到的吗?事情可以是这样发生的,也可以是那样发生的。诸神死亡的方式总是各种各样。

"就这样吧!无论是以哪种方式死亡的,反正他已经死了!他与我的视觉和听觉的喜好相悖,但是我不想在背后说他的坏话。

"我热爱所有光明磊落的人。然而他身上确实有一些你的影子——那种牧师身上的说话模棱两可的特征。

"他会冲我们发怒,这怒火中烧的人,就因为我们歪曲了他的意思!但是,他为什么不把话说得更清楚一些呢?假如他怪罪我们听力不好,那他为什么不给予我们良好的听力呢?假如我们的耳朵中存在垃圾,那么,是什么人将那些垃圾置于其中的呢?

"他受到挫败了,他还没有彻底掌握这陶艺!但是,他却对他制造的陶器进行报复——只因为他捏得很失败——那无异于对良好的品位犯下罪行。

"虔诚之中也存在很好的品位,这品位最后说:'远离这样一个上帝吧！最好是没有上帝，最好由你自己掌控你自己的命运，最好变成一个笨蛋，最好变成上帝！'"

"我听到了什么！"老教皇道，同时竖起耳朵，"哦！查拉图斯特拉，你这个无神论者，你比你自己所想象的更加虔诚！你心中的某个神祇让你变成了无神论者。

"难道不是你本身的虔诚让你不再信仰神了吗？你那伟大的真诚也将引领你跨越善与恶的彼岸！

"瞧，你还保留着什么？你的双眼、双手和嘴，它们自远古以来就注定了要给人带来祝福。人不能只用双手去祝福。

"尽管你坦诚地说你是最坚定的无神论者，但当我走近你，我依然能感受到一阵猛烈而圣洁的恒久祝福的香气：我感到高兴，却也为这悲伤。

"让我成为你的宾客吧，哦！查拉图斯特拉，哪怕只是一晚！这片土地上再也没有什么地方比和你在一起更能令我满足的了！"

"阿门！本应这样！"查拉图斯特拉诧异地道，"那上面就是通往查拉图斯特拉的山洞的道路。

"是的，我非常愿意亲自带你到那里去，你这令人尊敬的人，因为我热爱一切虔诚的人。但是，现在，有一个痛苦的呼喊声在召唤我快点离你们而去。

"在我的领地上不应该有任何人受到伤害；我的山洞是一个很好的避难所。我想让每个伤心的人都能重新坚定地站立在这片大地上。

"然而，什么人能帮你卸下肩膀上的哀伤呢？我对这些真的无可奈何。事实上，我们必须等待很长时间，才能有人替你重塑你的上帝。

"因为那个古老的上帝已经死去，他真的已经彻底死去了。"

查拉图斯特拉如是说。

六十七、最丑陋的人

查拉图斯特拉再一次奔跑于群山与丛林之间，他用双眼找了又找，然而他并没有发现那个他想看到的人——那悲惨的受苦者与哀号者。但是，这一路上，他内心充满了愉快和感激，"这一天给予了我多棒的事物啊，"他说，"当作它倒霉开端的赔偿！我发现了多么奇怪的攀谈者啊！

"我还要花很多时间去回味他们的话，就如同咀嚼谷物一般。我的牙齿会将它们仔细研磨，一直到他们如牛奶一般淌入我的灵魂！"

但是，当大路又一次拐过一座山岩，风景一下子变了，查拉图斯特拉走进了一个死亡的国度。这里高高地耸立着黑色和红色的峭壁，没有花草和树木，也没有鸟的叫声。因为这是一座让一切动物都避之不及的深谷，甚至连捕食的猛兽都不见踪迹，只有一种难看而粗壮的绿蛇，在它们衰老时就来这里等候死去。所以，牧羊人称这个深谷为"死蛇谷"。

但是，查拉图斯特拉沉浸在黑暗的回忆中，因为他感觉他似乎曾到过这个深谷。他内心沉重，所以他走很慢，而且不断地减慢速度，最终立住了。但是，后来，当他张大双眼的时候，他看见路边坐着一个东西，从形状上看似人非人、不可名状。查拉图斯特拉注视着这个东西，突然间，他感受到一种莫大的耻辱。他脸红了，一直红到他那惨白的头皮边缘，他调转眼光，抬脚想要逃离这个糟糕的地方。但是，这时候，这死亡的荒地发出响声了：一个声音从地下传出来，叮叮咚咚地响着，就如夜间流水在封闭的水管中叮叮咚咚地作响一般。最终，它变成了人的声音——它听上去是这样的：

"查拉图斯特拉！查拉图斯特拉！快点儿解开我的谜语吧！说吧，

说吧！什么是对目击者的报复？

"我引诱你回头，这里有光滑的冰块！小心啊，小心啊，别因为你的傲慢而在这里摔折了腿！

"你以为你是充满智慧的，你，傲慢的查拉图斯特拉！那么，请解开这个谜语吧，你这个善于解开谜题的人——我正是这个谜语！说吧，我是谁！"

但是，在查拉图斯特拉听见这些话时，你们猜猜他的灵魂一下子发生了什么变化？同情占领了他的内心，他马上瘫软了，就如同一棵受到了无数樵夫砍伐的橡树——笨重地、突然地倒下了，甚至让那些想要砍倒它的人也感受到很深的恐惧。但是，他马上又从地上站了起来，他的神情变得庄重。

"我非常了解你，"他用响亮的声音说，"你是上帝的谋杀者！让我走吧。

"你无法忍受那能看见你的人——那曾将你看得彻彻底底的人，你这个最丑陋的人，你这个报复目击者的人！"

查拉图斯特拉这样说着并且准备走开。但是，这个无法用语言来形容的东西一下子抓住了他的衣襟，并且喃喃地尝试着开口说话。"别走。"他最后说道。

"别走！留下来！我已经猜出来了将你砍倒在地的是怎样的一把斧子。恭喜你，哦！查拉图斯特拉，你再次站起来了！

"我知道，你已经猜到了上帝的谋杀者的心理。留下来！挨着我一起坐，这并不是没有意义的。

"除了你，我还能找谁？留下来！坐下来！但是别看着我！请尊重一下我的丑陋吧！

"他们迫害着我，如今你是我最后的避难所。他们迫害我，并不是因为他们对我感到憎恨，也不是因为他们感到不快——啊，我要讥笑这样的迫害，并为此感到自豪和振作！

"从古至今，一切成功的人不都受尽迫害吗？那受尽迫害的人们最容易学会讨好和追随，毕竟他们被落在了后面！然而这正是他们的同情。

"他们的同情正是我所逃避的，于是我逃到你这里来。哦！查拉图斯特拉，请你珍爱我、保护我吧，你是我最后的避难所，只有你能看透我。

"你看透了上帝的谋杀者的心理。留下吧！如果你非要走，你这暴躁的人，请别走我来时的那条路，那条路是非常险恶的。

"你对我感到愤怒了，因为我唠叨的时间太长了吗？因为我给予了你忠告？但是，你要知道，这就是我——最丑陋的人。我有一双最巨大、最沉重的脚，凡是我到过的地方，道路都已被我踩坏。我踏过的一切道路都朝向死去与湮灭。

"但是你静静地从我身旁走过，你脸红了——我看得非常清楚，所以我知道你正是查拉图斯特拉。

"任何人都能用神态或者话语将他们的同情施舍给我，然而在这方面我却接受不了——我还不做不了乞丐。关于这些，你已经猜到了。

"因为我过于富足，我有太多伟大的、恐怖的、丑陋的、无法描述的东西！哦！查拉图斯特拉，你因敬重我而感到羞惭！

"我颇费了一番周折才摆脱同情者的群体——以让我能够找到现在唯一教育我们'同情等同于冲撞'的人。那个人就是你，哦，查拉图斯特拉！

"无论这是上帝的同情还是人类的同情，它都是对谦逊的背离。袖手旁观或许比主动施以援手更加伟大。

"但是，现在，同情却被所有卑微的小人物称为美德，他们对极大的不幸、极大的丑陋和极大的挫败完全不尊重。

第四卷 | 277

"我越过这些人观望——就如一只狗朝羊群后观望,我发现他们都是些平凡的、有着柔软毛发的、心地善良的人。

"就如白鹭转过头,无视浅浅的水池,我也如此无视那拥堵于一处的灰色的小浪花、意志和灵魂。

"长久以来,我们都对那些卑微的小人物予以认同,以致我们最后将权势也给予了他们,所以现在他们教育我们:'只有卑微的人认为的善才能称得上善。'

"而现在'真理'正是那群说教的人所讲的,他从他们中间跳了出来——那卑微的小人物的代言人,他自我证明:'我就是真理。'

"长久以来,那个不谦虚的人让卑微的小人物变得肆无忌惮——在他教导说:'我就是真理'时,他是在教导一个很大的谬误。

"这个不谦虚的人收到有礼貌的回复了吗?哦,查拉图斯特拉,当你经过他身旁,你说:'错!错!还是错!'

"你就他的错误发出警告,你是对同情之心发出警告的第一人——不是对所有人,而是对你自己和你的同类。

"你为看到受苦者的羞惭而感到羞惭,是的,你说:'从同情中飘出了一团黑云,当心点儿,你们这群人!'

"当你教育'所有创造者都心如铁石,所有伟大的爱都超越了他们的同情'时,哦,查拉图斯特拉,在我看来,你是多么了解天气变化的预兆啊!

"但是,你也告诫你自己要提防你的同情之心!因为很多人正在走向你,很多受苦受难的人、遭受猜疑的人、绝望的人、溺水的人、冰封的人。

"我也要警告你提防我。你已经解开了我最善良和最邪恶的谜,即我自己以及我的一举一动。我知道那就是砍倒你的斧头。

"然而,他只能死去:他用他那洞察一切的双眼注视着——他看见了人类的内心深处，也看到了他隐藏起来的羞耻与丑陋。

"他的同情不知羞耻，他偷偷潜入了我最肮脏的一角。这个最喜欢窥探的、过于强求的、最具同情心的人不得不死去。

"他一直看着我，我要报复这个目击者——不然我活不下去了。

"上帝洞察了一切，包括人类，所以上帝不得不死去！人类不能忍受这样一个目击者一直活着。"

最丑陋的人这样道。查拉图斯特拉却站起来准备离开，因为他感觉内心深处无比寒冷。

"你这无法用语言来形容的东西啊，"他道，"你告诫我别走你来时的那条路，为了对你表示感激，我向你介绍我自己的道路。那上面就是通往查拉图斯特拉的山洞的道路。

"我的山洞巨大、深邃并且存在很多角落，许多想躲藏得很深的人都在那里觅得了他的容身之处。

"紧挨着山洞的，是数百个供爬行的、飞翔的、跳跃的动物们隐藏的地方。

"你这被流放的人，你流放了你自己，你不愿意住在人类和人类的同情中吗？好吧，那就像我一样吧！向我学习吧，只有付诸行动的人才可以学习。

"首先，和我的动物们谈谈吧！那最骄傲的动物和最聪明的动物——或许它们对我们两个人来说都是最好的军师！"

查拉图斯特拉如是说并赶起了路。他思潮起伏，较之前行走得更缓慢了，因为他问了自己很多问题，却并不知道该怎样回答。

"人是多么可怜啊，"他心里想着，"人类很丑陋，常常气喘如牛，常常充满着隐秘的羞惭！

"有人告诉我，人类非常自恋。啊，这种自恋一定非常伟大！多少轻视在否决着它！

"甚至当他轻视自己时,他也在爱着自己——我猜他是一个伟大的热爱者,也是一个伟大的轻视者。

"我还没有看到过谁曾完全轻视了他自己:甚至这也是一种高度。唉,难道我听见的那痛苦的呼喊声就是这个人发出来的吗?

"我热爱那伟大的轻视者。人类是一定会被超越的物种。"

六十八、自愿行乞的叫花子

查拉图斯特拉离开了那最丑陋的人,他感觉寒冷而孤单,因为寒冷和孤单侵袭了他的内心,甚至连他的四肢都变得越来越冷。但是,他仍然在四处游荡。他翻山越岭,有时穿过碧绿的草坪,有时穿过布满石块的荒凉的河床——之前或许曾有一条小溪从那里流过,这时,他再次变得暖和而兴奋起来。

"我怎么样了?"他向自己发问,"有种温暖而鲜活的事物在鼓励着我,它一定就在我周围。

"我已经不那么孤单了,我能感受到未知的朋友围绕着我,他们温暖的喘息触动着我的灵魂。"

但是,当他四下探寻,找寻抚慰他孤单的人时,瞧啊,有一群母牛立在山岗上,它们离他不远,散发出的气息温暖了他的内心。那些母牛仿佛在热情地聆听某人讲话,并没有意识到那正在走近它们的人。当查拉图斯特拉靠得它们很近时,他清晰地听见母牛群中传出人类说话的声音。很明显,这些母牛都将头伸向了那个讲话的人。

查拉图斯特拉立刻跑过去,他想赶走那群母牛,因为他担心有人在这里受到伤害——一旦发生这样的事,母牛的同情对受伤害的人产生不了任何帮助。但是他错了,因为,瞧啊,一个人坐在地上,看上去像是在劝告动物们不要惧怕查拉图斯特拉。那是一个平静温和的人,一个"山上的说教者",他充满仁爱的双眼本身就在说教。"你在这里找寻什么?"查拉图斯特拉惊奇地大叫。

"我在这里找寻什么?"他回复,"和你找寻的一样,也就是这个世界上的快乐。你这个捣乱的家伙。

"因为这个原因,我很高兴地来求教这些母牛。我已经跟它们说了大半个上午了,它们刚刚正要给我它们的答案。你为什么想驱赶它们呢?

"除非我们发生某些变化,变得如母牛们一般,不然我们就无法进入天国。我们应该向它们学习一件事情:反刍。

"是的,虽然人类得到了整个世界,但是人类还没有学会反刍,所以人类摆脱不了痛苦和烦恼。

"人类的巨大痛苦:那在现在被称作厌恶。现在,谁的心里、嘴里、眼里没有充斥着厌恶呢?你也是这样!你也是这样!然而,瞧瞧这些母牛!"

这个"山上的说教者"这样说道,之后将他的目光转到查拉图斯特拉身上——因为在此之前他一直慈祥地注视着母牛群——但是,接下来,他的神态变了:"我在和谁讲话?"他大声惊呼,非常恐慌,甚至从地面一跃而起。

"这是那内心没有一丝厌恶的人,这是查拉图斯特拉本人,这是战胜了厌恶的人,这是查拉图斯特拉的双眼、嘴巴和内心。"

他一边这样说,一边饱含深情地亲吻查拉图斯特拉的手,其行为完全就像一个无意中获得了从天而降的财宝与珍贵的礼物的人。母牛们在旁边看着这一切,感觉很奇怪。

"不要这样说我了,你这奇怪的人,你这可爱的人!"查拉图斯特拉道,压抑着他的温情,"先跟我说说你自己吧!你难道就是那个曾经舍弃了巨额财富、自愿行乞的叫花子吗?

"那个因自己的财富与富翁的名声而羞惭的人,那个跑到最穷困的人中间,将自己的金钱与善心赠送给穷人的人?然而那些穷人并没有接纳他的好意。"

"然而那些穷人并没有接纳他的好意。"自愿行乞的叫花子道,"正如你了解到的那样,所以,我最后走向了动物们,走向了这些母牛。"

"看来你已经完全明白了,"查拉图斯特拉打断他,"恰当的赠予要比恰当的索求艰难得多,恰当的赠予是一门艺术,是最后的、最精美的从善的艺术。"

"特别是在现在,"自愿行乞的叫花子答复,"换句话说,一切卑贱的东西都在用它自己的方式反叛,摆出一副骄横与自傲的模样。

"因为那个时刻到来了,你明白的,因为那巨大的、罪恶的、漫长的流氓和奴隶的反叛时刻到来了:这种反叛仍在不断地扩张着!

"如今,一切慈悲和小小的赠予都会激怒下层阶级,所以,富有的人需要时刻提防着!如今,无论是谁,如果他像大肚细口的瓶子一般从细小的瓶口朝外面滴出水珠,那么,人们就会将瓶口打破。

"恣意的贪心,急躁的忌妒,满心的复仇,卑贱者的自傲:所有的这一切全都让我头昏眼花。贫穷的人很幸运,这已经不再是事实了。但,天堂却和母牛同存。"

"为什么天堂不是和有钱人同存?"查拉图斯特拉一边尝试着发问,一边阻拦了那些母牛,它们正亲切地闻着这个温和的人。

"你为什么要尝试问我?"那人答复道,"在这一点上你比我更清楚。是什么鞭策着我让我向最穷困的人走去?哦,查拉图斯特拉?难道不是我对最富有者的厌恶吗?

"我厌恶那些财富的囚徒,他们有残酷的神态和卑鄙的思维,他们自多种多样的垃圾中捡取利益——我厌恶这些臭不可闻的贱民。

"我厌恶这些'金玉其外、败絮其中'的虚假的贱民,他们的祖宗是小偷,是吃腐肉的乌鸦,是捡垃圾的人,有着放荡而健忘的妻子——她们和妓女没什么两样。

"上层是贱民,下层也是贱民!现在还存在什么'穷'和'富'的区别呢!我已经忘记了这两者的区别,所以我跑得远远的,直至我来到这些母牛中间。"

那个温和的人这样道,他语气激动,汗如雨下,对此,母牛们再一次感到很惊奇。但是,当那个人如此激动地说话时,查拉图斯特拉却微笑着看着他的面孔默默摇头。

"当你以这样激烈的语气说话时,你对自己过于残忍了,你这'山上的说教者'。你的嘴与眼从来都不适合这种激烈的动作。

"并且,我觉得它跟你的肠胃也不合,你的肠胃无法承受太多的怒火、憎恨以及其他任何过激的感情。你的胃希望得到一些更柔软的东西:你并不是一个刽子手。

"你在我眼中更像一个素食主义者,一个啃食草根的人。或许你也会咬碎谷类,但是,你肯定厌倦了吃肉的乐趣,你喜欢甜糖。"

"你看透了我。"自愿行乞的叫花子回复道,内心坦然起来,"我喜欢甜糖,我也吃一些谷类,所以我选择食用甘甜的食物和让人口气清新的食物。

"我也在寻找能长时间食用的食物,寻找一种能让懒虫和游手好闲的人吃一整天甚至一整个月的食物。

"事实上,这些母牛们做到了:它们创造了反刍和沐浴在阳光之下,它们也抑制了一切让内心受累的繁重思想。"

"好吧!"查拉图斯特拉道,"你也应该看看我的动物们,我的鹰与我的蛇——现在这片土地上还没有像它们那样的动物。

"瞧，那上面就是通往查拉图斯特拉的山洞的道路，你今夜应该成为我家里的贵宾！和我的动物们聊聊动物们的幸福吧。"

"直到我回到家。现在，有一个痛苦的呼喊声在召唤我快点离你而去。并且，假如你在我的山洞里能寻得新鲜的蜂蜜，冰凉而鲜美的金色蜂房的蜂蜜，那你就品尝它吧！

"但是，现在，请快点离开你的母牛们吧，你这奇怪的人！你这可爱的人！虽然这会让你很为难，因为它们是你最温暖的朋友与老师！"

"还有一个我更加敬爱的，"自愿行乞的叫花子回复道，"那就是你，哦！查拉图斯特拉，你比母牛还要好！"

"走吧，离开吧你！你这邪恶的讨好者！"查拉图斯特拉开玩笑地大喊，"你为什么要以这样的甜言蜜语来腐化我呢？"

"走吧，快离开我吧！"他又一次喊道，朝温和的叫花子挥了挥拐杖，于是，叫花子飞快地逃走了。

六十九、影子

那个自愿行乞的叫花子离开不久，查拉图斯特拉又一次孤身一人了，这时候他听见身后有一个全新的音调叫着："停住！查拉图斯特拉！等一下！是我，对，哦！查拉图斯特拉，是我，是你的影子！"但是查拉图斯特拉却没有停下脚步，因为一股怒火猛然袭上了他的心头，原因是他的高山上现在多了一群人，山上因此而变得拥挤不堪了。"我的孤单去哪里了？"他道。

"这确实让我无法忍受，这些高山上嗡嗡乱飞的蜜蜂；我的国度再也不存在于这个世界了,我需要全新的高山。

"是我的影子在叫我吗?对我来说,我的影子算什么呢!就让它追赶我吧!我要摆脱它。"

查拉图斯特拉一边在心里这样嘀咕着,一边跑了起来。但是,他后面的那个影子紧紧地跟着他,因此,转瞬之间这里就有了三个奔跑的人,他们一个接着一个——也就是:最前面是自愿行乞的叫花子,中间是查拉图斯特拉,第三个也就是最后一个,是查拉图斯特拉的影子。然而,他们这样跑了不久,查拉图斯特拉就意识到了自己的愚蠢,猛地,他就抖掉了他全部的愤怒与厌恶。

"什么!"他道,"最荒诞可笑的事难道不是常常产生于我们这些隐者与门徒的身上吗?

"事实上,我的愚蠢在山间日益增强!而现在我听到六个老笨蛋的腿相继发出咔咔的响声!

"但是,查拉图斯特拉有必要被他的影子吓到吗?而且,在我看来,它终归有着比我的腿更加细长的腿。"

查拉图斯特拉这样道,眼底与内心满是笑意。他停了下来并且快速转过身来——瞧啊,他差点因此将紧跟在他身后的影子掀翻在地,因为这跟随者跟得太紧了,几乎紧挨着他的脚后跟,并且他也过于羸弱。当查拉图斯特拉仔细审视这个影子时,他被吓呆了,因为这个尾随者看起来是如此的羸弱、黝黑、空洞与干瘪。

"你是什么人?"查拉图斯特拉激动地发问,"你在这里做什么?你为什么自称是我的影子?你并不招人喜欢。"

"请原谅我吧,"影子答复道,"我就是你的影子。假如我并不能获得你的喜欢——那好吧,哦,查拉图斯特拉!我要赞美你高雅的品位。

"我是一个四处漂泊的人,我一直以来都跟随着你。我一直行走在路上,却没有目的地,也没有家。所以,事实上,我跟那些一直在

第四卷 | 285

漂泊的犹太人相差无几，只是我并不是永恒的，也不是犹太人。

"怎么？我必须永远行走在路上吗？任凭大风吹袭、四处游荡、遭受驱赶？哦！地球啊，你对我来说也太圆了！

"我依旧栖息在每个平面上，如疲惫的灰尘一般熟睡于镜子与窗户上。所有人都自我身上索取，却没有人将任何东西赠予我。我日渐消瘦——差一点就沦为幻影了。

"但是，哦！查拉图斯特拉，我尾随着你，我追逐了最长的时间；虽然我向你隐藏起了我自己，但我仍旧是你最忠诚的影子：你在哪里，我就在哪里。

"我和你一同在最遥远、最寒冷的地方游荡，就如同一个幽灵甘愿在冬天积雪的房顶上出现与隐没。

"我和你一同进入一切禁区，那一切最恶劣、最遥远的地方。如果说我身上还有什么美德的话，那就是我不害怕任何禁令。

"我和你一同粉碎了我心中敬仰的一切；我推翻了一切石碑和雕像；我追寻最危险的愿望——事实上，我曾经超越了一切的罪恶。

"我和你一同忘却了信仰、价值和伟大的名号。当恶魔脱下他的皮时，他的姓名不也一同掉落了吗？因为那也是一层皮。或许，连恶魔本身也是一层皮。

"'任何东西都不是真实的，一切东西都是合理的'，我这样对自己说。我将自己的头和心全投进最寒冷的水里。啊，为此我时常像一只红螃蟹似的站在那里！

"啊，我所有的和善、所有的羞耻，所有对善的敬仰全都消失了！啊，我曾经拥有过的虚假的纯真、善良的人及其他们高贵的谎言全都消失了！

"事实上，我总是紧跟真理的脚步，它有时甚至会踢到我的脸。有时候我会特意扯谎，但，瞧啊！我也因此触及了真理。

"很多事给我带来了启示,所以我现在不会再对任何事产生顾虑了。我所热爱的一切都已经消失了,我怎么还能再热爱我自己呢?

"'过我想过的生活,不然索性就别活着了',这是我的期盼,这也是最圣洁的人的期盼。然而,可叹啊!我怎么还是有一些我自己的兴趣?

"我还有目标吗?还有能让我的风帆停泊的温柔乡吗?

"一阵东风?啊,只有那了解自己将开往何处的人才明白什么是东风,才明白什么是对他有益的顺风。

"我还保留着什么?一颗疲劳的、躁动的内心,一个不坚定的意志,一双扑棱的翅膀,一根受伤的脊骨。

"这是我对故乡的追寻,哦!查拉图斯特拉,你了解吗?这种追寻是我的相思病,它吞噬了我。

"'哪里是我的故乡?'我一边问路,一边寻找,寻寻觅觅了很久却不曾觅得。哦,永恒的无处不在!哦,永恒的虚无缥缈!哦,永恒的徒劳无功!"

影子这样道。查拉图斯特拉听完拉长了脸:"你是我的影子!"他最终伤心地道。

"你的危机不小,你这自由的精灵和漂泊者!你已经度过了一个倒霉的白日,小心别再度过一个更倒霉的晚上!

"在你这样一个漂泊不定的人眼中,甚至连当囚徒都是快乐的。你见过囚徒是怎样睡觉的吗?他们安静地睡着,享受着他们全新的安全感。

"小心,不要被狭隘的信仰捉住,那是冷血而残酷的幻象!因为当下所有狭隘顽固的东西都在诱惑你、考验你。

"你已经失去了你的目标。可叹啊,你怎么会摆脱和忘却那个损失?所以,你也失去了你前行的道路!

"你这不幸的漂泊者与漫步者,你这疲劳的蝴蝶!今夜你想要好好休息、想有一个居所吗？这样，到我的山洞里去吧！

"那上面就是通往查拉图斯特拉的山洞的道路，现在，我要再一次离你而去了。我感觉有个影子一般的东西附在我身上了。

"我会一个人奔跑，这样我的四周就会再一次迸发光明。我仍然需要快乐地走很长时间。但是，到了夜里，我将在那里翩翩起舞！"

查拉图斯特拉如是说。

七十、午时

查拉图斯特拉不停地跑着，但是他不曾寻到一个人，他孤身一人，能看到的只有他自己。他独自享受着他的孤单，想象着一些美好的东西——时光就这样悄悄溜走了。但是，大概到了中午，在太阳恰好走到查拉图斯特拉的头顶时，查拉图斯特拉路过了一棵龙蟠虬结的古树，它被一株葡萄藤猛烈的爱所纠缠着，几乎整棵树都被遮挡了起来。所以，树上缀满了熟透了的葡萄，这幅场景正对着这漂泊的人。这时候，查拉图斯特拉很想摘一串葡萄给自己解解渴。但是，当他伸出手去摘葡萄时，他又想要做别的事了——换句话说，他想在这个完美的午后靠着这棵树美美地睡上一觉。

查拉图斯特拉这样做了。他刚一躺到地上，躺入这静谧斑驳的草坪中间，他就忘记了他的饥饿和口渴，沉沉地入睡了。就像查拉图斯特拉的箴言所说的："一件事比另一件事更加紧急。"但是他的双眼继续睁着——它们还在不知疲倦地观察那棵古树和葡萄藤的爱情。但是，在梦乡里，查拉图斯特拉对自己的内心如是说：

"平静下来！平静下来！现在这个世界不是变得很美好了吗？我

这是怎么啦?

"睡意在我身上翩翩起舞,就像一股轻柔的风在波光粼粼的海面上跳舞,轻盈,如羽毛般轻盈。

"它不让我的眼睛闭上,它让我的灵魂保持清醒。它是轻盈的,确实,它如羽毛般轻盈。

"它一直在劝说我,我不知道它为什么要这样做。它用柔软的双手抚摸我的心灵,它强迫着我。是的,它在强迫我,所以我的灵魂舒展开了。

"它变得多么懒散啊,我那怪异的灵魂!难道第七天的夜晚恰好在这午时到来了吗?难道它曾在美好而纯熟的东西中快乐地畅游了很久吗?

"它更大范围地舒展着自己,它就这样安静地躺着,我那怪异的灵魂!它曾品尝过太多美妙的东西,这成熟的哀伤压迫着它,让它的嘴角弯了起来。

"就如一只船开进了最宁静的港口,如今它靠岸了,它厌倦了漫长的旅程和变幻莫测的海洋。陆地难道不是更加可靠吗?

"就如同要把一只停泊在海边的船拖上岸——这时候,只要一只蜘蛛自船上爬到陆地上,其间纺出它的丝线,这就足够了。根本不需要更加坚固的绳索。

"就如同这样一只停泊在最宁静的港口的疲劳的船,我现在就是这样安静地紧贴着土地休息着,我忠诚而满怀信任地等候着,用最细微的丝线和陆地相连。

"哦!幸福!哦!幸福!你或许是想要唱歌吧?哦,我的灵魂!你躺在草坪上。但这是庄严肃穆的时刻,这时并没有一个牧羊人会吹起他的短笛。

"小心!炎热的正午正在荒野上睡觉。请不要唱歌!请保持安静!世界是这样的完美。

"哦,我的灵魂啊!你这原野上的小鸟,请不要唱歌,也不要低语!请保持安静!古老的正午正在熟睡着,它的嘴唇努动着:它刚刚不是才浅饮了一口幸福的甘露吗?

"一滴金色的幸福的美酒?它的表情出现了一闪而过的变化,它的幸福笑了起来,就像一个神明在笑。请保持安静!

"'对幸福来说,一点点细微的东西都可以使人感到幸福!'我过去曾这样讲,并觉得自己很聪明。但那是一种轻慢,直到现在我才明白这一点。愚蠢之人的话往往更具智慧。

"正是这最细微的东西才最平和、最轻快,就像蜥蜴的爬行声,就像呼吸声,就像一丝微风、一道目光——最细微的东西往往却能创造最大的幸福。请保持安静!

"在我身上发生了什么?听!时间逝去了吗?我堕落了吗?听!难道我没有坠入永恒的井中吗?

"在我身上到底发生了什么?安静!它扎伤了我——哎呀——扎入我的心脏了吗?扎入心脏!哦,粉碎吧,粉碎吧,我的心脏啊,在经历了这种幸福以后,在经历了这种剧痛以后!

"什么?世界难道不是刚变得很美好了吗?变得圆润而成熟?哦,那金色的圆球——它要飞往何处呢?让我追赶它吧!快点!

"安静!"(这时查拉图斯特拉舒展四肢,他感觉自己已经进入了熟睡。)

"上路吧!"他向自己道,"你这贪睡的人!你这中午睡懒觉的人!好啦,上路吧,你这老迈的身体!到时候了,绝对到时候了,还有很多道路在前面等着你呢。

"现在你已经睡够了,你睡了多长时间呢?一半的永恒?好吧,现在上路吧,我这老年人的心啊!在这第一场熟睡以后,你能保持多久的清醒?"

（但是，接下来他再次睡着了，他的灵魂在反抗他，并再次倒下。）"不要烦我！请保持安静！世界难道不是刚变得很美好了吗？哦，这金色的圆球！"

"上路吧！"查拉图斯特拉道，"你这个盗贼，你这个懒虫！什么？你还在舒展四肢、打着哈欠、叹着气坠入深井吗？

"你是什么人，哦，我的灵魂！"（他变得恐惧了，因为一缕阳光自天空照在他的面容上。）

"哦，我头顶的天空啊，"他叹着气，直挺挺地坐着，"你在凝望我吗？你在聆听我那奇怪的灵魂的声音吗？

"你什么时候会畅饮这滴落在地面上的露珠？什么时候会畅饮我这奇怪的灵魂？

"什么时候？你这永恒的深井！你这快乐的、令人畏惧的正午的深渊！你什么时候会将我的灵魂吸走呢？"

查拉图斯特拉如是说，自他睡着的地方站了起来，好像刚从一场怪异的醉酒中苏醒过来。瞧啊！太阳仍然悬在他的头顶。于是，人们能够确定的以此推定：查拉图斯特拉睡的时间很短。

七十一、致敬

查拉图斯特拉经历了长久的搜寻与奔波后，当他再次回到他的洞穴，已经是傍晚了。但是，当他距离洞口不到二十步远时，发生了一件让他出乎意料的事：他再次听见那痛苦的呼喊声。奇怪！这一次那呼喊声是自他自己的山洞中传出来的。那是一阵细长的、杂乱的、奇怪的叫声，查拉图斯特拉清楚地辨别出它是由很多声音所组成的：虽然在远方听起来它就像是从同一张嘴中发出的呼喊。

所以查拉图斯特拉跑进他的山洞，瞧啊！在那喊声之后，还有怎样的戏剧在等候他！在那里，他白天所偶遇的所有人全都坐在一块儿：右边的国王与左边的国王、老巫师、教皇、自愿行乞的叫花子、影子、智慧的忠于职守者、悲伤的先知，还有那头驴子。但是，那最丑陋的人却在头上顶一个皇冠，身上缠绕着两根紫色的带子——他和一切丑陋的人一样，都想粉饰他自己，把自己打扮成美丽的人。但是，在这悲哀的人群中间，立着查拉图斯特拉的鹰，它的羽毛愤怒地张开着，显得烦躁不安，因为它被人们喊来问了很多它不愿回答的问题，而那智慧之蛇则缠绕在它脖子上。

查拉图斯特拉惊讶地看着这一切，之后他带着彬彬有礼的好奇心打量每一位宾客，观察他们的灵魂，他再次感到惊讶了。

正在此时，聚会的人都从各自的座位上站了起来，带着尊重等候查拉图斯特拉讲话。查拉图斯特拉却这样道：

"你们这些垂头丧气的人！你们这些怪胎！我所听见的就是你们痛苦的呼喊声吗？现在我也明白我该到哪里去找他了，那个我浪费了一天的时间去追寻的人，那个上等人。

"他正坐在我自己的山洞里，那个上等人！但是我为什么会感到奇怪呢？我难道不是用蜂蜜的敬奉和我的幸福诱惑他自动找上门的吗？

"但是，在我眼中，你们很不适合聚在一起。你们这些呼救的人，当你们共同坐在这里时，你们会让其他人感到心情烦躁。必须有一个人先到场才行。

"一个会让你们重新开心地笑起来的人，一个快乐的小丑，一个舞者，一阵清风，一个调皮的小孩，一个老迈的蠢人——你们觉得呢?

"但是,你们这些垂头丧气的人,请原谅我在你们面前说这些毫无价值的话。事实上,你们看不到是什么使我的内心变得如此振奋。

"是你们自身,还有你们的容貌!请原谅我吧!因为每一个见到垂头丧气之人的人都会受到鼓舞。鼓舞一个垂头丧气的人——无论谁都会认为自己有足够的能力去那样做。

"你们给予了我这种能量——这是一件很棒的礼物,我高贵的宾客啊!一件宾客赠送的上等礼物!好吧,我也呈献给你们一些我自己的物品,请不要怪罪我。

"这里是我的国度与领地,但是,那属于我的事物,今天夜晚全会都变成你们的。我的动物也会照顾你们的起居:让我的山洞变成你们安歇的地方吧!

"与我同住没人会感到绝望:在我的领地中,我会保护所有人免受其他走兽的伤害。这是我呈献给你们的第一件事物:平安!

"而我要呈献给你们的第二件事物是我的小指头。假如你们拥有了它,那么也就等于你们拥有了我的整个胳膊以及整颗心!欢迎光临,欢迎你们,我的佳客们!"

查拉图斯特拉如是说,带着爱意调皮地微笑着。在这场致意以后,他的宾客们再次安静地鞠躬以示敬意。右边的国王代表所有人答复道:

"哦!查拉图斯特拉,通过你和我们握手及问候的方法,我们认出了你正是查拉图斯特拉。你在我们面前是如此的谦虚,这简直损害了我们对你的敬重之情。

"但是,谁能像你一样如此屈尊贬低自己呢?你抬高了我们的地位,让我们耳目一新、灵魂振奋。

"为了见到这些,我们愿意攀登上比这更加高耸的山顶。因为我们急迫地赶来是想看看有什么东西能点亮我们黯淡的眼神。

"瞧啊！我们不再发出痛苦的呼喊。现在，我们的心灵开放着、欢腾着。我们从不缺少放飞自我的勇气。

"哦！查拉图斯特拉，没有什么比一个伟大、坚忍的意志更能给人们带来欢声笑语，它是这片土地上最美好的植物，能使所有的景象都焕然一新。

"哦！查拉图斯特拉，我将如你一般成长起来的人比作松树——是伟岸、沉静、坚韧、孤单、雄壮、最优良、最实用的木材。

"但是，最后它用其强健的、碧绿的树枝朝外夺取它的领地，向狂风、骤雨以及一切位居高处的东西提出强有力的质疑。

"它的回答更加庄重，一个发令者，一个获胜者！哦！谁不愿意攀上高山去观察这类植物呢？

"哦！查拉图斯特拉，忧郁的人与残疾的人因你的树而振奋了自我，甚至就连意志不坚定的人也因此而变得坚定、内心得到治愈。

"事实上，现在很多双眼睛都在看向你的山峰与你的树。一种巨大的希望升起来了，很多人都在询问：'谁是查拉图斯特拉？'

"所有那些隐居的人——独自隐居的人和双双隐居的人，你曾经将你的歌声与蜂蜜注入他们的耳朵，现在，他们内心都在说：

"'查拉图斯特拉还活着吗？活着已经没有任何价值了，世间万物都无关紧要，一切都是枉然，除非我们与查拉图斯特拉同在！'

"'那在很久之前就宣告要回来的人，他怎么还不回来呢？'很多民众这样发问，'难道是孤单吞噬了他吗？或许我们应当朝他走去吧？'

"现在发生了这样的事：孤单自身变得薄弱并且裂开了，就如一座已开裂的、再也无法掩盖尸体的坟墓。四处都能见到重生的人。

"哦！查拉图斯特拉，现在，波浪环绕着你的山脉不断涨潮，无论你的高地是如何的高，它们最终一定能涨到你这里来，你的船只将再也不会被弃置在陆地上。

"现在，我们这些垂头丧气的人走入了你的山洞，我们已经不再感到沮丧了——这是一个先兆，预兆着更加卓越的人正在向你走来。

"因为他们正向你走来，在那些人当中，上帝是最终的幸存者——换句话说，那些拥有着巨大的渴求、巨大的憎恶、巨大的满足的人。

"哦！查拉图斯特拉，所有那些愿意活下去的人，必须重新学会抱有希望——他们必须向你学习，学会你那伟大的渴望！"

右边的国王这样道，并且拉起查拉图斯特拉的手希望亲吻它，但是查拉图斯特拉回绝了他的敬意。查拉图斯特拉惊慌地向后退，仿佛要逃跑一般，他默默地跑向了远方。但是，过了一会儿，查拉图斯特拉又回到了他的宾客们的中间，他用清澈的眼神扫视着他们，说：

"我的宾客们，你们这些上等人，我坦诚地跟你们讲，我在这高山之上等待的并不是你们。"

"坦诚地讲？天啊！"这时，左边的国王自言自语道，"很明显，他不了解伟大的西方人，这位东方的智者！然而，他的意思是'用坦诚的口吻来说'——对啦！这并非这些天来最糟糕的趣味！"

"你们或许，事实上，你们统统是上等人，"查拉图斯特拉接下来道，"但是对于我来说，你们既不够高贵，也不够健壮。

"换句话说，对于我来说，对于我身上那沉睡的坚韧的灵魂来说——它总有一天会苏醒过来——是不足够的。即使你们全都属于我，那也比不过我的一只右手。

"因为那如你们一般用病弱的腿站立的人，都渴望被照顾，无论他自己有没有意识到。

"但是，我并不纵容我的胳膊与我的两条腿，我并不纵容我的战士们：那么，你们怎么能适应我的斗争呢？

"和你们在一起会使我失去所有获胜的机会。仅仅是听见我战鼓的擂响，你们之中的许多人就会被吓得伏倒在地。

"并且，于我而言，你们不够美好、身世不佳。我需要明亮光洁的镜子去映衬我的学说，即便是我自己的外表到了你们的平面上也会变得扭曲。

"你们肩膀上担负着很多累赘、很多记忆，很多丑陋的小矮人潜伏于你们周围的阴暗处。你们身上还隐藏着贱民。

"虽然你们是高贵的，出身于高贵的民族，可你们身上仍旧存在很多畸形怪异的东西。世界没有哪个铁匠可以帮我将你们锤正、锤直。

"你们只是桥梁：让更高贵的人自你们身上跨过去吧！你们象征着梯子：所以，请别责怪那踩着你提升他的高度的人吧！

"在未来的某一天，你们的子子孙孙终会为我诞下一个真正的儿子与完美的继承人，然而那是很久之后的事了。你们这些人并非我遗物与名称的继承人。

"我在这高山之上等候的并非你们，我也不会和你们一起最后一次下山。你们光临我这里，只是作为一个先兆，预兆着那更加卓越的人正在向我走来。

"他们不是那些拥有着巨大的渴求、巨大的憎恶、巨大的满足的人，也不是你们所谓的上帝的最终的幸存者。

"不是！不是！不是！我在这山上等待着另一群人，如果等不到他们，我从今往后将严守原地。

"等待更高贵的人、更健壮的人、怀有必胜信念的人、更快乐的人，等待那些身体与灵魂都更加健全的人：欢笑的雄狮一定降临！

"哦！我的宾客们，你们这些怪异的人。难道你们没有听到过任何关于我的小孩们的消息吗？他们正在向我走来吗？

"跟我谈谈我的花园，我的幸福岛，我的全新的美好的种族——你们为什么不和我谈这些呢？

"我请求你们讨论我的孩子们，这是我从你们的厚爱中渴望得到的礼品，我因他们而富足，我因他们而贫困，我还有什么不能赠予的呢？

"为了这个，我还有什么不愿意舍弃的啊。这些孩子们，这些鲜活的植物，这些我寄托着我的意志和最高希望的生命之树！"

查拉图斯特拉如是说，猛然中断了他的讲话。因为他突然产生了一个强烈的愿望，他心潮澎湃，于是他合上了双眼，闭上了嘴巴。他所有的宾客也全都安静地立着，但内心充满疑惑，只有那个年迈的先知在用他的手和表情做着暗示。

七十二、晚宴

与此同时，年迈的先知打断了查拉图斯特拉及其客人的致意，他迫不及待地靠了上去，一下子捉住查拉图斯特拉的手并且大叫："但是，查拉图斯特拉啊！你自己曾这样说过：'一件事比另一件事更加紧急。'那么，现在于我而言，有一件事比其他任何事都更紧急。

"有句话现在很适合问：难道你不是约我们来吃饭的吗？这里有很多跋山涉水过来的人，你不会只是想用你的演讲来宴请我们吧？

"并且，你们所有人都过多地考虑着冻死、淹死、昏厥还有其他身体上的危险，但是，你们没人思考过我的危险，那就是被饿死的危险。"

先知这样道。但是，当查拉图斯特拉的动物们听见这些话时，它们全都惊慌地逃走了。因为它们意识到，它们白日带回来的所有食物甚至都无法填满先知一个人的肚子。

"还有被渴死的危险，"先知接下来道，"虽然我听见溪水如智慧的语言源源不断地飞溅而出，但是，我迫切地需要的是美酒！

"并非每个人都如查拉图斯特拉一般生来就是一个只需喝水的人。水不适用于疲劳奔波的人：我们应当享用酒——只有它能快速给予人活力、让人变得健康！"

就在先知想要喝酒的时候，左边的国王，那沉默的人终于有话要讲了："我和我的兄弟，右边的这位国王，我们有足够多的酒——一头驴驮的全都是酒。所以这里除了面包什么也不缺。"

"面包，"查拉图斯特拉笑着答复道，"面包确实是隐士们所没有的，但是人并非只靠面包生存，还可以依靠美好的羔羊肉，我这里有两头羔羊呢。

"我们应该快点宰杀这些羔羊，想办法将它们煮得喷香喷香的：我很乐意这么干。这里不缺少树根与水果，也不缺少坚果和其他等待被破解的谜语，甚至对于挑剔的人来说这些也都足够好。

"这样我们很快就能享用一顿美食了。但是无论谁想和我们一同就餐，他都得亲自动手下厨，即便国王也如此。因为在查拉图斯特拉这里，即便是国王也跟厨子无异。"

这个倡议恰合所有人的想法，只有那个自愿行乞的叫花子抵制肉食、美酒与香料。

"你们听听这个贪吃鬼查拉图斯特拉的话！"他诙谐地道："难道我们攀登高山、来到这个山洞里，就是为了吃这一顿晚餐吗？

"现在我的确理解了他之前的教诲：适当的贫困是快乐的！我也理解了他为什么想将叫花子排除在外。"

"快乐一些吧，"查拉图斯特拉答复道，"就如同我一般。遵循你的习性做事吧,你这优秀的人:咀嚼你的谷类,喝你的水,赞扬你的厨艺——只要这样能使你感到快乐!

"我只是我自己这种人的准则,我并非所有人的准则。但是,谁想跟我属于同一种人,他就必须要骨骼强壮、脚步轻快。

"热爱斗争与盛宴,不恼怒,不胡思乱想,像赴一场盛宴一样怡然接受最艰难的使命,并且保持健康和强壮。

"最卓越的东西全都属于我和跟我相似的人。假如它并不是为我们提供的,那我们就会想夺取它——最棒的食物、最纯净的天空、最刚强的意志和最美丽的女子!"

查拉图斯特拉如是说。右边的国王却回答道说:"真奇怪!大家之前曾从哪位圣贤口中听过这样极具智慧的话吗?

"事实上,这就是圣贤身上最令人称奇的事,尽管居高临下,可他却还是那么具有智慧,而并非如一头笨驴。"

右边的国王如是说,并觉得非常奇怪。但是那头驴子却对着他恶狠狠地"呀——啊"了一声。而这就是那个悠长宴会的开端,也就是历史书上所谓的"晚餐"。在这样的场景中,除了上等人,再也没有其他话题被谈到。

七十三、上等人

1

当我第一次走到人类中间时,我做了一件对于隐士来说极其蠢笨的事情,那是一件极大的蠢事:我出现在了广场上。

当我对所有人讲话时,却没有一个人愿意听。然而,到了夜晚,走绳索的人和一具尸体成了我的伙伴,而我自己也跟尸体无异。

但是,伴随着全新的清晨,一个全新的真理来到我身边,所以我学会了这样理解:"广场、贱民、贱民的喧闹和贱民的长耳朵和我有什么关系呢!"

你们这些上等人啊,从我这里学会这些吧:在广场上没有人信赖上等人。假如你在那里讲话,那些贱民就要眨着眼睛道:"我们都是平等的。"

"你们这些上等人,"贱民这样眨着眼,"并不存在上等人,我们都是平等的。人人都一样,在上帝面前,我们都是平等的!"

在上帝面前!但是,现在上帝已死了。而在贱民面前,我们不能平等。你们这些上等人啊,离开广场吧!

2

在上帝面前!但是,现在上帝已死了。你们这些上等人啊,上帝是你们最大的危险。

只有在他进入坟墓时,你们才能得以复活。现在,伟大的正午到来了,只有现在,上等人才能成为主宰!

你们理解这些话吗?哦,我的朋友们!你们恐惧了吗?你们快要吓得晕厥了吗?这里的深渊向你们张开了血盆大口吗?这里的地狱之犬在向你狂吠吗?

对啦!奋进起来!你们这些上等人!现在只有高山在替人类的未来承受巨大的痛苦。上帝已死了:现在,我们渴求超人的存在。

3

现在,最慎重的人发出了疑问:"人类该怎样存续下去?"作为第一个以及唯一一个这样发问的人,查拉图斯特拉问道:"人类该怎样被超越?"

超人是我所关注的,那于我而言是排名第一也是唯一的。而人类,无论是邻居、最穷困的人、最倒霉的人,还是最棒的人,他们都不是我的第一和唯一。

哦!我的朋友们,我之所以热爱人类,是因为他是一种过渡和一种衰落。你们身上存在很多让我热爱、让我渴望之处。

你们这些上等人啊,正因为你们蔑视众人,这才让我有了渴望。因为,伟大的蔑视者也是伟大的尊敬者。

你们有自己蔑视的东西,这非常值得尊敬。因为你们还没有学会屈从,你们还没有学会低贱的生存方式。

因为现在低贱的小人成了统治者,他们全都在宣传屈从、恭敬、权术、勤劳、慎重,以及一列类似这样的小人的德行。

但凡源自女性的东西,但凡源自奴仆族群的东西,尤其是那些贱民的混种,他们现在都想成为人类命运的统治者——哦,真令人作呕!作呕!作呕!

他们一再提问,毫不疲倦:"人类怎样才能最棒、最长久、最快乐地存续下去?"所以,他们现在成了统治者。

哦!我的朋友们,他们都是一些低贱的人,他们是超人的最大危险!现在,请超越他们吧。

你们这些上等人啊,超越那些微不足道的道德和权术,超越那灰尘般微不足道的慎重,超越那蚂蚁群般的烦琐、不幸的安抚,以及大多数人的幸福吧!

宁愿灰心也不要屈从。事实上,我热爱你们,你们这些上等人!因为你们现在并不知道该怎样生存下去,因此,你们的生活就是最好的!

4

哦！我的朋友们，你们有勇气吗？你们有坚定的决心吗？并非在见证者面前的勇气，而是隐士和苍鹰的勇气，即便是上帝都不敢直视的勇气。

冷酷的灵魂、固执己见的人、目空一切的人与酒鬼，在我看来他们都不算有勇气。内心能感知到恐惧却能战胜恐惧，深渊在前却能傲然应对，这才是我所谓的有勇气。

那能用苍鹰一般的眼睛直视深渊，那能用苍鹰的利爪攀爬深渊的人，这才是我所谓的有勇气的人。

5

"人性本恶。"一切最具智慧的人都如此安抚我。啊，真希望它如今仍然是正确的！因为邪恶是人类最好的能量。

"人类一定会变得更善和更恶。"我如此教导众人。为了达到超人的至善，至恶是必不可少的。

那些低贱的小人的说教者最应当吃点苦，因为他们背负着人类的罪行。而我，却希望将最大的邪恶作为我最大的抚慰。

但是，这些话却并不是对长耳朵的贱民讲的。同样的话并不适合同样的嘴讲出来。这些都是微妙而遥远的事，这些不是绵羊的蹄子能捉到的！

6

你们这些上等人，你们认为我在这里是为了纠正你们做的错事吗？

也许你们认为我想要帮你们这些受苦受难的人布置更舒服的床铺？或者给你们这些漂泊的人、迷路的人、胡乱攀登的人指出全新的更便捷的路?

错!错!错!你们的种族中将会有更多更优秀的人死去——因为你们的生活会更加倒霉、更加艰难。

只有这样,人类才能成长至那样的高度——在那里,电闪雷鸣能击中他、撕碎他——高得足以和雷电交战!

我的灵魂与追寻向往更稀少、更长久、更遥远的东西。你们那些细小的、短暂的不幸跟我有什么关系!

在我看来,你们经受的苦难还远远不够!因为你们只是在因自己经受苦难,你们还没有因他人而经受苦难。你们如果不承认这点,那就是在扯谎!你们之中无人经受过我所经受的苦难。

7

让雷电不再具有破坏性,这对我来说是不够的。我并不想将它引走,它应该学会为我劳作。

我的智慧如云彩一般累积着,它渐渐变得沉重、漆黑。所以,在未来的某一天,所有的智慧都会产生出雷电。

关于这些现代人,我不想成为他们的光,也不想被他们称作光明。我要让他们的眼睛瞎掉:我智慧的雷电啊,去洞穿他们的眼珠吧!

8

请不要去做任何超过你能力范围的事。那些渴望去做超过其能力范围的事的人都很阴险虚伪。

特别是当他们渴望做一些伟大的事时!因为他们引发了大家对伟大的事的不信赖感,这些狡诈的造假钱的人和戏子。

直到最后,他们对自己也虚伪起来,他们眼睛斜视、用鬼话骗人，他们卖弄着虚假的道德掩饰着身上的烂疮。

你们必须小心，你们这些上等人！因为在我看来，没有什么比真诚更加贵重、更加稀少。

这个时代难道不是属于贱民吗？贱民却不明白什么是伟大，什么是渺小，什么是坦率，什么是真诚。难怪贱民总是故意扭曲事实，他们一直在扯谎。

9

对这个时代保留一些质疑吧，你们这些上等人，你们这些备受鼓舞的人！你们这些光明磊落的人！谨慎地保有你的理智吧！因为这个时代是属于贱民的。

那些贱民无须理由就去信奉的东西，谁又能有理有据地将其推翻呢？

在广场上，表情和手势能让人信服。然而，理由却让贱民产生猜疑。

如果在那里，真理偶然一次获胜了，那么你会向自己发出疑问："是怎样一种强大的谬误在为它而斗争呢？"

你也会防备知识渊博的人！他们仇恨你，因为他们无力生产！他们有着冷酷、干瘪的双眼，在它眼中，每只鸟都足以被拔光羽毛。

这种人吹牛说他们从不曾撒谎：但是，没有能力撒谎和热爱真理还是相差太多了。你们必须防备！

摆脱狂热和拥有学识相差太多！我不相信冷酷的灵魂。那些无法撒谎的人，也不会明白真理是什么。

10

假如你们想要提升，那么就使用你们自己的两条腿吧！请不要让你自己被别人背到高处；请不要骑在其他人的后背上或者头顶上！

但是，你坐于马背上了吗？你在骑着马快速奔向你的目的地吗？对啦，我的朋友！但是你那病弱的双腿也和你一同坐于马背上了！

当你来到你的目的地时，当你自马背上下来时：恰好是在你的高处，你这上等人——这时候你也会摔倒！

11

你们这些创造者，你们这些上等人！人只可以养育自己的小孩。

请不要让你们自己被欺诈、被操纵！究竟谁是你们的邻居呢？即便你们是在为了你们的邻居而做事，你们也无法为他而创造！

忘却吧，我恳请你们，忘却这个"为"，你们这些创造者，你的道德不想让你们和"为""因为""由于"这类词存在任何关联。关于这些虚假渺小的词汇，你们应当视而不见。

"为了邻居"只是低贱的小人的道德：在他们那里散布着"物以类聚，人与群分"与"互帮互助"——他们既没有权势又没有力量来干涉你们的自我追求！

你们这些创造者啊，在你们的自我追求之中存在孕育的先兆与预想！那暂且没有人见过的果实在掩护、保留并滋养着你们所有的热爱。

在你们所有的热爱所在地方——也就是说你们的孩子所在的地方，那里也存在你们所有的道德！你们的劳动和你们的意志就是你们的"邻居"：请不要让你们自己被那虚假的价值欺诈！

12

你们这些创造者啊，你们这些上等人！怀孕的人会遭受痛苦，但是，生育后的人又不洁净。

问问女人吧：人生产并非因为它能给人带来快乐。那痛楚让母鸡与诗人咯咯呼喊。

你们这些创造者啊，你们身上存在很多不洁净的地方。那是因为你们曾经不得已变成了母亲。

一个新生儿，啊，有多少新的污秽又降临于世！离开吧！那生过孩子的人应该清洗自己的灵魂！

13

请不要超出你们的能力而去寻觅道德！请不要做力所不能及的事！

沿你们前辈的道德足迹前行吧！如果你们前辈的道德意志无法引领你们，你们又将如何提升呢？

但是，那希望争第一的人，要让他小心别垫底！在你们的前辈犯下罪行的地方，你们无法找到圣贤！

若是他的前辈喜好美色、烈性酒和野猪肉，那么，他自己又怎么会要求自己变得圣洁自律呢？

这就是一种愚蠢！说真的，如果他是一个、两个或三个女人的丈夫，在我眼中那真的过于愚蠢了。

如果他建造了修道院，并且于大门上雕刻"通往圣洁的路"——那么我依旧会讲："这有什么用！这不过是一种全新的愚蠢！"

他为自己建造了忏悔室与避难所：这或许对他有用吧！然而我却并不相信。

在孤寂中，人所带进去的东西成长着，人本能的兽性也在成长着。因此，劝说所有人都去过孤寂的生活是不理性的。

这片土地上还存在过比荒野中的圣人更肮脏的东西吗？在他们四周，不光存在魔鬼的猖獗，还存在野兽的霸道。

14

害羞、愧疚、困窘，如那不能腾空而起的老虎——你们就是这样，你们这些上等人，当你们赌注失败，我常常看见你们悄无声息地躲到一旁。

但这有什么关系呢，你们这些掷骰子的人！你们还不曾学会赌博与嘲笑，我们难道不是一直坐于一张巨大的充满嘲笑和赌博的桌子旁吗？

如果你们在做一项伟大的工作时遭遇了挫败，你们难道就为此而承认自己是失败者吗？仅仅因为你们自己遭遇了挫败，难道整个人类都要为此而沦为失败者吗？但是，假如人类真的挫败了：那么，好吧！不要为此介怀了！

15

越是崇高的人，成功的几率就越低。你们这些上等人啊，你们难道不是全都遭到挫败了吗？

振奋起来吧，这又有什么关系呢？这有多大可能呢！试着学会自嘲吧，因为你们应当自嘲！

即使你们曾经遭遇挫败，或许仅成功了一半，那又有什么稀奇的呢？你们这些几近被摧毁的人啊！难道——人类的未来不是在奋斗中前行的吗？

人类最长远、最深奥、如星辰般高尚的精神——它全部的这些庞大能量不都争相在你的血管里翻涌沸腾吗？

很多血管都破裂了，但这又有什么关系呢？试着学会自嘲吧，因为你们应当自嘲！你们这些上等人，哦，这有多大可能呢！

事实上，已经成功的事情有多少呢！这片土地上，那些微小的、优良的、圆满的东西是如此的充足！

将那些微小的、优良的、圆满的东西都放在你们的身边吧,你们这些上等人。他们金色的纯熟能够治愈灵魂。圆满的东西能够给人以希望。

16

在这片土地上,到今天为止最大的罪行是什么呢?难道不是那个人所说的话吗,他说:"可叹啊,现在那些开怀大笑的人!"

难道他没有在这片土地上找到开怀大笑的理由吗?如果真的是这样,那也只能怪他没有好好寻觅——即便是一个孩子都能觅得大笑的理由。

他热爱的不足,不然他也会热爱我们这些开怀大笑的人!然而他却仇恨并呵斥我们,他带给我们的是悲伤与仇恨。

当人不再热爱时,难道他就一定立刻咒骂吗?那——在我眼中是恶毒的趣味。然而,他这样干了,这个绝对的家伙。他是自贱民中走出来的。

他只是爱自己爱得不够;不然,他也不会因为大众不热爱他而心生怒火。一切伟大的爱都不是追求别人的爱——它追求的是更多的东西。

远离这类绝对的人吧!他们是老弱的种族,是贱民的种族:他们用邪恶的意志看待生命,他们用阴险的眼光盯着这片土地。

远离这类绝对的人吧!他们带着繁重的双足与放纵的内心——他们不明白该怎样跳舞。对于这些人来说,这片土地怎么可能变得轻松啊!

17

所有美好的事都在历经曲折后才能抵达终点。他们如猫一般弯着腰，因为近在咫尺的快乐而发出喵喵的叫声——所有美好的事都在发出笑声。

一个人的步伐可以显露出他是否行进在属于他自己的道路上：好好看看我是如何行走的吧！但是，那接近其目标之人，没有行走，而是在跳着舞。

事实上，我并非一尊雕像，我并非如一根柱子一般僵硬地、笨拙地、冷酷地站在那里；我喜欢快速奔跑。

虽然这片土地上存在泥潭与稠密的痛楚，那拥有着轻快步伐的人可以穿过泥潭而奔走，就如在平滑的冰面上舞蹈。

提升你们的内心吧，我的朋友们，高一点儿，再高一点儿！请不要忘却你们的双脚！也请抬高你们的双脚吧，你们这些善于舞蹈的人，倘若你们可以倒立，那就再好不过了！

18

这顶欢笑之人的桂冠，这顶玫瑰花环的皇冠：我亲身佩戴上这顶皇冠，我为自己的欢笑祝圣。至今，我还不曾发觉有其他任何人有魄力去这么做。

查拉图斯特拉这个善于舞蹈之人，查拉图斯特拉这个脚步轻快之人，他挥动翅膀准备飞翔，他呼唤一切飞鸟，他高兴地准备着，他是一个灵魂轻快的人。

查拉图斯特拉这个先知，查拉图斯特拉这个欢笑的预言家，这个丝毫不暴躁的人，这个丝毫不绝对的人，一个喜欢跳跃与越界的人；我亲身佩戴上这顶皇冠！

19

提升你们的内心吧，我的朋友们，高一点儿，再高一点儿！请不要忘却你们的双脚！也请抬高你们的双脚吧，你们这些善于舞蹈的人，倘若你们可以倒立，那就再好不过了！

快乐的国度中也有繁重的生活，也有从一出生就瘸腿的生物。他们的样子有些奇妙，如同一只竭力尝试倒立的大象。

但是，因为幸福而显得愚蠢总比因为悲伤而显得愚蠢要好点。愚蠢地跳着舞比瘸拐着行走更好。所以，我请求你们学学我的智慧吧，你们这些上等人：即便最糟糕的东西也存在相反的两面性。

即便最坏的东西也有两条善舞的腿：所以，我请求你们，你们这些上等人，学会用自己的腿好好站立吧！

所以，我恳请你们，忘掉悲伤的叹息和一切贱民的悲哀吧！哦，贱民在我眼中是何等的悲哀啊！他们如小丑一般。但是，现在是属于贱民的时代。

20

你们应像从洞穴冲出的风：它能伴着自己的旋律舞蹈，海洋在它的脚下战栗、跳跃。

它能给驴子提供翅膀，它能养育雄狮：颂扬那友善的、自由自在的灵魂吧，它如一股狂风一般吹往一切当下，吹向一切贱民。

它讨厌所有刺儿头和愚蠢的人，它讨厌一切凋零的树叶与杂草：用言语赞扬这狂野的、友善的、自由自在的狂风之灵魂吧，它于泥潭与痛楚上面跳着舞，就如同在草坪上一般！

它憎恨那得了肺痨的贱民，还有那一切失败、阴郁的种族：赞扬这一切自由自在的灵魂以及这大笑着的狂风吧，它将灰尘吹入一切绝望的人与忧伤的人的眼中！

你们这些上等人啊，你们身上最倒霉的事情是你们还不曾掌握像你们所应该掌握的那样舞蹈——为超越自我而舞蹈——即使遭遇失败又有什么关系呢!

这世上还存在很多可能!所以,学会超越自我并开怀大笑吧!提升你们的内心吧,你们这些善于舞蹈的人,高一点儿,再高一点儿!请不要忘却痛快地欢笑!

这顶欢笑之人的桂冠,这顶玫瑰花环的皇冠:我把这顶皇冠抛给你,我的朋友们!我为自己的欢笑祝圣。你们这些上等人,我请求你们,学会欢笑吧!

七十四、忧伤的歌

1

在查拉图斯特拉讲上述话时,他正站在他山洞的进口处。但是,当讲完这最后的一番话时,他自他的宾客们中间逃走了,逃到了空旷的原野上。

"哦!围绕在我四周的纯净芳香的气息啊,"他叫起来,"哦,围绕在我四周的受到祝福的宁静啊!但是,我的动物们在哪里?在这里,在这里,我的鹰与我的蛇!

"请告诉我,我的动物们:那些上等人,他们是不是气味不佳呢?哦!围绕在我四周的纯净芳香的气息啊!这时我才明白且感觉到我是多么热爱你们,我的动物们!"

查拉图斯特拉又一次说道:"我热爱你们,我的动物们!"但是,在他说上述话时,鹰与蛇靠近他并仰视着他。就在这种情况下,他们三个共同沉默着,他们一起呼吸着清新的空气。因为这外部的空气比上等人所住的地方的空气清新多了。

2

但是，查拉图斯特拉一离开山洞，老巫师就站了起来，他狡诈地左顾右盼，讲道："他离开了！已经离开了，你们这些上等人啊，让我以这恭敬与讨好的称呼来撩逗你们，就如他所做的那样——我那喜欢诈骗和使用幻术的阴险灵魂已经攻击了我，我那忧郁的恶魔。

"它从内心深处在和这个查拉图斯特拉作对：谅解这些吧！当下，它希望在你们眼前献艺幻术，它适逢其时；我没办法和这个邪恶的灵魂抗争。

"对于你们所有人，无论你们喜欢以何种称呼授予自己荣耀，无论你们是将自己称为'自由自在的灵魂''有良知的人''灵魂忏悔的人''无拘无束的人''充满渴望的人'。

"对于你们所有人，如我一般因极大的厌恶而受苦受难的人，对于你们，原来的上帝已经死去了，现在还没有新的上帝睡在摇篮与襁褓之中——你们所有人对我那邪恶的灵魂与魔鬼的幻术都非常喜欢。

"我了解你们，你们这些上等人，我了解他，我了解这个我不由自主地热爱着的魔鬼，这个查拉图斯特拉：他在我眼中自己时常就像圣徒脸上的一件漂亮纱巾。

"就像我那邪恶的、忧郁的恶魔所喜欢的一种新鲜的哑剧一般：我热爱查拉图斯特拉，我时常这样觉得，这都是因为我那邪恶的灵魂。

"但是，它在攻击并且压迫着我，这个忧郁的灵魂，这个夜晚中的恶魔：事实上，你们这些上等人啊，它有着某种渴求。

"打开你们的双眼！它渴望一丝不挂地走来，说实话，我还不了解它到底是男是女：然而，它到来了，它压迫着我。唉！快开动你们的才华与智慧吧!

"白日慢慢逝去了,现在,暗夜向所有的东西走去,也朝最好的东西走去;现在,听啊,瞧啊,你们这些上等人,这个暗夜的忧郁灵魂是男是女——它到底是怎样的恶魔!"

老巫师这样道,狡诈地左顾右盼,之后一把抓起了他的竖琴。

3

在夜晚的清新空气之中,

露珠将慰藉

倾倒在这片土地,

无声无息——

因为抚慰人心的露珠

如一切平和之物一样穿着轻柔的鞋子——

你回忆一下,你还记得吗,那火热的内心啊,

你也曾非常渴求

来自天堂的充满善意的泪珠和露珠滑落的声音,

在干渴与疲倦中渴望,

那时光,在枯黄的杂草丛生的路上

刺眼的太阳的灼热光辉

穿越阴森的丛林去作弄你,

"真理的追求者?你吗?"——他们这样嘲弄

"错!他仅仅是个诗人!"

一个邪恶的、潜行的、卑贱的野兽,

一定在扯谎,

一定在故意地、顽固地扯谎:

强烈渴望着战利品,

假装得五彩斑斓,

自我躲藏、包装,

他就是自己的战利品——

他——是真理的追求者吗?

错!他只是个笨蛋!只是个诗人!

仅仅是一些花言巧语,

在笨蛋的脸谱下狂吠乱叫,

漫游在虚伪的谎言之桥上,

在多彩的虹桥之上,

在虚构的长空

与虚构的这片土地中间,

环绕我们巡游,环绕我们翱翔——

只是个笨蛋!只是个诗人!

他——是真理的追求者吗?

请不要宁静,呆板,光滑与冷酷,

成为一尊雕像,

一个像神的雕像,

蠢于神庙前,

就仿佛上帝的守护者:

不!与一切这种真理的雕像作对,

在任何沙漠中都比在神庙中自由,

带着猫一般的肆意,

穿越每一扇窗户,

迫切地跳入每一个偶然,

在每一个原始森林中嗅着,

在毛色斑斓的猛兽中间,

游历着,呼叫着,华贵地装扮着,

舔着渴求的嘴唇,

快乐地讥笑,快乐地杀戮,快乐地嗜血,

掠夺着,躲藏着,满嘴扯谎地游历着:

或许如一只鹰长久地在峭壁上鸟瞰,

鸟瞰它们的峭壁:

哦,它们现在在如何回旋向下,

在那下面,在那中间,

对着越来越深的深渊回旋!

所以,

猛然,

对准了,

战栗着飞翔,

对着羊羔偷袭,

迎头向下,食不果腹,

因为渴望饱食一顿,

凶残地对付一切羊羔般的灵魂,

凶悍地对付一切长得如羊的,

或长着羔羊般的眼睛,或毛发弯曲的,

似羔羊一般温顺的灰白色的一切!

这样,

如鹰似豹的,

是诗人的欲求,

是你的欲求,

于千百种伪装之下,

你这个笨蛋!你这个诗人!

你们所有的人类,

将上帝看作羔羊:

将人类心中的上帝撕碎,

就如撕碎人类中的羔羊,

在撕碎时大笑——

那,那是你自己的快乐啊!

属于豹子与鹰的——快乐!

属于诗人与笨蛋的——快乐!

在夜晚的清新大气之中,

在似镰刀的月亮之下,

在紫红色晚霞中透出青光,

忌妒,秘行:

仇视白昼,

踏着神秘的脚步,

将玫瑰花饰的吊床

翻倒,直至它们凋零,

变得暗淡、低沉,融入夜色。

某一天我也这样沉沦了,

脱离对真理的幻想,

脱离对白昼的渴望,

厌倦白昼,因阳光而患病,

向下沉沦,向傍晚,向暗影,

为唯一的真理

而焦灼:

你还记得吗,你还记得吗,这灼热的内心啊,

那时你是怎样渴求的?

但愿我被放逐,

离开所有真理!

只做个笨蛋!只做个诗人!

七十五、科学

巫师这样唱着歌;一切在场的人全如鸟儿一般在不经意间投入了他那奸猾而忧郁的荒淫乐曲之网。只有那个精神上有良知的人还不曾被捉住:他马上从巫师那里抢夺了竖琴并且大喊着:"空气!将清爽的空气放进来!将查拉图斯特拉放进来!你将这个山洞搞得烦闷而污浊,你这个邪恶的老巫师!

"你这个虚伪的人,你这个狡猾的人,你诱惑别人走往未知的欲望与荒漠。可叹啊,如你这样的人竟然也在滔滔不绝地讨论着真理!

"可叹啊,一切自由自在的灵魂都不曾防备这样一个巫师!他们的自由将为此付出代价:你教育并且诱惑他们重回了枷锁之中——

"——你,你这忧郁的老恶魔,在你悲伤的叹息里飘荡着一种引诱:你就如同那些颂扬圣洁却偷行荒淫之事的人!"

有良知的人这样说。但是,老巫师盯着他,享受着他的胜利,所以容忍着有良知的人给他造成的麻烦。"安静一点儿!"他用温良的口气道,"动人的歌声需要长久的回荡,在动人的歌声之后,人们应该长时期保持沉默。

"一切在场的人,一切上等人都这样沉默了。但是,你可能还不太能理解我的歌声吧?在你身上,缺少魔法的精神。"

"你抬爱我了,"有良知的人答复道,"在那话里你将我同你自己区分起来，这很棒！但是，你们其他人，我看见了什么？你们仍旧坐在这里，你们所有人都带着一双荒淫的眼睛——

"你们这些原本自由的灵魂，你们的自由去哪里了！在我看来，你们就如那长期看着丑陋的一丝不挂的女人们跳舞一般：你们的灵魂在跳舞！

"你们这些上等人，在你们身上除了巫师所讲的魔法和充满欺诈的邪恶灵魂，一定还有其他东西——我们一定有很大区别。

"事实上，在查拉图斯特拉回归他的山洞以前，我们共同讲得、思考得已经足够多了，这让我明白我们是不一样的。

"即使在这高山上，我们追寻的也是不一样的东西。因为我追求更多真实可靠的平安，所以我来寻找查拉图斯特拉。因为他仍旧是最坚固的灯塔与意志——

"现在，一切都岌岌可危，这片土地在震动。但是，我一看见你们显露的神态，我就知道你们是在追寻一种不确定的东西。

"那意味着更多的恐惧、更多的风险、更多的震动。你们渴求着（在我眼中就是这样——请谅解我的猜测，你们这些上等人）。

"你们渴求最糟糕、最危险的生活，这最让我害怕——你们渴求过野兽般的生活，渴求丛林、山洞、层峦叠嶂还有迷宫一样的深谷。

"那些引导你们逃离风险的人并不是最合你们心意的，最合你们心意的却是那些诱导你们走入歧途的人。但是，假如这种渴求在你们身上实实在在地存在，我仍然认为那是不可能实现的。

"因为恐惧——那是人类最原始、最基础的情感，所以从恐惧出发可以阐明一切，例如原始罪行与原始道德。我的道德也因恐惧而产生，它也被称作：科学。

"因为，对野兽的恐惧——那是人类身上潜藏时间最长的东西，它也包含了潜伏在人类心中并使其感到恐惧的生物，查拉图斯特拉称

它是'内心的野兽。'

"这种漫长而古老的恐惧,最终变得微妙,进而灵魂化与才智化了——现在,我想,它被叫作科学。"

有良知的人这样说。但是查拉图斯特拉正巧回到了洞穴,听见并且猜出了最后那些话的意思。他抛给有良知的人一束玫瑰,因为他的"真理"而发笑。

"什么?"他叫起来,"我刚刚听见了什么?事实上,在我眼中你是一个笨蛋,不然我就是一个傻瓜。所以我要立刻将你的'真理'颠倒过来。

"因为恐惧是我们的一个例外。但是,勇敢、历险以及关于不确切、未尝试的东西的兴趣——在我看来,才是人类的一切起源。

"人类忌妒并且夺走了一切最粗野、最勇猛的动物的美德——于是,他才变成了人类。

"这种勇猛最终变得微妙,进而灵魂化与才智化了,这种勇猛,随同苍鹰的翅膀与蛇的智慧,在我眼中,现在被叫作——"

"查拉图斯特拉!"所有在场的人同声叫了起来,与此同时迸发出一场大笑,就如同一团浓雾般升起。甚至连巫师也笑了,他机智地道:"行啦!他走了,我那邪恶的灵魂!

"我难道不曾亲自警示过你需要防备它吗,那时我不是讲过它是一个喜欢欺诈和使用幻术的邪恶灵魂吗?

"特别是在它赤裸裸地显现时。但是,关于它的花招我能怎么办呢!难道是我创造了它与这个世界吗?

"行啦!让我们再次变得良善一些吧,振奋起来!虽然查拉图斯特拉在用邪恶的眼睛看着——且看他吧!他并不喜欢我。

"但是,在深夜到来之前他会再次理解、热爱并赞扬我。他如果不这样做就活不下去。

"他热爱他的仇敌：他比我所见过的所有人都更明白这种艺术。但是，他却因此而报复他的朋友们！"

老巫师这样道，上等人都冲他拍手欢庆，所以查拉图斯特拉到处走来走去，调皮而充满爱意地和他的朋友们握手——正如一个不得已因为一件事而对每个人提供赔偿与歉意的人一样。但是，在他来到洞穴门口时，瞧啊，这时他又开始渴望外部的清爽空气，想念他的动物们——他想要悄悄逃走。

七十六、在沙漠的女儿之间

1

"请别离开！"这时，那自封为查拉图斯特拉的影子的漂泊者说，"和我们待在一块儿吧——不然，古老而阴郁的痛楚又会降临到我们身上。

"现在那个老巫师已给予了我们他最糟糕的东西来交换我们的好东西，瞧啊！那个良善、虔诚的教皇眼睛中含着热泪，再次深深地走入悲伤的海洋了。

"那些国王可能还会在我们眼前伪装出一副好脾气：因为他们现在是最了解我们的！然而，假如没人看他们，我打赌他们会再次开始邪恶的表演。

"那飘荡的流云，湿润的忧伤，阴霾的长空，被遮蔽的阳光和怒号的秋风所组成的邪恶的表演。

"我们呐喊、呼唤、请求协助！和我们待在一块儿吧，哦，查拉图斯特拉！这里有很多被掩盖的悲伤希望被倾诉，这里有很多黑夜、很多流云、很多潮气！

"你用适宜人类的强壮食品与强壮箴言给我们以营养：请不要让那羸弱的灵魂在饭后又开始攻击我们！

"只有你让你四周的空气浓烈而清爽！在这片土地上，还能哪里能找到像这样清爽的空气吗？

"我去过很多地方，我的鼻子知道怎样检测与评估不同种类的空气。然而，和你在一起，我的鼻孔感受到了最大的快乐！

"否则——不然——请谅解我这些关于昨日的回想吧！谅解我饭后唱起的歌，那是我曾在沙漠的女儿之间创作出来的。

"因为在她们那里存在一样优良、清新、来自东方国度的空气。在那里，我摆脱了那充满阴霾的、潮湿而忧郁的古老的欧洲！

"所以我爱上了这样的东方国度的少女与其他湛蓝的国度，那里既没有密云也没有思想高悬。

"你们想象不到，在她们不跳舞时，她们是如此让人着迷地坐在那里，就如微小的秘密，就如难解之谜，就如饭后甜点的果仁——

"华美而奇特。事实上毫无密云，就像一些等人猜出的谜语。为了让少女获得快乐，我创作了一首饭后赞美诗。"

那自封是查拉图斯特拉的影子的漂泊者这样道。在所有人答复他之前，他抢取了老巫师的竖琴，盘上双腿，安静而机智地环视周围。只见他微张鼻翼，慢慢地、试探着吸进空气，就如同一个身在陌生的国土、品尝到新鲜空气的人一般。接着，他用一种近乎咆哮的声调开始歌唱。

2

沙漠在扩张：可叹啊，那藏于沙漠的人！

第四卷 | 321

哈！庄重地！

真实庄重地！

一个敬仰的开始！

非洲式的庄重！

有雄狮般的威风，

或者像是一只圣洁的呐喊之猿——

然而，这跟你们无关。

你们这些友善的少女啊，

我作为一个欧洲人，

在棕榈树下，

于你们脚旁，

第一次，被赐予座位。希拉！

太美妙了，真好！

现在我坐在这里，

靠近沙漠，却又远离沙漠，

也就是说，我被这小小的绿洲吞没了：

它刚才张着嘴，打着哈欠，

它张开它那美丽的小嘴，

那拥有最芳香气息的小嘴，

所以我径直掉进来了，

径直掉下，径直穿过——降临在你们之间，

你们这些友善的少女啊！希拉！

万岁！万岁！那鲸鱼万岁，万岁，

它为它的佳客带来便捷，

它布置下好东西！

——果然，你们非常明白我的示意吧？

它的肚子万岁!

但愿它有一个这样极端可人的肚子,

尽管我猜疑着它,

因为我来自古老的欧洲,

那比所有已婚的女人更加多疑。

希望上帝能改善它!

阿门!

此刻,我坐在这里,

在这小小的绿洲上,

正如一粒海枣,

棕黄、甘甜、淌着金色的浓浆,

渴求少女丰满的嘴唇,

但是更渴求青春的、少女一样的冰冷洁白的牙齿。

因为一切热烈的枣子,

无不渴望这样的牙齿。希拉!

现在,就和所谓的南部果子一样,

太一样了,

我睡在这里,

被小小的飞虫环绕着,

你们也被更加微小的、愚蠢的、邪恶的希望与空象环绕,

你们这些沉默的、有先见之明的猫咪一样的少女,

杜杜与苏莱卡,

环绕斯芬克斯,

在一个词语中间,

我注入过多的感情,

请谅解我,哦!上帝,

谅解这样充满罪行的语言!

我坐在这里呼吸着最好的气息,

天堂的气息,确实,

光明而轻盈,金光四射,

美好的气息就像自月亮上掉下——

是出于偶然,还是出于高傲?

正如古代诗歌所讲述的。

然而,作为猜疑者,

我现在向它讲出我的怀疑:

它怀疑得更加急切,

胜过所有已婚的女人。

希望上帝能改善它!

阿门!

吮饮这最清爽的空气,

鼻孔张开得像高脚杯,

没有将来,没有过去,

我就这么坐在这里,

你们,友善的少女啊!

看看这棕榈树,

它如一个舞蹈的少女,

弯曲膝盖,扭动腰肢,侧身摇动,

人们也可以一同跳——假如他观赏得过久!

就如一个舞蹈的少女,

它在我眼中正是这样,

站立的时间太久了,

惊险地保持着站立,

一直,一直,只是用一条腿站立?

——她似乎已经忘却了,

另外那条腿吧?

至少,我曾寻觅那丢失的,

相配的珍宝,

——也就是另外那条腿。

在圣洁的地方,

靠近她心爱的、优美的、

浮动的、扑棱的、闪耀的裙摆。

对啊,你们这些美好友善的人儿,

假如你们,

愿意相信我的话:

她已经,可叹啊!遗失了它!

唉!唉!唉!唉!唉!

它走了!

永远地走了!

另外那条腿!

哦,那不幸的可爱的另外一条腿!

它现在在哪里流浪呢?在孤单地啼哭吗?

那条最孤单的腿!

或许在一头凶狠的、金色卷毛的狮子面前恐惧着?

又或许,被叼走、啃坏了——

真是凄惨,可叹!可叹啊!啃坏了!希拉!

哦,请你们不要啼哭,

温和的灵魂!

请你们不要啼哭,

你们枣果一样的灵魂！充满乳汁的乳房！

你们甜美内心的香囊！

请你们不要啼哭，

惨白的杜杜！

当个男子汉吧，苏莱卡！勇猛！勇猛一点儿！

那里也许会存在

一种振奋的东西吧，振奋灵魂的东西？

一种鼓励的法则？

一种庄重的教诲？

哈！雄起吧！尊严！

道德的尊严！欧洲人的尊严！

重新鼓动吧，持续地鼓动，

道德的怒号！

哈！

就如一只有道德的狮子，

在沙漠的女儿身旁呐喊！

因为道德的呐喊，

你们这些最可爱的少女啊，

超越所有欧洲人的热情、欧洲人的渴望！

现在我站在这里，

作为欧洲人，

我别无选择，只能请上帝帮我！

阿门！

沙漠在扩张：可叹啊，那藏于沙漠的人！

七十七、唤醒

1

在这个漂泊的影子唱完歌后，洞穴里马上响起噪声与笑声：因为宾客们都开始发言，甚至是那头驴也受到了气氛的影响，不再继续沉默。对访客的略微厌烦与讥讽掠过了查拉图斯特拉的心头，尽管他也为他们的开心而感到开心，因为他觉得这痊愈的一种表现。所以他偷偷出来了，进入清爽的空气中，并和他的动物们说道：

"他们的痛苦现在去了哪里呢？"他道。他觉得自己已经从刚刚那种略微厌烦的情绪中脱离了，"在我这里，他们仿佛忘记他们那痛苦的呼喊！

"可怜啊，尽管他们已经不用再呼喊了。"查拉图斯特拉塞住了自己的耳朵，因为就在当下，驴子叫出了"呀——啊"的声音，这和这些上等人的欢闹声混合在了一起。

"他们非常开心，"他再一次开口道，"谁知道呢？或许这是以他们的东道主的快乐为代价换来的吧。即使他们曾在我这里学会了欢笑，可他们所掌握的仍然不是我的笑。

"但是那有什么关系！他们都是老年人：他们用自己的方式痊愈，他们用自己的方式笑着，我的耳朵连更糟糕的声音都忍受过，也没有感到不适。

"这一天是胜利的日子：他还是低头了，他还是逃跑了，那重压的恶魔，我的强大的敌人！这一天的开端是糟糕和沉重的，可它就要以美好宣告终结了！

"它将要终结了。夜色已降临：它越过海洋而来，这个优秀的骑士！它颠荡着，这个回家的人，坐在它紫色的马鞍上！

"天空映照着大地，大地在低处匍匐。哦，你们这些来到我这里的奇怪的客人啊，能和我同住已经是一件很难得的事了！"

查拉图斯特拉如是说。上等人的呼喊与笑声又一次传出山洞，于是查拉图斯特拉再一次开口道：

"他们上钩了，我的诱饵发挥作用了，甚至连他们的敌人也远离他们了——那重压的恶魔。现在他们试着讥笑自己：我没有听错吧？

"我那很有男子气概的食品发挥作用了，那强大而充满活力的箴言！事实上，我确实没有用空虚的素菜给他们营养，而是以斗士的食品，以胜利者的食品——我唤醒了全新的渴望。

"全新的渴望存在于他们的四肢百骸，他们的胸怀开阔了。他们开创了新的语言，不久，他们的灵魂将变得更加恣意。

"这种食品自然不适宜小孩们，甚至也不适宜充满渴望的女人们。人们以其他方式满足他们的胃口；我并非他们的医师与教师。

"厌恶之情从这些上等人身上抽离：对啦！那就是我的胜利。在我的领地里，他们都感到安全而自信了；一切愚蠢的羞耻心都从这些上等人身上抽离；他们尽情吐露内心。

"他们尽情倾诉，好日子回归到他们身上了，他们庆贺并且回味着，他们激动地感激着。

"我将这视作最好的征兆：他们激动地感激着。很快他们就会布置庆祝的典礼，庆贺他们过去那些快乐。

"他们是大病初愈的人！"查拉图斯特拉这样快乐地在心里道。他看看远处，他的动物们紧挨着他，为他的快乐和他的沉默感到无比荣耀。

2

突然间,查拉图斯特拉感受到了恐慌。因为之前持续充满噪音与笑声的山洞猛地变得一片死寂。但是,他的鼻子嗅到一股香甜的气味,好像是从烧着的松果中散发出来的。

"怎么了?他们在干什么?"他向自己发问,并悄悄地走向洞口,以利于他偷偷观察他的宾客们。但是,真是离奇!他现在看到了一幅怎样的景象啊!

"他们再一次变得虔诚了,他们在祷告,他们发疯了!"查拉图斯特拉惊呆了。确实!所有的这些上等人:两个国王,退休的教皇,邪恶的巫师,自愿行乞的叫花子,漂泊的影子,先知,有良知的人,最丑陋的人——他们统统如孩子与虔诚的老妪一般,跪于地上,跪拜那头驴。就在这时,最丑陋的人清清嗓子发出了咕哝声,仿佛有什么不可思议的事要宣布。但是,接下来他还真的找到了恰当的语言了,瞧啊!那是一篇虔诚的、奇怪的祷词,以此颂扬那头受到尊重与祝福的驴。那祷词听上去是这样的:

"阿门!光辉、荣誉、智慧、致谢、颂扬与能量属于我们的上帝,永恒不止!"

——但是,那头驴,此刻却嘶鸣着"呀——啊"。

"他承载了我们的重担,他充当了我们仆役的身份,他有极大的耐心,从不说'不';热爱上帝的人,必定会惩罚他。"

——但是,那头驴,此刻却嘶鸣着"呀——啊"。

"他一般都不说话,除了对他所创造的世界说'是'。他就是在如此颂扬他的世界。不说话正是他的智慧之处:这样,众人就很难挑出他的错处。"

——但是,那头驴,此刻却嘶鸣着"呀——啊"。

"他游历世界，灰色是他喜欢的色彩，他用这裹藏他的道德。他有灵魂，可他掩藏了它；但是，所有人都相信他的长耳朵。"

——但是，那头驴，此刻却嘶鸣着"呀——啊"。

"配合着长耳朵，只说对而永不言错，这是一种何等深沉的智慧啊！难道他不是依照他自己的外貌创造了这个世界吗？换句话，尽可能笨拙地？"

——但是，那头驴，此刻却嘶鸣着"呀——啊"。

"你行笔直的路，走弯曲的路。在人类眼里，什么是笔直的，什么是弯曲的，你一点也不在意。你的国度跨越了善与恶。不知道何为纯真，即为你的纯真。"

——但是，那头驴，此刻却嘶鸣着"呀——啊"。

"瞧啊！你不赶走任何人，无论是叫花子还是国王。你忍受着孩子们所携来的苦难，当坏孩子诱骗你时，你只是单一地回复道：'呀——啊'。"

——但是，那头驴，此刻却嘶鸣着"呀——啊"。

"你喜爱母驴与鲜美的无花果，你并不轻视食物。当你偶尔挨饿时，一根野蓟草就能令你内心发痒。其中就存在上帝的智慧。"

——但是，那头驴，此刻却嘶鸣着"呀——啊"。

七十八、驴的庆典

1

祷告到现在，查拉图斯特拉再也无法克制自己了；他自己也发出

"呀——啊"的声音,甚至比驴子的叫声更大,并且跳入他那些发疯的宾客之中。"你们到底在做什么,你们这些长大的小孩?"他大叫着,从地面拖起正在祷告的众人。"可叹啊,假如除查拉图斯特拉之外还有其他人看见了你们,那就太可悲了。

"所有人统统将你们看作最坏的辱神者,或者最愚蠢的老妪,因为你们新的信仰!

"而你呢,老教皇,这跟你的身份是多么不相符啊——你用对待上帝的方法去对待一头驴?"

"哦!查拉图斯特拉,"教皇答复道,"请谅解我,但是,在圣洁的事情上,我比你懂得更多。我确信这么做是正确的。

"比起膜拜无形的上帝,膜拜有形的上帝更好!好好想想这句话吧,我伟大的朋友:你很快就会想到这句话中蕴含的智慧。

"那说'上帝是一种神灵'的人——迄今为止已经向无神论迈出了很大一步:这句箴语一说出口,将很难再在这片土地上发生改变!

"我老迈的内心欣喜若狂,因为这片土地上还存在一种值得膜拜的东西。谅解它吧,查拉图斯特拉,谅解一颗年老而虔诚的教皇的心!"

"那你呢,"查拉图斯特拉对漂泊的影子道,"你不是将自己看作一个自由的灵魂吗?可你却在这里做出这样一种偶像信奉与圣物信奉的行为吗?事实上,你在这里比和那些邪恶的坏女人在一块儿更糟糕,你这个丑恶的、全新的信奉者!"

"是够丑恶的,"漂泊的影子回复道,"你是对的,但是我有什么办法呢!古老的上帝复活了,哦,查拉图斯特拉,随你怎么讲吧。

"最丑陋的人最应当为此受到责备:是他再次唤醒了上帝。假如他说他曾经杀死了上帝,那么,在诸神那里,死亡仅仅是一种偏见罢了。"

"但是你,"查拉图斯特拉说,"你这个丑恶的老巫师,你在做什么！假如你信奉这头笨驴，那么，在这自由自在的年代，谁还能够再信赖你？

"你所做的是一件蠢事，你一个充满智慧的人，怎么可以做出这样的蠢事呢！"

"哦！查拉图斯特拉，"精明的巫师答复道，"你是对的，这是一件蠢事——它也让我感到厌恶。"

"至于你，"查拉图斯特拉对有良知的人道，"试着想想吧，用手指盖住你的鼻子！你难道没有违背你自己的良知吗？你的灵魂不是很纯净吗？它怎么能容忍这种祈祷与信奉呢？"

"那里面存在一种东西，"有良知的人道，同时用手指盖住鼻子，"那是一种能使我的良知受益的东西。

"也许我不该信奉上帝，但是，上帝在我眼中自然是最配得上用这样的方式信奉的。

"听说上帝是永恒的，依照最虔诚之人提供的证据来看：时间充裕的人行事更加从容不迫。尽量地缓慢，尽量地笨拙：如此，一个人才能走得更远。

"那灵魂丰盈的人你自己想一想吧，哦，查拉图斯特拉！

"事实上！即使是你，大概也会因为灵魂过于丰盈而变成一头驴。

"真正的智者难道不是很愿意踏上最崎岖的路途吗？以此证明自己的教义！哦，查拉图斯特拉，你是你自己的证明！"

"最后就是你了，"查拉图斯特拉道，转头面向那最丑陋的人，他仍旧匍匐在地上，伸展着胳膊跪拜那头驴（他在喂它喝酒）。"说吧，你这个无法形容的人，你都干了些什么啊！

"在我眼中，你已经变样儿了，你的眼中有光，华丽的外套遮掩了你的丑陋：你到底做了什么？

"难道他们说的都是真的，你重新唤醒了上帝？为什么要这样？

难道你没有充足的理由杀死他吗?

"在我眼中,你的自我已经苏醒了。你做了什么?你为什么想反叛?你为什么想更改信仰呢?说吧,你这个无法形容的人!"

"哦,查拉图斯特拉,"最丑陋的人道,"你是一个无赖!

"无论他还活着,或是重生了,或者已经死透了——我问你,我们两个谁了解得最清楚呢?

"我却很清楚一件事——我曾经从你那里学会了它,哦,查拉图斯特拉:越是想尽情屠杀的人,越会放声大笑。

"'人们不是通过暴怒,而是通过笑声去杀戮'——你曾经这样道,哦,查拉图斯特拉,你这个潜伏的人,你这个不曾恼怒的毁灭者,你这险恶的圣人——你是个无赖!"

2

查拉图斯特拉对这些人的回复感到惊讶,他跳回山洞入口,转头对着他全部的宾客用一种雄厚的声调大叫道:

"哦,你们这些长舌妇,你们所有人都是懦夫!你们为什么在我眼前遮遮掩掩、伪装自己!

"你们的内心因为快乐和罪恶而抽搐,因为你们最后重新变得如孩子一般了——换句话说,变成虔诚了。

"你们最后终于如孩子一般那么做了——换句话说,你们祷告、双手合十的默念:'慈悲的上帝啊'!

"然而,我请求你们离开吧,离开这个育儿房,离开我的山洞,今天这里上演了极其幼稚的一幕。到这洞外去吧,冷却一下你们那狂热的稚气和内心的躁动!

"事实上,除非你们变成孩子一般,否则你们无法进入天堂。"
(查拉图斯特拉用手指向天空。)

"但我们都不希望进入天堂：我们已经变成人类了，所以我们希望留在这片土地上。"

3

查拉图斯特拉重新开口讲话："哦！我的新朋友们，你们这些怪异的人，你们这些上等人，你们让我感到多么快乐啊。

"自从你们再次变得快乐之后，事实上，你们全部如鲜花般绽放了。在我眼中，像你们这样的鲜花需要全新的庆典。

"一种充满勇气的胡闹，一种圣洁的敬奉，还有驴的庆典，一种老朽却幸福的查拉图斯特拉式的笨拙，一种吹过你们灵魂的飓风。

"请不要忘却这样一个夜晚与这驴的庆典，你们这些上等人！那是你们在我这里创造的，我用这作为一个好兆头——这样的东西只有大病初愈的人才能创造得出来！

"你们应该重新进行庆贺——这头驴的庆典！因为对你们自己的热爱，因为对我的热爱！也是为了纪念我！"

查拉图斯特拉如是说。

七十九、沉醉的歌

1

与此同时，客人们一个接一个地走出去，跻身在鲜活的空气里，跻身在清爽而深沉的黑夜中。查拉图斯特拉自己却抓住最丑陋之人的手，以引导他看这黑夜的世界——那大大的满月，还有山洞附近的白色瀑布。在那里，他们相互依偎着、静立着；他们虽然都是老人，可他们内心却欣喜而坚强。眼前的景色令他们的内心感到无比惊讶，他们没想到世间竟如此美好。然而，黑夜的深邃却越来越迫近他们的内心。查拉图斯特拉再次揣度："哦，他们现在让我感到非常欢愉，这些上等人！"但是他并没有说出来，因为他尊重他们的快乐与沉默。

但是，这时发生了一件在这个让人惊奇的悠长的一天中最让人惊奇的事：最丑陋的人又一次，也是最后一次清了清嗓子发出了咕哝声，而且，在他终于找到最恰当的语言的时候，瞧啊！自他口中跳出一个完整而质朴的疑问，一个高深而清楚的疑问，牵动了所有听众的内心。

"我的朋友们，你们所有人，"最丑陋的人说，"你们是怎样理解的？因为这一天——我第一次对我所经历的整个一生感到满足。

"尽管有很多证据，但这对我来说还是远远不够的。在这片土地上生存是很值当的：仅仅是跟查拉图斯特拉共度一日时光，就能教会我热爱这片土地。

"'那就是生命吗？'我会对死亡道，'行吧！那就重来一次吧！'

"我的朋友们，你们是怎样理解的？你们是否如我一般，对死亡道：'那就是——生命吗？瞧在查拉图斯特拉的面子上，行吧！重来一次！'"

最丑陋的人这样道。但是，子夜快要到来了。你们认为这时会发生什么？那些上等人一听见他的疑问，立马就明白了他们的已经转变并病愈了，同时还知道是谁让他们发生了这样的转变。所以他们奔向查拉图斯特拉，向他道谢、致敬、表白、亲吻着他的手，每个人都用自己特有的方式表达着。所以，他们之中有的人笑着，有的人哭着。但是，老先知却快乐地跳着舞。虽然有些叙述者说，他当时满肚美酒，醉醺醺的，可他必定也是因为更加美好的生活而陶醉着，他已卸下了所有的疲惫。甚至有人说那头驴当时也跳起了舞：因为那最丑陋的人之前喂它的酒发挥了作用。这些或许是真的，或许又不是。即便那头驴那晚并没有跳舞，可那时也发生了一件比驴跳舞更伟大而罕见的奇迹。反正，就像查拉图斯特拉的箴言所说的那样："这又有什么关系呢！"

2

但是，当这样的事伴随着最丑陋的人发生时，查拉图斯特拉如一个醉鬼一般站在那里：他眼神呆滞、口音结巴、步伐踉跄。谁能想象出当时有怎样的思维流淌过查拉图斯特拉的心灵呢？然而，显然，他早已魂不守舍，思绪更是早已飘去远方了，正像书中记录的那样，"在两海中间，如层云般漂泊于过往和将来中间。"

但是，慢慢地，当那些上等人将他抱入怀中，他略微苏醒了一下，用手抵抗着那仰慕与体贴的众人，但是他并没有讲话。突然之间，他快速转回头来，因为他好像听见了什么，所以他将手指放于嘴角并且说道："来吧！"

周围马上变得安静而神秘起来。自深渊中飘来钟声，跟那些上等人一样，查拉图斯特拉也倾听着。这时，查拉图斯特拉再次将手指放于嘴角，说道："来吧！来吧！接近子夜了！"——他的音调变了。但是他仍然站在原地没动。这时候，周围变得更加安静神秘了，众生皆在倾听，甚至包含那头驴和查拉图斯特拉的高贵的动物——鹰和蛇，以及查拉图斯特拉的山洞，还有那大大的满月，还有黑夜本身。然而，查拉图斯特拉第三次将手放于嘴角，道：

"来吧！来吧！来吧！让我们从此刻开始漫步吧！到时间了：让我们漫步到深夜吧！"

3

你们这些上等人啊,接近子夜了,这时候我想对你们说些什么呢?就说说那古老的时钟对着我的耳朵所讲述的一切吧。

那子夜的钟声是如此的神秘、可怕、挚恳,它的阅历比人还丰富。

它曾历数你们父辈心脏的痛楚搏动——啊!啊!它在怎样叹气着啊!它是怎样地在睡梦里开怀大笑着啊!那悠久而深沉的子夜!

安静!安静!很多白日无法听见的东西这时候能够听到了。然而,当下,在凉爽的空气里,在你们骚动的灵魂终于平复时,它却讲话了,并且被听到了。它潜入过于清醒的黑夜的灵魂:啊!啊!子夜在怎样叹气着啊!它是怎样地在睡梦里开怀大笑着啊!

你难道没有听见那悠久而深沉的子夜是怎样神秘、可怕、挚恳地对你讲着话吗?

哦!人类,小心!

4

我真可悲啊!时光去哪里了呢?难道我没有下落到深井里吗?世界沉沉地睡着。

啊!啊!狗在吠叫,月在闪耀。我宁愿去死,我宁愿去死,也不愿意对你们讲述我在子夜中所思考的一切。

现在我已死去了。一切都终结了。蜘蛛啊,你为什么围绕着我结网?你想喝我的血吗?啊!啊!露水已经滴下,一切都是时候了。

在那冰封的时刻,我问了又问:"究竟谁有充足的勇气可以这样做?

"究竟谁能成为这个世界的统治者?究竟谁会说:'你们应该这样

流淌，你们这些或长或短的河流！'"

一切都是时候了：哦，人类啊，你们这些上等人，请小心！这话是专门讲给敏锐的耳朵听的，讲给你们的耳朵听——这深沉的子夜的声音究竟讲了些什么？

5

它带我腾飞，我的灵魂在起舞。白日的劳作！白日的劳作！究竟谁能成为这个世界的统治者？

月冰冷，风安静。啊！啊！你们曾经飞的足够高吗？你们曾用一条腿跳舞，可它终究不是一双翅膀。

你们这些善于舞蹈的人，当下的一切幸福都终结了：琼浆成了糟粕，所有杯盏都会破裂，坟墓也在低语。

你们飞得还不够高，当下，许多坟墓在低语："快救救死去的人吧！为什么夜这样漫长？难道月亮没有让我们感到沉醉吗？"

你们这些上等人啊，快快解救坟墓、叫醒尸体吧！啊，这些蛀虫还在挖什么？是时候了，是时候了，那一刻要来了。

时钟在轰隆隆地发出响声，心脏在兴奋地跳动，心灵的蛀虫还在挖洞。啊！啊！世界深沉！

6

美妙的七弦琴啊！美妙的七弦琴啊！我热爱你的音色，你那令人沉醉而动人的音色！你的声音经历千山万水来到我这里，来到我的耳畔！

你这古老的时钟，你这美妙的七弦琴！每一种疼痛都撕裂着你的内心，经历过父辈的疼痛、祖先的疼痛，你的语言终于变得成熟起来了。

成熟得像晚秋和午后,像我这隐者的内心——现在你开口说话了:世界本身已经成熟了,葡萄也变紫了。

现在它想要死去,因幸福而死去。你们这些上等人啊,难道你们不曾察觉吗?一阵芳香正在喷薄而出。

一阵永恒的芳香,一阵恒久的幸福所带来的粉红色的、暗紫色的酒香。

那令人陶醉的子夜死亡的幸福所带来的芳香,它唱着歌:世界深沉,比白日所想象的还要深沉!

7

让我只身一人在这儿!让我只身一人在这儿!我过于圣洁,无法和你交往。请不要接触我!我的世界难道不是刚变得圆满吗?

我的外表过于圣洁,无法被你触摸。让我一个人待会儿吧,你这迟缓而愚蠢的白日!子夜难道不是更加爽朗吗?

最圣洁的人将会作为世界的统治者,最无人问津的、最强壮的子夜的灵魂,比一切白日更加爽朗而深沉。

哦,白日,你在抚摸我吗?你在抚摸我的幸福吗?于你而言我是富裕的、孤单的,你会觉得我是一个宝库或一个金洞吗?

哦,世界,你愿意接受我吗?于你而言我属于人间吗?于你而言我是圣洁的吗?然而,白日与世界啊,你们全都过于粗陋了。

但愿你们拥有更加灵活的手,以去抓住更深沉的幸福,抓住更深沉的不幸,抓住某个神灵,但是请不要来抓我:

你这奇异的白日啊,我的不幸、我的幸福皆是深沉的,但是我并非神灵,也并非神灵的地狱:它的悲伤是深沉的。

8

你这奇异的世界啊,上帝的悲伤更加深沉。抓住上帝的悲伤吧,请不要抓住我!我是什么?一张陶醉而甘甜的七弦琴而已。

一张子夜的七弦琴,一口古老的时钟,没有人懂它,它不得不在聋人面前演奏,你们这些上等人啊!因为你们不懂我!

去吧!去吧!哦!青春!哦!子夜!哦!午后!现在,傍晚、黑夜与子夜逐一降临了。狗在吠叫——风难道不是一只狗吗?

它哀号,它大叫,它怒吼。啊!啊!它在怎样叹着气啊!它在怎样的开怀大笑,它又在怎样喘息着,这子夜!

这个陶醉的女诗人,刚刚她在怎样平静地讲着话啊,或许是陶醉于她的畅饮?或许是陶醉于她的过度清醒?或许是陶醉于曾经的回忆?

她在回忆她的哀愁,在这梦境里,在这悠长而深沉的子夜里,她思考得更多的是她的快乐。虽然悲伤深沉,可快乐却比悲哀更加深沉。

9

你这葡萄藤啊!你为什么颂扬我?难道我没有将你劈断吗!我是残忍的,你在出血:你为什么要赞美我醉酒后的残忍?

"但凡圆满的、成熟的东西,终将逝去!"你这么说。快乐啊,快乐属于砍葡萄藤的人手里的刀!然而,一切没成熟的东西都想活着,唉!

悲伤说:"去吧!离开吧,你这悲伤!"但是,一切受苦受难的东西却全都希望活下来,希望变得成熟、快乐、充满渴望。

渴望更远、更高、更明亮的一切。"我希望有继承者,"受苦受难的人这么说,"我希望有小孩儿,而不是只有我自己。"

但是,快乐不希望有继承者,它不希望有后代,它只希望有它自己,它希望有永恒,它希望有轮回,它希望众生像它自己一般永恒。

悲伤说:"灵魂,粉碎吧,流血吧!脚步,漂泊吧!翅膀,翱翔吧!往前!往上!你这痛楚!"行啦!振奋吧!哦!我老迈的心灵啊。悲伤说:"所以!快离开吧!"

10

你们这些上等人啊,你们是怎么想我的呢?我是一个先知?还是一个喜欢做梦的人?还是一个醉汉?还是一个解梦的人?还是一个子夜的时钟?

是一滴露水?还是一阵永恒的迷雾香气?你们不曾听见吗?你们不曾闻见吗?刚才我的世界变得圆满了,子夜也成了正午。

痛楚也是一种快乐,咒骂也是一种祝愿,黑夜也是一种光明。离开吧!不然你们将会知道:智者也是笨蛋。

你们曾体验过一种快乐吗?哦!我的朋友们,那么你们也曾体验过一种痛苦。众生都关联、缠绕、彼此相爱。

你们总是希望让曾发生的事情再发生一次,你们总是说:"幸福啊,瞬间啊,此刻啊,你们让我感到快乐!"所以你们总是希望让曾发生的事情再发生一次!

一切都关联、缠绕、彼此相爱,哦,所以你们热爱着这个世界。

你们这些永恒的人啊,你们永恒地热爱着它。你们甚至对悲伤说:所以!离开吧!别再回来!因为一切快乐都要求永恒!

11

一切快乐都想要众生永恒存在,它希望有蜂蜜,它希望有残酒,它希望有令人陶醉的子夜，它希望有坟墓，它希望有坟墓周围泪水的安抚，它希望有金色的晚霞。

还有什么是快乐不想要的呢！它比一切痛苦都更焦渴、更热情、更饥饿、更恐怖、更隐秘：它想要自己，它吞噬自己，轮回的意愿于它身上翻腾。

它想要热爱，它想要憎恨。它太过富足，它赠予，它舍弃，它请求别人来它那里索取，它感谢那索取的人，它宁愿被痛恨。

快乐是这么的富足，所以它渴求痛苦、渴求地狱、渴求憎恨、渴求耻辱、渴求残缺，渴求世界。哦，我知道你们了解这些！

你们这些上等人啊，它渴求你们，这快乐，这不可压抑的甜蜜的快乐。它渴求你们的痛苦，渴求你们的挫败！一切永恒的快乐全都在渴求挫败。

因为快乐渴求它自己，它也渴求痛楚！哦，甜蜜，哦，痛楚！哦，心灵啊，粉碎吧！你们这些上等人啊，请学会这些吧：快乐渴求永恒。

快乐渴求的是众生的永恒，它渴求深沉、深邃的永恒！

12

你们现在会唱我的歌了吗？你们明白它要讲什么了吗？行啦！兴奋起来吧！你们这些上等人，现在唱起我的这首歌吧！

现在你们自己来唱起这首歌，它的名字叫《重来一次》，它的含义是"致永恒"！唱吧，上等人，唱起查拉图斯特拉的这首歌！

哦，人类！小心！
深沉的子夜的声音究竟在说些什么？
我沉睡着，

自最深沉的梦境里苏醒,并且声称:

世界深沉,

比白日想象的还要深沉。

它的痛苦深沉,

快乐比痛苦更深沉。

痛苦说:所以!离开吧!

然而,快乐却渴求永恒——

渴求深沉、深邃的永恒!

八十、先兆

这一夜之后,在早晨,查拉图斯特拉自他的被窝中跃起,他扎紧他的腰带,精神焕发地走出了山洞,就如一轮红日自暗淡的群山中升起。

"你这伟大的星球啊,"他说,就像他之前曾经说过的一般,"你这深沉而幸福快乐的双眼,假如没有你照亮一切,你的一切又会变成什么样!

"假如当你苏醒并进行赠予与分配时,他们仍旧在卧室里,你那骄傲的谦虚将怎样责备他们?

"行啦!在我苏醒时,他们还在熟睡,那些上等人。他并非我真正的朋友!我在山顶等待的并不是他们。

"我打算开始工作了,开始我全新的一天。但是他们并不了解我清晨的先兆是什么,我的脚步声并不是用于叫醒他们的。

"他们还在我的山洞里熟睡,他们还在梦境里歌唱我那令人陶醉的歌。他们身上缺少倾听我、臣服于我的耳朵。"

在太阳升起时，查拉图斯特拉说出了这些心里话。之后他探寻似地看向高处，因为他听到他的头顶响起他的鹰的尖叫声。"行啦！"他向天空喊着，"我很开心，这也很适合我。我的动物们醒了，因为我醒了。

"我的鹰醒了，如我一般仰慕着太阳。鹰用锐利之爪捉住了全新的光芒。你们是我真正的适宜的动物，我热爱你们。

"但是，我仍旧缺少我真正的适宜的人！"

查拉图斯特拉如是说。但是，这时，他猛然觉察到他仿佛被数不清的飞鸟包围、拍打着。那繁多的翅膀发出呼呼的声音，密集地环绕在他头顶，以致他合上了双眼。事实上，那情景就好像一片厚云环绕着他——一片由敌人所射来的乱箭之云。但是，瞧啊，这实际上是一朵热爱的厚云，飘洒在一位新朋友的身上。

"在我身上发生了什么？"查拉图斯特拉一边惊愕地猜测着，一边缓慢地坐在他洞口的那块大石头上。但是，当他用手四处挥舞着想赶走那温柔的群鸟时，瞧啊，他身上发生了一件更加奇异的事：他在下意识中抓住了一撮茂密的、温暖的、松散的毛发；但，同时，在他面前也传来一声号叫——一声绵长而温和的狮吼。

"先兆来了。"查拉图斯特拉道，心情发生了变化。事实上，当他眼前的事物变得逐渐清晰时，一只黄色的、强壮的巨兽伏于他脚旁，并将它的头放置于他的膝上——它因为热爱而不愿意远离他，就如再次觅得其旧主的狗一般。但是，那些飞鸟用它们的爱生产的热情也不低于狮子；每当一只飞鸟拂过狮子的鼻子，那狮子就摇摆它的头，并惊奇地大笑。

面对这一切，查拉图斯特拉只说了一句话："我的孩子们离我很近，我的孩子们。"之后他就沉默了。但是，他的内心却轻松了，他的眼中滴下泪水并掉落在他手心。他不再在意任何东西，只是纹丝不动地坐着，也没有将动物们赶走。所以，飞鸟们仍然到处飞翔着，有的停于他肩膀上，有的爱抚他的白发，不知疲倦地表达着它们的温和与快乐。但是，那健壮的狮子却一直舔着掉在查拉图斯特拉手中的泪水，它怯生生地号叫着。这就是动物们所做的一切。

这一切维持了很长时间，也许是一瞬间。因为准确地讲，关于这些事，在这片土地上并没有任何记载。但是，此时，在查拉图斯特拉山洞中的那些上等人却苏醒了，他们排成一条长长的队伍去迎接查拉图斯特拉，对他说早安：因为当他们醒来时，他们发现查拉图斯特拉没和他们待在一块儿。但是，当他们接近山洞入口时，他们杂乱的脚步声惊动了狮子，狮子凶狠地跃了起来，它从查拉图斯特拉身边离开，粗鲁地号叫着，朝山洞里扑去。那些上等人，当他们听见狮子的号叫声时，不约而同地大声呼叫起来，他们转身向后逃去，马上就了踪影。

而查拉图斯特拉呢？他感到头晕而诧异，他从座位上站起，看着周围，内心猜疑着，只身待在那里。"我听见了什么？"他最终缓缓地说，"刚才在我身上发生了什么？"

但是，不久他就回想起来了，他快速回首了一下昨天与今天发生的一切。"就是这块石头，"他抚摸着他的胡子说道，"昨天早上醒了之后我就坐在它上面，后来先知向我走来，在这里，我第一次听见我刚才所听见的呼叫声，那可怜的大声的呼叫。

"哦！你们这些上等人啊，那个老先知昨天早上就曾向我预言过你们的困境。

"他诱惑我，想让我走进你们的困境：'哦，查拉图斯特拉，'他朝我说道，'我来诱惑你犯下你最后的罪行。'"

"犯下你最后的罪行？"查拉图斯特拉叫了起来，恼怒地讥笑他

第四卷 | 345

的话:"我最后的罪行是什么呢?"

查拉图斯特拉又一次在巨石上坐下,开始思索。猛然,他腾空而起。

"怜悯啊!怜悯那些上等人!"他高声叫道,他的脸色变得铁青。"好吧!总有那一刻的!

"我的磨难与我的怜悯——它们之间有什么关联呢!我是在寻觅快乐吗?我是在寻觅我的工作!

"行啦!狮子到了,我的孩子们也离我不远了,查拉图斯特拉已足够成熟了,我的时刻到来了。

"这是我的清晨,我的白日起航了:现在,升起来吧,升起来,你这伟大的午时!"

查拉图斯特拉如是说,并且离开了他的山洞,他精神焕发地走出山洞,就如一轮红日自暗淡的群山中升起。